교원의 전문성 개발을 위한

액션러닝

Action Learning in Schools

Reframing teachers' professional learning and development

Peter Aubusson · Robyn Ewing · Garry Hoban 지음

엄우용 옮김

아카데미프레스

Action Learning in Schools:
Reframing teachers' professional learning and development
by Peter Aubusson, Robyn Ewing and Garry Hoban

Authorized translation from the English language edition published by
Routledge, a member of the Taylor & Francis Group

KOREAN language edition published by ACADEMY PRESS Copyright © 2012

교원의 전문성 개발을 위한

액션러닝

21세기 들어 가르치는 일은 점점 더 복잡해짐으로써 교사의 전문성 학습을 지원하는 더욱 정교화된 프레임워크의 필요성 또한 높아지고 있다. 액션러닝은 그러한 시대적 요구에 맞는 프레임워크이며 수년 동안 기업에서 업무 현장의 학습에 활용되었다. 액션러닝은 이제 학교와 대학에서도 인기를 얻고 있지만, 종종 잘못 이해되곤 한다. 이 책은 핵심 개념들을 연결하면서 단지 프로세스에 그치는 것이 아닌 전문성 학습, 커뮤니티, 리더십, 변화 사이의 역동적인 상호작용으로서의 액션러닝이 무엇인지를 명료하게 밝힌다. 이는 학교 기반 액션러닝에서 십여 년 동안 이루어진 저자들의 연구를 집대성한 것이다.

여기 수록된 풍부하고 다양한 연구들은 학교에서 교사들이 수행한 백 개 이상의 액션러닝 사례 연구에서 도출되었다. 저자들은

- 액션러닝을 시작하고 지속하는 방법에 대해 실제적으로 조언한다.
- 액션러닝, 교사 연수, 전문성 학습, 커뮤니티 형성, 리더십, 그리고 변화 사이의 상호작용을 설명한다.

- 액션러닝이 어떻게 교실의 실제 상황에 밀접하게 연결되어서 교사에게 추가로 부여된 일이 아니라 교사의 업무 수행의 일부가 되는지를 보여 준다.

이 책은 성공 및 실패 사례와 원인을 다루면서, 협력, 혁신, 리더십 및 커뮤니티 형성 이론을 개별 프로젝트 및 대단위 학교 개선 프로그램에 적용할 수 있는 통찰력을 제공한다. 교사 교육자, 예비 교사 및 일선 교사뿐만 아니라 교사의 전문성 학습 및 학생의 교육 결과가 향상되기를 열망하는 교육 체제 관리자 및 정책 결정자들이 이 책에 흥미를 가질 것이다.

Peter Aubusson은 시드니공과대학교 교육학과 부교수이며 교사교육 프로그램 책임교수이다.

Robyn Ewing은 시드니대학교 교사교육과 교수이며 교육 및 사회복지학부 학부장 대행이다.

Garry Hoban은 울런공대학교 과학교육과 및 교사교육과 부교수이다.

역자 서문

교육의 질은 교사의 질을 능가할 수 없다고 한다. 그만큼 학생을 가르침에 있어서 교사의 역량이 중요하다는 것을 의미한다. 교사는 교사가 되기 전에는 교원양성기관을 통하여 기본 역량을 갖추며 교사가 된 후에는 다양한 연수를 통하여 그 역량을 지속적으로 개발한다.

교사의 개인 역량을 개발하는 방법으로 최근에 전문가 학습 커뮤니티(professional learning community)가 주목받고 있다. 전문가 학습 커뮤니티는 기존의 교사 연수 프로그램의 제한점을 극복하면서 교사의 전문성을 개발하기 위한 대안으로 제시되었다.

역자는 지난 10여 년간 기업 및 공공 분야의 액션러닝(action learning) 프로젝트에 참여하면서 액션러닝의 잠재성을 보았다. 액션러닝은 조직이나 개인이 갖고 있는 과제를 실제로 해결하는 데 탁월한 효과를 보일 뿐만 아니라 개인의 잠재적 역량을 개발하는 데에도 큰 효과가 있음을 보여 주었다. 따라서 수많은 기업과 공공 조직이 액션러닝을 조직의 문제 해결과 조직원의 역량 개발에 활용하고 있다. 나아가, 액션러닝은 이제 대학에서도 하나의 수업 방법으로 활용됨으로써 학생들의 잠재성을 개발하는 데 활용되고 있다.

액션러닝은 전문가가 문제 해결을 주도하는 것이 아니라 문제의 상황에 있는 당사자들이 스스로 협력하여 해결안을 도출하고 실행하도록 요구한다. 이 과정에서 참여자들은 문제 해결 과정에 대한 역량뿐만 아니라 문제 자체에 대한 지식, 갈등 관리, 발표 기술, 경청의 기술, 회의 진행 기술 등 다양한 역량을 개발할 수 있다.

역자는 액션러닝이 교사의 전문성 개발에도 탁월한 효과가 있을 것이라고 믿는다. 특히, 교사 연수 프로그램에 전문가 학습 커뮤니티의 개념과 액션러닝 기법이 동시에 접목된다면 기존의 많은 교육 문제를 해결할 수 있을 뿐만 아니라 전문가로서 교사의 잠재성을 개발하는 데에도 유용할 것이다. 액션러닝의 팀(team)은 동시에 전문가 학습 커뮤니티의 역할을 할 수 있을 것이기 때문이다.

항상 그렇지만 책을 번역한다는 것이 매우 어려운 일임을 새삼 느낀다. 번역을 하는 과정에서 저자의 의도를 우리말로 자연스럽게 옮기는 것이 얼마나 어려운 일인지 절실히 느꼈다. 따라서 문맥이 다소 어색한 부분도 더러 있을 것이다. 독자들의 너그러운 아량으로 역자의 부족함을 헤아려 주길 바랄 뿐이다.

그럼에도 불구하고 감히 이 책을 우리말로 옮기기로 결심하게 된 이유는 액션러닝이 기존 교사 연수 프로그램의 제한점을 극복할 수 있는 대안이 될 수 있다는 역자의 믿음 때문이었다. 나아가, 이 책이 교사의 전문성 개발 또는 교사 연수 관계자에게 액션러닝을 소개하는 데 다소 도움이 되었으면 하는 기대 때문이었다.

액션러닝에 관심 가지면서 함께 고민하는 한국액션러닝협회 봉현철 회장님을 비롯한 임원진 및 회원들에게 감사하며, 액션러닝이 기업 및 공공분야를 넘어 학교 교육에까지 확산될 수 있기를 기대한다.

2011. 10.
역자

감사의 말

우리는 10여 년 이상의 연구를 토대로 이 책을 저술하였다. 우리는 수년 동안 공동 연구자들이 이 책을 저술하는 데 참여한 것에 감사한다. 공동 연구자들은 Judy Anderson, Michael Anderson, Laurie Brady, Sue Butler, Val Burton, Steve Dinham, Annette Gard, Robyn Gibson, Janette Griffin, Robyn Griffiths, Geoff Hastings, Tony Herrington, John Morris, Irene O'Brien, David Smith, Fran Steele 등이다. 또한, 학교에 재직 중인 많은 교사의 따뜻한 환대와 지속적인 지원이 매우 중요하였다. 윤리규정 문제로 그들의 이름을 일일이 밝힐 수는 없지만 그들이 보여 준 신뢰, 전문성 및 솔직함에 영원히 감사할 것이다. 또한 여러 해 동안 수고한 많은 연구 보조원의 헌신에 감사한다.

우리가 연구할 수 있도록 해 준 뉴사우스웨일즈(NSW) 교육부와 호주 정부 우수 교수 프로그램(Australian Government Quality Teaching Programme)의 지원에 감사한다. 특히 학교 기반 전문가 학습에 대한 Frances Flummer의 헌신과 지원에 감사한다. 그녀의 도움이 없었다면 우리와 함께했던 많은 교사가 결코 액션러닝에 참여하지 못하였을 것이다. 우리는 또한 시드니대학교, 시드니공과대학교, 울런공대학교 동료들이 풍부하고 활발한 대화를 통해 논문, 세미나, 아이디어에 피드백을 제공해준 것에 감사한다.

이 책은 많은 사람의 지원과 도움으로 출판될 수 있었다. 특히 책의 제안서와 초안을 발전시키는 것과 3장 '액션러닝 가능하게 하기'를 쓰는 데 기여한 Steve Dinham의 헌신적인 기여에 감사한다. 또한 서문을 써준 John Furlong에게 대단히 감사한다. 초안의 여러 부분과 그림에 도움을 준 Daniel Brooks와 Margaret McComb에게 감사한다. 많은 사람이 책을 꼼꼼히 읽고 개선해야 할 점에 대해 제안과 의견을 제시해 주었다. 마지막으로, 편집, 수정 제안, 참고문헌, 포맷, 그 외 필요한 수천 가지를 불평 없이 해 준 Kate Aubusson과 Sarah Buultjens에게 진심으로 감사한다.

서문

John Furlong

지난 몇 년 동안, 우리는 교사를 위한 전문성 학습을 가장 효과적으로 지원하는 전략이 무엇인지에 대하여 많은 것을 배웠다. 이것은 호주, 미국, 영국을 포함하여 많은 나라의 정부들이 교사 교육에 대한 다양한 방법들을 평가했던 연구들을 체계적으로 검토하였기 때문이다. 이러한 검토들은 일관적인 결과로 교사 교육이 효과적이려면 먼저 프로그램이 지속적일 필요가 있으며, 일회성 세미나와 워크숍은 새로운 아이디어를 소개하는 데 있어서 초기의 자극을 주는 데에는 유용할 수 있지만, 교사가 그러한 아이디어를 실행하고자 할 때 지원하고 도전할 수 있는 지속적인 프로그램의 일부로 설계될 때에만 현실을 바꾸기 시작할 수 있다는 것을 보여 주었다. 전문성 개발 프로그램은 또한 협력을 통해 운영될 필요가 있다. 교사가 팀으로 함께 활동할 때에만 학교 현장에 적용할 수 있다는 증거는 매우 분명하다. 이것은 브리핑이나 워크숍에 참석해서 아이디어를 나누는 것 이상을 의미한다. 그것은 토론뿐만 아니라 계획과 자원 설계의 공유, 동료 관찰 및 분석과 같은 활동을 포함한다.

우리는 효과적인 전문가 개발 프로그램이 어떤 모습이어야 할지 알고 있지만, 현실은 종종 매우 다르다는 것도 안다. 최근에 McCormick 등이 영국에서 전문성 개발 프로그램에 대한 교사의 경험을 조사한 전국 실태 연구는 영국에서 교사에게 제공한 대부분의 프로그램은 '상명하달식'의 단기성 사건이었으며, 대부분 교사의 학교 상황과 단절되었고, 협력의 기회를 주지 않았다는 것을 보여 주었다. 결과적으로, 대부분 교사가 자신의 전문성 개발 경험을 특별히 높게 평가하지 않았다는 연구 결과는 놀랄 일이 아니다. 정부가 지금 알고 있는 것이 실제 현실이라는 증거는 거의 없다.

이러한 이유로 나는 액션러닝에 관한 이 책을 특별히 환영한다. 액션러닝은 전문성 학습을 지원하는 핵심 전략이 자신들의 업무 기반 학습에 전문가 그룹을 참여하게 하는 것이라는 아이디어에 근거한다. 여기에는 소규모 전문가 그룹이 스스로의 요구에 적절한 질문에 대한 대답을 함께 찾을 수 있는 학습 환경을 만드는 것을 포함한다. 저자들이 말한 것처럼, 액션러닝은 가장 잘 알고 있는 인적 자원인 학교 교사들을 활용하여 새로운 변화의 가능성을 만드는 수단을 제공한다. 액션러닝은 혁신이 성공하기 위해 필수적인 각자의 학교 상황에 대한 전문 지식을 가진 교사의 능력을 인정한다.

물론 액션러닝은 새로운 아이디어는 아니다. 이 책에서 서술한 것처럼, 그 유래는 기업 상황에서 1940년대로 거슬러 올라간다. 또한, 액션러닝의 활용은 학교에 국한되는 것이 아니며, 전문성 학습을 지원하기 위한 전략으로 산업, 보건, 심지어 윌리엄스 그랑프리 레이싱 팀의 감독 등 다양한 상황에서 성공적으로 활용되어 왔다. 그러나 접근 방법으로서 액션러닝은 아직 학교 교육의 주류에 포함되지 못하였으며, 그것이 바로 이 책이 필요한 이유이다. 저자들은 먼저 학교에서 액션러닝을 활용해야 하는 당위성을 제시하며, 학교 전체의 학습을 효과적으로 지원하기 위한 도입 방법에 대해 실제적으로 조언한다.

급속히 변화하는 사회에서 혁신, 개발, 개혁은 다른 곳에서처럼 학교에서도 일상이 되었다. 그것은 학교 구성원 모두가 지속적으로 전문성 학습에 참여해야 함을 의미하며, 이는 바로 '전문가가 되는 것'을 의미하는 것이기도 하다. 그러나 교육 개혁을 위한 많은 노력은 교사 학습을 지원하기 위한 프로세스와 조건을 수반하지 않았기 때문에 지속 시간이 짧았다. 이 책의 저자들이 자신 있게 주장하는 것처럼, 효과적으로 개발된 액션러닝 프로그램은 전문성 학습 개혁의 지속성을 강화시켜 주고 변화의 가능성을 증가시키는 학습 프로세스와 조건을 제공하며, 그렇게 함으로써 학교에서 아이들에게 향상된 학습의 질을 제공할 수 있게 된다.

차례

제 1 장

치유법은 종종 우리 내부에 존재한다*

서론

* Shakespeare의 희곡 '끝이 좋으면 다 좋다(All's well that ends well)'의 1막 1장.

액션러닝은 지난 70여 년 동안 비즈니스 조직에서 업무 현장 학습에 활용되었지만 교사의 전문성 학습에 적용된 것은 불과 15년밖에 되지 않는다. 따라서, 교사 연수에 도움이 되고자 액션러닝의 가치를 탐색해 보는 것도 시의적절하다. 이 책은 지난 20여 년간 액션러닝 프로젝트에 참여하며 연구한 것을 모아서 학교 상황에서 액션러닝의 역할, 프로세스, 결과를 검토한 것이다.

우리의 연구는 우리가 수행한 액션러닝 프로젝트뿐만 아니라 교사들이 수행한 학교 기반 액션러닝의 연구들을 포함하고 있다. 여기에서 논의하는 연구 프로젝트들은 풍부하고 다양하다. 하지만, 프로젝트들은 교실의 실제를 개선하기 위한 지속 가능한 교사의 전문성 학습이라는 공통의 목적이 있다. 우리는 학교 상황에서 100개 이상의 액션러닝 사례를 도출하였다. 이 사례들 중 다수는 교사가 액션러닝을 촉진하기 위해 아카데믹 파트너와 협력하는 것을 포함한다. 사례 분석을 통하여 우리는 액션러닝이 교사 연수, 전문성 학습, 커뮤니티 구축, 지속 가능한 변화와 학교 기반 혁신에 어떻게 관련되는지를 설명하고자 한다. 바쁜 수업 현장에서, 액션러닝은 교실 현장에 밀접히 연결됨으로써 교사에게 부담을 주기보다는 일상적으로 활동의 일부가 될 수도 있다.

또한 액션러닝이 어떻게 일어나고 어떻게 조직되는지를 이해하는 것이 액션러닝의 지속적인 성공에 중요하며, 지속적인 발전이 실패하지 않을 방법이라는 것을 보여 줄 것이다. 이 책은 액션러닝의 성공과 실패를 다루고, 성패의 원인 몇 가지를 제시한다. 액션러닝을 언제, 어떻게, 왜 시작하고 유지해야 하는지에 대한 실제적 조언을 줄 것이다. 또한 액션러닝의 토대가 되는 교사의 학습이론뿐만 아니라 개인의 프로젝트와 대규모 혁신에 도움을 줄 교사 전문성의 개념을 명확하게 규명할 것이다.

이 책은 또한 액션러닝을 설명하기 위하여 단지 실행을 위한 프로세스뿐만 아니라 성찰, 커뮤니티, 리더십, 실천과 피드백의 교사 학습 프로세스를 연결할 수 있는 역동적이고 상호작용적인 도구로서 교육개발의 주요 분야를 다룰 것이다. 액션러닝은 어디에나 있는 프로세스인데, 그 이유는 단지 팀원들이 그들의 전문적인 대화에 다른 사람들을 존중하도록 요구할 뿐만 아니라 전문가로서 교사의 창의성, 지혜, 실제를 인정하고 활용하기 때문이다.

학교 개선에 대한 전통적인 논쟁은 하향식/상향식의 이분법적 접근방식에 초점을 두었지만, 액션러닝은 이러한 방법론과는 분명한 차이가 있다고 믿는다. 액션러닝은 학교에서 제기되는 수많은 도전, 문제, 이슈, 관심 사항을 다루는 프레임워크를 제공한다. 예를 들어, 학교에서 가난한 학생을 학습활동에 참여시키는 문제를 협동학습과 같은 유명한 교수 방법을 실행하여 해결할 수도 있을 것이다. 그러한 문제를 해결하기 위한 다른 많은 시도들과 마찬가지로, 교사는 바람직한 결과에 도달하는 방법에 대해 질문을 제기하게 된다. 문제는 무엇이 이루어졌느냐가 아니라 어떻게 이루어졌느냐 하는 것이다. 이 상황에서, 액션러닝은 학교에서 학생이 참여하도록 하기 위한 새로운 접근 방법을 실행하는 방법을 찾는 하나의 프로세스로 활용될 수 있다. 대안적으로, 학생이 참여하도록 한다는 동일한 목적도 학교의 상황에 따라서 다른 경로를 통해 성취될 수 있다. 액션러닝은 우리가 가장 잘 알고 있는 사람들, 즉 학교 교사라는 자원을 활용하여 변화를 가져올 수 있는 새로운 수단을 제공한다. 액션러닝은 교사를 특정 학교 상황에 대한 전문성과 지식을 가진 자로 인정하는데 이것은 혁신이 성공한다면 이해될 수 있을 것이다. 성공적인 액션러닝은 목적을 위한 수단이 사전에 이용 가능하다고 미리 전제하지 않는 협력적 학습 과정이며, 실제 학교의 문제를 해결하기 위한 실제적이고 생산적인 변화가 이루어지려면 꾸준히 배워서 갖춰야 할 전문성을 요구한다고 가정한다.

교육에서 액션러닝의 잠재성을 실현하려면, 액션러닝의 기본 원리를 분명하게 이해하고 그 실제를 알 필요가 있다. 이 책은 학교에서 액션러닝의 핵심적인 측면을 깊이 있게 설명한다. '액션러닝 자리매김하기'라는 장에서는 액션러닝의 기본 특징을 논의하고 교사의 학습, 학교 혁신 및 변화에서 액션러닝의 위치를 탐색한다. 이 장은 광산 매니저들이 경영 문제를 공유하고 해결안을 찾기 위해 시작한 1940년대 Revans의 연구에 의한 액션러닝의 기원을 검토함으로써 시작한다. 또한, 전문성 학습 프레임워크로서 액션러닝을 개관하고 다양한 산업과 공공 분야의 사례를 활용하여 이러한 프레임워크를 설명한다. 이 장은 또한 액션러닝과 액션연구의 차이뿐만 아니라 전문성 개발과 전문성 학습의 차이를 명료하게 밝힌다.

전문성 학습과 학교 혁신을 위한 수단으로서 액션러닝의 분명한 사례를 설정하고 난 후에, 다음 장인 '액션러닝 실행하기'에서는 학교 상황에서 액션러닝을 어떻게 시작하고 촉진해야 하는지를 설명한다. 이 장에서는 사회 정치적 상황을 포함하여 개별 학교에 영향을 미치는 외부 요인을 다루면서, 특정 학교 커뮤니티에 중요한 실제 이슈를 목표로 액션러닝을 어떻게 시작할 수 있는지 설명한다. 또한 이슈, 관심 또는 문제의 선정, 정의 및 초점, 목표와 시간 계획 설정, 액션러닝을 촉진하는 데 필요한 리더십 유형, 팀 형성과 멤버십 및 책임감 공유, 학교 상황에서 액션러닝을 적용하는 데 요구되는 도전 등의 문제를 다룬다.

액션러닝을 시작하고 계획하는 방법을 고려하는 것은 자연스럽게 액션러닝의 토대가 되는 원리와 사례 분석으로 이어진다. '액션러닝의 역동성'은 액션러닝의 네 가지 핵심 프로세스가 서로 어떻게 관련되고 도움이 되는지를 보여 준다. 첫 번째 프로세스인 성찰(reflection)은 참가자들이 자신의 경험을 의미 있게 하기 위해 어떤 것을 의문시하는 것을 포함하며 장차 비슷한 상황에서 잘 대처해 나갈 수 있도록 도와준다. 두 번째 프로세스인 커뮤니티(community)는 개인적인 경험의 의미를 더 깊게 이해하기 위하여 개인적인 일화를 공유하는 6~8명의 구성원으로 이루어진 그룹을 포함한다. 세 번째 프로세스인 실천(action)은 참가자들이 개인적인 성찰과 커뮤니티 토론에서 이루어진 아이디어를 탐색하도록 한다. 그리고 네 번째 프로세스인 피드백(feedback)은 동료와 학생들로부터 얻은 실천에 대한 반응의 중요한 요소들을 활용한다. 이러한 원리들 각각은 새로운 것이 아니지만, 액션러닝은 전문성 학습에 유용한 메커니즘을 제공하는 역동적인 관계를 만들기 위해 이 네 가지 프로세스를 통합하는 프레임워크이다.

다음 장은 '커뮤니티'에 대한 것인데 액션러닝과 커뮤니티 간의 상승적인 상호작용을 자세히 다룬다. 이 장은 커뮤니티를 잘 구축하는 방법에 대한 통찰력을 제공한다. 학교에서 액션러닝의 활용을 위한 시사점을 강조하기 위하여 전문가 커뮤니티와 학습 팀 간의 다른 관점을 논의한다. 액션러닝이 커뮤니티 형성의 장애물을 극복하는 데 도움을 줄 수 있는 방식이 논의된다. 전문가의 학습 커뮤니티가 액션러닝에서 시작될 수 있는 것처럼, 협력적 학교 커뮤니티의 존재 또한 액션러닝의 시작과 전개를 위한 토대가 될 수 있다.

효과적이고 진화하는 전문가 커뮤니티는 고립되지 않고 내부로부터 새로운 아이디어를 발생시키는 메커니즘을 가지고 있을 뿐만 아니라 외부로부터 새로운 아이디어를 받아들이는 방법을 취한다. 액션러닝이 이를 지원하는 한 가지 방법은 외부 퍼실리테이터이다. '액션러닝 촉진하기: 아카데믹 파트너의 역할'이라는 장은 두 부분으로 나뉘는데, 이 장에서는 액션러닝 프로젝트를 수행하는 동안에 학교에 대한 외부 도움의 두 가지 측면을 검토한다. 이 장은 조직의 인사부서가 액션러닝을 지원하기 위한 재정, 프레이밍, 개발 영역에서 외부 도움을 제공할 수 있다는 역할을 검토하면서 시작한다. 또한 외부 파트너가 학교 기반 액션러닝에 중요한 동반자로서의 역할을 할 수 있음을 탐색한다. 액션러닝 팀과 아카데믹 파트너의 관점이 논의되고, 생산성을 위한 몇 가지 프레임워크가 필자들의 경험을 토대로 제안된다.

'증거 수집과 학습'은 이전 장들을 토대로 하여 액션러닝이 교사 팀과의 전문적인 대화에 의존한다고 주장하면서 기술되었다. 팀의 의사결정과 학습의 토대는 이러한 대화를 알려 주기 위한 증거를 탐색함으로써 더 건전한 사고방식으로 바뀔 수 있다. 이 장에서는 교사가 액션러닝에서 증거를 수집하고 분석하는 방법, 혁신을 위해 이들을 활용하는 방법을 모색한다. 또한, 동료 관찰, 도구의 선정과 활용, 설문조사, 포커스 그룹, 성찰, 보고, 에피소드의 포착, 스토리, 일화, 전문성 공유의 역할 등을 논의한다. 이 장은 액션러닝에 대한 연구들에서 이러한 요소들의 역할을 인정하는 한편, 동료와의 전문성 학습에서 이 요소들의 역할과 전문성 학습에 참여하는 것의 의미에 초점을 둔다.

풍부한 대화, 관점에 대한 정직한 공유, 신뢰와 진정한 협력이 액션러닝의 핵심이 된다. 이것은 다른 사람에게 우리의 개인적이며 전문적인 자아, 즉 신념, 가치, 실제의 상당 부분을 노출하도록 요구한다. 또한, 다른 사람에게 유의미한 실천을 하도록 한다. 이러한 문제들은 액션러닝에 대한 중요한 윤리적 질문을 제기한다. 그러나 지금까지 문헌을 볼 때 학교에서 액션러닝의 윤리는 대개 무시되어 왔다. '윤리적 액션러닝'이라는 장에서는 우리의 실천이 타인에게 미치는 결과를 고려함으로써 액션러닝에서 윤리성이 갖는 의미를 설명한다.

액션러닝은 전문성 학습 프레임워크로서 학교에서의 혁신과 변화를 촉진한다. 혁신과 변화는 급속히 변화하는 사회에서 학교가 핵심 역할을 유지하도록 하는 데 필요하다. 그러나 대다수 교육 개혁 노력은 교사의 학습을 지원하는 프로세스와 조건이 수반되지 않았기 때문에 오래가지 못하였다. 액션러닝은 효과적으로 개발된다면 전문성 학습 개혁을 오래 지속하고 변화의 가능성을 증가시키는 학습 프로세스와 조건을 제공한다. '전문성 학습 지속하기' 장에서는 학교에서 지속 가능한 전문성 학습의 모델을 제안하고 조직 학습에 대한 시사점을 자세히 다룬다. 전문성 학습 모델은 3년 이상 지속해 온 프로젝트 사례연구에서 주로 도출되었으며 광범하고 협력적인 전문가 학습 커뮤니티의 수립을 주장한다.

마지막으로 '액션러닝 확장하기'라는 에필로그에서는 현대 학교의 복합적 환경을 성찰하고 21세기에 적합하도록 학교가 스스로를 재설계할 필요가 있음을 강조한다. 아이들은 이 복합적인 세계에서 급속히 변화하고 있다. 교사 또한 변화할 필요가 있다. 이 장에서는 교사의 전문성을 촉진하고 그 전면에 새로운 아이디어와 실제를 도입함으로써 액션러닝이 학교를 새롭게 하는 데 도움을 줄 수 있는 방법을 논의한다. 학교에서 학생의 학습의 질은 교사 학습의 질에 달려 있다. 결론적으로, 우리는 액션러닝 자체가 교사의 전문성 학습을 지원하는 역할을 충족시킴으로써 미래를 어떻게 개발할 수 있는지를 깊이 생각하였음을 밝힌다.

제 2 장

액션러닝 자리매김하기

> 매니저들은 서로 경험을 논의함으로써 광산에 대해서 더 잘 알게 되었을 뿐만 아니라 자신에 대해서, 그리고 자신이 왜 그 말을 했는지, 자신이 말한 것에 대해 왜 그렇게 느꼈는지, 매니저로서의 의사결정을 내렸을 때 왜 그렇게 했는지를 알게 되었다. 액션러닝은 (대부분의 다른 연수에서처럼) 정답을 기반으로 하는 것이 아니라 질문을 기반으로 하기 때문에 매니저에게 자신에 대하여 많은 것을 알려 준다. 그들은 자신의 개성이 광산 운영에 어떤 방해가 되는지 보기 시작하였다.
>
> (Revans, 1982b: 66)

액션러닝의 선구자인 Reg Revans는 1982년에 위와 같이 말하면서, 광산 매니저를 위한 가장 귀중한 유형의 학습은 그들이 업무 현장의 경험을 성찰하고, 그들의 경험을 해석하고 알려 주기 위해 다른 매니저와 이러한 통찰력을 공유하는 것이라고 주장하였다. 이것이 바로 70여 년 전에 비슷한 일을 하는 사람들이 소규모 그룹으로 각자의 업무와 관련된 이슈와 문제에 대한 의견을 제시함으로써 액션러닝을 시작하였던 방법이다. 게다가 경험으로부터의 학습이 '액션과(and) 성찰을 의미하고, 즉 실천함으로써 이해하고 이해함으로써 실천하는 것을 의미하기 때문에'(Revans, 1983b: 49) 업무 현장의 학습은 단지 경험에 대한 성찰만을 위한 것은 아니다. Revans는 업무 현장의 학습을 극대화하기 위한 '실천'(액션)과 '실천의 결과에 대한 사고'(성찰) 간의 본질적인 상호작용을 강조하기 위해 '과(and)'를 고딕체로 하였다.

성찰은 경험으로부터 의미를 도출하도록 도와주는 프로세스이다. 성찰하지 않는다면 경험으로부터 배우는 것에는 한계가 있다. 이러한 성찰과 경험의 상호작용은 Dewey의 경험에 의한 학습이론(Dewey, 1933)과 Kolb의 경험 학습(experiential learning)(Kolb, 1984)의 개념을 떠올리게 한다. 실천을 되돌아본다는 개념은 2000년 전에 아리스토텔레스가 처음 언급하였지만, 해결할 필요가 있는 문제 상황을 생각하는 방식으로서 성찰의 가치를 처음 강조한 사람은 Dewey(1933)였다. "성찰적 사고는 애매하고, 의심스럽고, 갈등하고, 어지러운 경험을 하는 상황을 분명하고, 응집력 있고, 안정적이며, 조화로운 상황으로 변혁시키는 기능을 한다"(Dewey, 1933: 100–1).

Revans가 1945년 10월에 영국 광산협회(Mining Association of Great Britain)에 제출한 보고서에 처음으로 액션러닝에 관한 언급이 나오지만, 그는 "아리스토텔레스가 여전히 우리에게 상기시키는 것처럼, 삶은 성찰(reflection)뿐만 아니라 실천(action)으로 구성된다."(Revans, 1983b: 50)라고 함으로써 액션러닝의 토대가 되는 많은 핵심 아이디어를 2000년 전 아리스토텔레스의 연구에서 찾을 수 있다고 하였다. 그러나 Revans는 그의 본래 연구에서 실천과 성찰을 통한 학습의 오랜 중요성을 다시 강조하였을 뿐만 아니라 업무 현장에서 그것이 어떻게 운영될 수 있는지를 보여 주었다. 그는 처음에는 서로의 운영 및 경영 문제를 함께 해결하게 하려는 광산 매니저들의 소규모 그룹을 만들어서 액션러닝을 시작하였다(Revans, 1983b).

이처럼, 액션러닝은 비즈니스 상황에서 시작하여 지난 70여 년을 지나면서 다양한 형태로 발전하였다. 학교에서 활용된 것은 20여 년에 지나지 않는다. 이 장의 목표는 비즈니스 상황에서 액션러닝의 기원을 설명하고, 액션러닝이 무엇인지 명료하게 밝히며, 교사의 전문성 학습에 어떻게 활용할 수 있는지를 소개하는 것이다. 대부분의 액션러닝 연구들은 비즈니스 상황에서 수행되었기 때문에, 이러한 상황의 문헌들이 이 장에서 많이 참고될 것이다.

이 장은 네 개의 섹션으로 구성되었다. 첫째, 교수(teaching)의 다양한 개념화가 교사 학습의 다양한 형태와 어떻게 관련되는지를 논의할 것이다. 둘째, 교사 학습의 세 가지 다른 형태를 설명할 것이다. 이 섹션에서는 교사의 학습과 관련된 문헌에서 활용된 세 가지 공통적인 용어, 즉 '전문성 개발/현직', '지속적인 전문성 개발', '전문성 학습'의 차이를 분명하게 할 것이다. 셋째, 많은 교육 분야 이외의 상황에서 이미 폭넓게 활용된 액션러닝 사례가 제시될 것이다. 마지막으로, 이 장은 학교에서 교사가 액션러닝을 활용하도록 권장되어야 한다고 주장할 것이다.

교수의 개념

교수(teaching)의 본질과 교사 학습의 유형에는 상관관계가 있다. Wise 등(1984)은 1980년대에 시카고 교사들과의 광범한 연구를 통하여, 다양한 교사 학습 형태를 수반하는 몇 가지 교수의 개념을 추론하였다. 교수의 한 가지 개념은 교수의 지식 기반이 고정되어 있고 상황에 따라 거의 달라지지 않는 '기예(craft)'라는 것이다. 이 개념은 교수를 처방된 지식의 전달로 보는 것이며, 교사가 그 실제에 대한 충분한 지식을 배울 수만 있다면 '숙달'될 수 있다는 것이다. 이것이 사실이라면, 교사는 '조금씩(bit by bit)' 실제를 배울 수 있다. 이는 교실에서 교수에 관한 다양한 지식을 제공하는 간단한 방과 후 워크숍을 통해 이루어질 수 있다.

또 다른 교수의 개념은 다양한 유형의 교사 학습을 요구한다. 교사를 전문직으로 본다는 것은, 지식은 고정된 것이 아니며 교실에서 교사가 수행하는 것은 다양한 요인에 따라 달라진다는 것을 시사한다. 이것은 교수는 다양한 전략을 활용하여 처방된 지식을 전달하는 것 이외에도 '학생과 상황에 따라 달라지는 역동적인 관계'라는 것을 의미한다(Hoban, 2000b: 165). 교수를 전문성으로 보는 개념은 교실에서 이루어지는 많은 의사결정들이 매일 '총체적 판단'에 의한 것임을 의미한다(Day, 1999). 즉 교수가 다음과 같은 복합적인 의사결정을 포함하고 있음을 의미한다.

> 교사는 전문지식과 기능뿐만 아니라 교사의 개성에 의해 독특하게 정의되고 표현되는 일련의 개인적 자원이 있어야 하며 학생들과 개인적이며 집단적인 상호작용을 해야 한다.
>
> (Wise et al., 1984: 8)

Holy와 John(1995)은 전문직이 되기 위한 요건으로 지식, 자율성, 책임감의 세 가지가 있으며, 그 이유는 다음과 같다고 하였다.

> 전문가는 단순반복적인 것 이상의 의사결정이 필요한 불확실한 상황에서 일하며, (그들이 볼 때) 고객의 이익에 최대한 부합하는 판단을 하기 위해 관료적이며 정치적인 제한에서 벗어나야 한다.
>
> (Hoyle & John, 1995: 77)

McLaughlin(1997: 89)에 따르면, 교사를 전문가로 대하기 위해서는 교사 학습에 대한 다음의 여섯 가지 시사점을 고려해야 한다.

- 전문적 대화 기회의 증가
- 교사의 전문가적 고립 상황 감소
- 학습과 대화를 위한 풍부한 기회 제공
- 유의한 내용과 변화 노력을 전문성 개발 기회와 연결
- 전문가에 대한 안정적이고 신뢰할 수 있는 환경 창출
- 학교 내에서 시간, 공간, 측정의 재구조화

실제로 그녀는 교사들이 스스로의 직업적 맥락에 대하여 더 많이 배울 수 있는 학습 환경으로서의 학교에 대하여 관심을 가졌다. Sarason(1990) 역시 똑같은 관점을 제시하였다. 그는 학교는 주로 학생의 학습을 촉진하도록 설계되고 조직되었으며 교사의 학습에 대한 고려는 거의 없다고 주장하였다. 그는 "교직원의 성장, 개발, 자존감에 도움이 되는 요인, 변인, 환경은 무엇이든지 간에 교실에서 학생들이 같은 결과를 얻는 데 중요한 것들이 된다."고 주장하였다(Sarason, 1990: 154). 장기적으로 교사의 학습을 촉진하도록 학교가 재조직되어야 한다고 생각한다면 기업교육에서의 학습과 같은 형태가 이용될 수 있음을 이해해야 한다.

교사 학습의 형태

'전문성 개발', '지속적인 전문성 개발', '현직 연수', '전문성 학습'이라는 용어들은 교사 학습에 대한 문헌에서 혼용되어 왔다(Craft, 2000). 이것은 다양한 교사 학습 유형의 특성, 장점, 유용성에 대하여 일부 혼란을 일으켰다. 이러한 이유로, 우리는 각각의 장단점을 규명하고 서로 다른 이유와 상황에 어떻게 활용될 수 있는지를 설명하기 위해 교사의 학습을 세 가지 유형으로 구분한다. 교사의 학습은 어떤 형태로든 일어날 수 있지만, 실제를 변화시킬 수 있는 더 심오하고 지속적인 학습의 형태는 다른 두 가지 형태보다 전문성 학습에서 일어나기 쉽다. 이러한 형태들을 혼합하여 사용하는 교사 학습의 사례들이 있기는 하지만, 각각의 독특한 특징을 강조하기 위해 별도로 다룰 것이다.

전문성 개발/현직 프로그램

지난 50여 년 동안 학교에서 전통적인 교사 학습의 모델은 특정한 실제의 문제 해결을 목적으로 교실에서 적용하기 위한 일반화된 지식을 제시하는 형태였다(Day, 1999). 이러한 형태의 교사 학습은 보통 '전문성 개발 프로그램'이라 불리며 일회성의 방과 후 '워크숍'이나 일일 '현직 연수'를 포함하기도 한다(Hoban & Erickson, 2004). 교사 학습의 내용은 방과 후 한두 시간과 같이 비교적 짧은 시간에 제시되며, 보통 교사는 무엇이 제시되는가를 결정할 책임이 없다. 목적은 교사들이 교실로 돌아가서 현명하고 능숙한 방식으로 그 지식을 적용할 것이라 기대하면서 사전에 결정된 간단한 코스에 현장의 '수용된 지식'을 포장하는 것이다. 게다가, 전문성 개발 프로그램의 내용은 보통 사전에 결정되므로, '프로그램'이라는 단어가 적당하다. 이러한 전통적인 '서서 전달'하거나 '훈련'하는 교사 학습 모델은 수년 동안 '이론과 실제는 다르다'와 같은 상투적인 말과 함께 본질적인 논쟁거리가 되었다. Schön(1983)은 이러한 모델을 '기술적 합리성'의 접근 방법이라 명명하고, "전문가 활동은 과학적 이론과 기법을 적용하여 정확하게 이루어진 도구적 문제 해결에 있다"(Schön, 1983: 21)고 하였다. 그는 이것이 20세기를 위한 형식적이고 학문적인 지식과 실제 간의 관계에 대한 지배적인 인식론적 관점이라고 주장하였다.

전통적인 전문성 개발은 워크숍이나 현직 연수 과정이 끝난 후에 학교 상황에서 교사의 학습을 지원하기 위한 체계적인 지원이 부족하였기 때문에 종종 비판을 받았다. 예를 들어, Fullan은 다음과 같이 주장하였다

> 교사를 위한 전문성 개발은 실적이 부진하였는데, 그 이유는 이론적 토대와 핵심 초점이 부족하였기 때문이다. 전문성 개발은 한편으로는 막연한 만병통치약처럼 다루어져 왔다. … 반면에, 전문성 개발은 너무 좁게 정의되었으며 인위적으로 '실제' 학습과 분리되었다. 그것은 워크숍이나 전문성 개발 세션의 지속적인 시리즈가 되었다. 두 가지 경우 모두 지속적이고 누적적인 효과를 나타내는 데 실패하였다.
>
> (Fullan, 1993: 253)

전문성 개발 프로그램은 보통 일회성의 연수, 교사 연수일, 또는 프레젠테이션의 형태로 이루어진다. 이것은 전형적인 '방과 후 워크숍'의 사례로서 오늘날 학교 상황에서 일반적으로 이루어지는 것이다. 이러한 형태는 교사에게 별도의 출장 시간이 필요하지 않으며 정보가 한 번에 교사들에게 전달될 수 있지만, 후속 지원은 거의 이루어지지 않는 비용이 적게 드는 교사 학습 형태이다. 따라서 이러한 형태의 교사 학습의 주요 의도는 새로운 정보나 내용을 교사에게 전달하는 것이며 교사들이 이 새로운 지식을 적용해야 하는 상황에 대한 고려는 거의 이루어지지 않는다. 그러나 워크숍의 내용이 교사의 사전 지식과 어울리거나 그들의 기존의 실제를 보완하는 것일 경우에 전문성 개발은 교사의 학습을 증진시킬 수 있다. 워크숍 이후에 후속 토론이 있을 수도 있지만, 이는

보통 일시적이며 실제에서 본질적인 변화를 이끌지는 못한다. 어떤 연구자들은 교사의 학습을 촉진시키기 위한 일회성의 워크숍은 부적절하다고 주장하였다(Fullan, 1982; 1993). 마찬가지로, Day(1999)는 "전문성 개발 기회는 교사가 자신과 타인의 경험 간의 상호작용을 통하여 자신의 사고와 실제를 성찰하고 탐구하도록 하는 다양한 학습 경험을 제공해야 한다."고 주장하였다(Day, 1999: 201). 학교는 교사들이 서로에게 피드백을 제공하거나 지속적인 토론을 하도록 하는 등의 자체적인 후속 지원을 할 수도 있지만 이러한 경우는 매우 드물다. 교사의 학습이 일회성의 워크숍으로 일어난다면, 그것은 보통 기존의 실제를 강화하거나 확장하는 것이다. Sachs와 Logan(1990)에 따르면, 전통적인 교사 연수 워크숍은 교사가 스스로 지식을 형성하도록 하지 않는다.

> 일부 예외가 있기는 하지만 현직 연수는 지적으로 도전적이고 엄격한 프로그램을 제공하기보다는 '실용성'과 '적절성'에 교사가 몰두하도록 함으로써 현재의 실제를 재생산하였다. 한 가지 결과는 교사의 전문적 지식은 통제되고 있고, 평가절하 되고 있으며, 단순화되고 있다는 것이다.
>
> (Sachs & Logan, 1990: 479)

요약하면, 일회성의 워크숍이나 교사 연수일은 실제에서 본질적인 변화를 거의 일으키지 못한다.

지속적인 전문성 개발

교사 학습의 두 번째 형태는 '지속적인 전문성 개발(CPD)'이라 불리는 것으로 일련의 관련 분야 워크숍, 현직 연수 과정, 대학원 과정이나 컨퍼런스 등을 포함한다. 이 형태는 인증이나 월급 인상의 목적으로 학위과정을 거쳐 자격을 업그레이드하는 데 종종 사용된다. 이러한 전문성 개발의 결과는 교사가 현장에 아이디어를 적용해 보고 후속 과정에 참여할 때 이를 수정할 기회를 갖게 한다. 또한, 코스 자료나 강의 형태로 새로운 지식이 교사에게 소개되며, 전문성 개발과 마찬가지로 교사는 제시되는 내용에 거의 조언을 하지 못한다. 워크숍이나 미팅은 프레젠테이션이 끝난 후에 종종 다른 학교 교사들과 협력할 기회를 제공하는데, 이는 교사의 학습 가능성을 넓혀 준다. 일회성의 전문성 개발 워크숍과 대조적으로, 지속적인 전문성 개발은 교사의 학습 과정을 제공한다. 그러나 코스의 내용은 보통 미리 결정된다. 학교 상황에서 새로운 아이디어를 실행하도록 교사를 지원하는 구조가 없다면 교수 현장을 변화시킬 기회는 감소한다.

지난 30여 년 동안 학교 상황에서 수행된 연구는 교사의 학습이 단순한 과정이 아니라는 것을 보여 주었다(Hoban, 2002). 실제로, 불확실성, 급속한 변화, 가치 갈등과 딜레마 등의 요소로 특성화되는 학교 교실의 복합성에 대한 자각이 점점 더 커지고 있다(Fullan, 1999). Biggs(1993)는 교사들은 그들의 현실을 변화시키는 데 주저하며, 그 이유는 그들이 수행하는 것은 변화가 일어나기 어려운 '교실 체제'로서 상호작용하는 영향들의 조합과 관련되기 때문이라고 주장하였다. 그는 각종 교수 방법은 오랜 시가에 걸쳐 개발되었으며 보통 기존 자원, 평가 실제, 보고 절차 및 정책(학교 및 주 모두)에 따라 편성되어 있다고 주장하였다. 예를 들어, 고등학교 수학과 과학 교사들이 종종 활용하는 전달식 교수 방법은 빡빡하고 처방적인 수업 계획서, 제한된 교실 자원, 구체적인 성적을 요구하는 학교 보고 절차 및 하루에 5~6개의 수업을 가르침으로써 나타나는 고통과 관련된다. 초등학교 교사들은 다른 도전을 받는다. 그들은 보통 결정적인 영향력을 행사하는 시험을 위해 가르치는 압박은 없을지라도, 종종 매우 처방적인 수업계획서를 가지고 모든 교과를 가르쳐야 한다. 그래서 교사에게 새로운 방법을 소개하는 것은 평가, 자원, 기존의 실제를 '재편성'시키는 것을 의미한다. 물론, 이러한 모든 것은 시간과 에너지가 있어야 하는데, 보통 바쁜 학교생활에서는 빠듯하다. 교사가 직면하는 도전과 압박을 인정하고 교실 현장을 변화시키고자 할 때 교사의 학습에 대한 새로운 사고방식과 지난 40여 년 동안 학교에서 지배적이었던 단순히 '전달하고 적용하는' 전문성 개발에서 벗어나고자 하는 의지를 필요로 한다(Putnam & Borko, 2000).

전문성 학습

세 번째 교사의 학습 유형인 '전문성 학습'은 전문성 개발 프로그램과 같은 일회성 워크숍이나 CPD와 같은 일련의 코스나 세션에 참석하는 것만이 아니다. 오히려, 전문성 학습은 변화를 지원하기 위해 교사의 다양한 학습 과정을 통합하는 프레임워크나 구조를 포함하여 학교에서 교사를 위한 학습 환경을 만드는 데 초점이 있다. 따라서 전문성 학습은 교사를 '훈련'시키기보다는 '교육'시키는 것에 관한 것이다. 이에 대하여 Hoban은 다음과 같이 주장하였다.

> 전문성 개발 프로그램은 보통 교사의 학습을 지원하기 위한 조건이나 프로세스가 제한적인 상태에서 일회성 워크숍이나 교사 연수일에 비교적 짧은 시간 동안 새로운 내용을 전달하는 형태로 이루어진다. 그러나 전문성 학습 프레임워크는 장기적이며 하나의 체제로서 상호작용하는 교사 학습의 다양한 조건과 프로세스를 중요하게 여긴다.
>
> (Hoban, 2002: 68)

학교 상황에서, 교사의 학습을 지속적으로 지원하는 구조화된 교사 학습의 과정은 교실의 실제에 대한 성찰, 토론과 실천, 새로운 아이디어나 개념의 투입, 학생의 피드백 및 동료와의 공동 프로젝트 수행 등을 포함할 수 있다. 전문성 개발 및 CPD와 달리, 전문성 학습에서 교사는 자신의 학습에 대한 내용이나 초점에 관한 결정을 하는 책임을 진다. 교사 학습 과정은 모든 전문성 학습 프레임워크에서 분명하지만, 다양한 조합이 있을 수 있다. 학교 상황에서 교사

표 2.1 교사 학습의 형태

교사 학습 형태	특징	사례
전문성 개발/현직	내용을 결정하는 데 거의 책임이 없는 교사들에게 '전문가'가 전달하는 단기간의 일회성 연수이며 학교에 돌아갔을 때 후속 조치 과정이 없음.	일회성 학교 워크숍, 교사 연수일, 또는 현직 연수
지속적인 전문성개발	내용 결정에 거의 책임이 없는 교사들에게 '전문가'가 전달하는 일련의 워크숍, 코스, 프로그램, 컨퍼런스이며 학교에 돌아갔을 때 후속 조치 과정이 없음.	인증 과정이나 학위, 일련의 워크숍이나 컨퍼런스
전문성 학습	내용 결정에 교사가 주된 영향을 미치는 장기적 접근 방법. 학교에 돌아갔을 때 다양한 후속 조치가 있음.	액션러닝, 액션연구, 교사 연구, 프로젝트 기반 학습, 문제 기반 학습

들의 존재를 격려하는 것과 그들이 어떻게 상호작용하느냐 하는 것은 '액션러닝의 역동성'에서 더 자세히 논의될 것이다.

교사 학습의 형태는 종종 중복되기는 하지만, 주요 차이들이 **표 2.1**에 요약되어 있다.

특히 성찰과 커뮤니티를 포함하는 전문성 학습의 몇 가지 핵심 아이디어는 Revans가 액션러닝을 기술하면서 제시한 것이지만, 그는 교육적 용어를 거의 사용하지 않았는데 그 이유는 그가 이 분야의 전문가가 아니었기 때문이다. 사실, Revans의 많은 아이디어는 자신의 직관과 업무 현장 학습에 대한 경험적 접근 방법에 근거하였다. Revans(1982b)는 전문성 학습은 종종 훈련 워크숍에서처럼 정보를 제시하는 것이 아니라 업무 현장에서 학습 환경을 창출하는 것이며, 참가자들이 다른 사람의 도움을 받아 스스로 배울 수 있고 자신들이 구하는 질문에 대한 적절한 답을 찾을 수 있게 하는 것이라고 하였다.

표 2.1에 제시된 전문성 학습의 사례인 액션러닝, 액션연구, 교사 연구, 문제 기반 학습 및 프로젝트 기반 학습 등은 모두 전문성 학습 프레임워크의 사례들이다. 이들은 많은 특징을 공유하고 있기는 하지만, 다음 절에서 강조하는 몇 가지 핵심적인 차이들이 있다. 특히 액션러닝과 액션연구는 흔히 혼동되므로 구별하는 데 특별한 주의를 기울여야 한다.

액션러닝과 액션연구의 비교

액션러닝과 액션연구는 모두 1940년대에 각각 다른 학문 분야에서 시작된 전문성 학습 프레임워크의 사례들이다. 액션러닝은 1940년대 중반에 Revans에 의해 경영학 분야에서 기원하였으며 경험을 공유하고 업무 현장의 문제를 해결하기 위하여 정기적으로 회의하던 광산 매니저들의 소그룹에 초점을 두었다. Revans가 주지한 것처럼, 영국에서 '액션러닝'은 "단순히 많은 사람이 서로에게서 그리고 학습 커뮤니티를 통해 배우기 시작하는 사회적 과정이 되었다"(Revans, 1982a: 69–70). 그는 경험을 공유하고 서로의 업무와 관련된 이슈나 문제에 대하여 코멘트를 하기 위해 정기적으로 만나는 참가자 그룹을 "모든 액션러닝 프로그램의 활력소가 되는" '셋'(set)이라 불렀다(1983a: 14). 그는 또한 경험을 정직하게 공유하는 것을 가장 중요하게 생각하였다. 이것은 사람들이 액션 플랜을 확실하게 할 수 있게 해 주었다. Revans(1982b)는 동료에게 자신을 솔직하게 드러내는 것이 액션러닝 셋이나 커뮤니티에서 가장 중요한 특징이라고 하였다. 셋 구성원들은 시간이 지나면서 자신을 드러내면서 더 개인적인 문제를 공유하고 자신들의 실제를 개선하고자 하는 시도의 성공과 실패를 논의할 수 있게 하는 신뢰를 형성한다.

Revans 자신은 한 문장으로 액션러닝을 정의한 적이 없지만, 소그룹 사이의 상호작용이 액션러닝의 기본이 되는 핵심 특징이라고 단호하게 주장하였다. 다른 저자들은 경영학 문헌에서 자신들의 정의를 다음과 같이 제시하였다.

> 액션러닝은 어떤 것을 달성할 목적으로 동료의 지원을 받아 지속적으로 학습하고 성찰하는 프로세스이다. 액션러닝을 통하여 각 개인은 실제 문제를 다루고 자신의 경험에 대해 성찰함으로써 서로에게서 배운다. … 강력한 의사결정을 하는 것은 다른 사람과 함께 함으로써 크게 개선될 수 있다는 것을 우리는 안다. 그러나 핵심은 본질적으로 개인에게 있다. … 셋은 각 개인의 이슈에 초점을 맞추는 집중된 그룹의 노력을 통하여 이러한 프로세스가 일어나게 해 준다.
>
> (McGill & Beaty, 1995: 21)

> 액션러닝은 성찰과 실천 간에 관계를 형성한다. 경험에 의한 학습은 과거 사건에 대한 재고, 실천에 대한 의미 부여, 미래 사건에 대한 새로운 행동 방식 발견 등과 같은 성찰을 포함한다. … 액션러닝 셋의 일부가 되는 것은 성찰과 학습 간의 연결과 같은 관계에 참여하기 위한 시간과 공간을 제공한다. 셋 구성원은 동료에게 자신의 상황을 이해하고, 탐색하고, 판단할 수 있게 해 줄 뿐만 아니라 행동에 영향을 주는 기본 감정을 알 수 있게 해 준다.
>
> (McGill & Brockbank, 2004: 13)

> 액션러닝 이론의 전문가들은 동료와의 그룹 상호작용을 통해 탐구할 수 있는 프레임워크를 지원하고 도전하며 학습자의 상호의존성을 통해 개인의 임파워먼트가 촉진될 수 있는 실제 조직의 상황을 강조함으로써 가장 효과적으로 배울 것이라고 한다. 그것은 보통 업무 문제를 해결하고자 성찰과 실천을 통해 경험으로 학습하는 개인에 대한 것이다. 이렇게 개인에게 초점을 두는 프로세스는 '셋'이라 불리는 학습 그룹을 활용하는데, 여기에서 셋 구성원의 아이디어는 지지를 받는 분위기 속에서 촉발될 수 있다.
>
> (Gregory, 1994: 43)

이 책의 목적을 고려할 때, 학교에서의 액션러닝은 학교와 관련된 이슈, 딜레마, 문제, 프로젝트를 이해하거나 해결하도록 도와주는 커뮤니티로서 자신의 경험을 정기적으로 성찰하고 공유하는 소그룹의 교사(4~8명 정도)를 포함하는 전문성 학습 프레임워크로 정의된다. 액션러닝은 교사들이 서로의 경험을 공유하고 서로에게서 배우는 교사들 사이의 사회적 상호작용을 강조한다. 교사가 교사 학습에 참여할 때 보통 가장 가치 있게 생각하는 것이 바로 이것이다. 교사가 방과 후 워크숍의 형태로 시행되는 전문성 개발 프로그램에 참여할 때조차도, 가장 가치 있게 생각하는 부분은 비슷한 주제나 학년을 가르치는 동료와 예기치 않게 공유하는 경험이다. 실제로, 이처럼 경험을 공유하는 것은 워크숍의 목적과 상관이 없을 수도 있지만, 교사는 비슷한 도전과 이슈를 경험한 다른 교사와 공감을 한다. 그래서 액션러닝은 이러한 중요한 측면 즉, 비슷한 교실 상황에서 이를 이해하는 동료와 일상적인 경험을 공유하는 것을 강조한다(Clandinin & Connelly, 1996).

Pedler(2008)와 Inglis(1994)가 강조한 핵심 이슈는 액션러닝은 구성원이 서로 목적이나 초점을 다르게 가질 수 있다는 것이다. 예를 들어, 셋의 구성원은 각자 다른 상황에서 일하며 자신의 개별 이슈와 문제를 그룹에서 다루고자 하는 사람들로 이루어질 수 있다. 반대로, 셋은 해결해야 할 특정 조직의 문제가 있는 그룹으로 구성될 수도 있다. 이 상황에서 그룹에서의 토론은 공통 이슈의 해결안을 찾고자 하는 방법에 초점이 맞추어진다. 혹은 이러한 방법이 혼합된 셋이 활용될 수도 있다. 예를 들어, 셋은 그룹에 초점을 둘 수 있지만, 이 그룹의 목적을 향해 참가자들이 자신의 액션러닝 노력을 해석하고 초점을 맞추는 방법은 다양할 수 있다. 다시 말해서, 액션러닝의 결과는 개인의 문제 또는 공유된 그룹의 문제나 이 둘의 조합을 해결하는 것이 될 수 있다.

대조적으로, 액션연구는 사회과학에서 기원한 것으로 Kurt Lewin(1946)이 소수 그룹의 사람들이 자신들의 상황과 가능한 해결안을 더 잘 알 수 있는 방식으로 처음 개념화하였다. 액션연구는 다양한 해석과 강조점이 있으며 액션러닝과 마찬가지로 그룹이나 개인에 초점을 둘 수 있다(Stenhouse, 1979). 주요 저자들이 제시하는 액션연구에 대한 세 가지 정의는 다음과 같다.

> 액션연구는 자신의 사회적 또는 교육적 실제의 합리성과 정당성뿐만 아니라 이러한 실제와 상황에 대한 자신들의 견해를 개선하기 위하여 참가자들이 사회적 상황에서 수행하는 집단적 자기 성찰 탐구의 한 형태이다. 참가자 그룹은 공통의 관심사를 가진 교사, 학생, 교장, 부모와 기타 지역사회 구성원이 될 수 있다. 그룹의 액션연구가 개별 그룹 구성원의 액션을 비판적으로 점검함으로써 이루어진다는 것을 아는 것이 중요하다고 할지라도, 협력적일 때에만 그 방법이 액션연구가 된다. … '액션'과 '연구'라는 용어를 함께 사용하는 것은 교육과정, 교수 학습을 개선하는 수단과 이에 대한 지식을 증가시키는 수단으로서 실제에 아이디어를 실행해 보는 방법을 핵심적 특징으로 강조하기 때문이다.
>
> (Kemmis & McTaggart, 1988: 5)

> 액션연구는 학교 운영 방식, 가르치는 방법, 학생 성취도에 관한 정보를 수집하기 위하여 교수-학습 환경에서 교사 연구자, 교장, 학교 카운슬러, 또는 기타 이해 관계자가 수행하는 체계적인 탐구 방식이다. 정보는 통찰력의 획득, 성찰적 실제의 개발, 학교 환경(일반적으로 교육 실제)의 긍정적 변화, 학생의 결과와 삶의 개선을 목적으로 수집된다.
>
> (Mills, 2000: 6)

> 액션연구는 연구에 근거한 액션을 실행하고 실행된 액션을 연구하는 것이다. 액션연구는 학교, 병원, 보건소, 지역사회, 정부 부서, 기타 환경을 포함하여 다양한 상황에서 활용되어 왔다. 그것은 특정 문제를 해결하고 구체적인 프로젝트와 프로그램을 개발하기 위해 일상적인 업무 실제를 개선하기 위해 활용될 수 있다. 학교에서 액션연구는 실천가 연구, 교사 탐구 또는 교사 연구라고도 불린다. … 훌륭한 교사는 액션연구의 핵심 구성요소인 성찰에 참여한

> 다. 그러나 액션연구는 성찰 이상이다. 그것은 앞의 사이클에서 개발된 이해를 토대로 방법과 해석을 지속적으로 개선하는, 본질적으로 액션과 성찰을 교환하는 순환적이고 체계적인 연구 방법을 강조한다.
>
> (Ary et al., 2006: 538-9)

요약하면, 액션연구와 액션러닝은 모두 경험으로부터 학습하는 성찰과 실천의 사이클을 포함하고 있지만, 강조하는 점이 서로 다르다. 액션러닝은 소그룹 사이에서 개인적 경험의 사회적 공유를 강조하는 반면에, 액션연구는 자료의 체계적 수집을 강조한다. 액션연구는 개별적으로 또는 그룹으로(협력적 액션연구에서처럼) 수행될 수 있지만, 액션러닝은 항상 그룹(보통 4~8명)으로 수행되며 보통 퍼실리테이터가 토론을 진행한다. 액션러닝의 핵심은 그룹이 공유하는 것은 추가적인 투입 요소를 제공할 것이라는 기대를 하면서 개인이 업무 현장의 이슈나 문제에 대한 자신의 개인적 성찰을 공유하는 팀 토론이기 때문이다. 이러한 투입 요소를 토대로, 미팅이 끝난 후에 업무 현장의 이슈를 해결하기 위해 구안된 액션 플랜이 실행되고 후속 미팅에서 반복적으로 다시 논의된다. 액션러닝과 액션연구를 이렇게 구별하는 것은 McGill과 Beaty가 잘 설명하고 있다.

> 하나의 프로세스로서 액션러닝은 학습에 더 일반적인 접근 방법이다. 연구가 주된 목적이 아니며 프로젝트는 어떤 형식적인 연구를 전혀 포함하지 않을 수 있다. 개인은 셋에서 성찰의 과정을 통하여 학습을 수행하며 그 프로세스는 본질적으로 그룹 프로세스이다. 액션연구에서, 프로젝트에 포함된 다른 사람이 불가피하게 있을 수도 있지만, 연구자는 혼자일 수 있다. … 그래서 액션러닝이 액션의 단계에서 일부 연구를 포함할 수 있지만, 그것은 본질적으로 연구 지향적이지 않으며 실제로 수행된 연구는 액션연구에서 주장하는 것과는 아주 다른 기법들을 사용할 수 있다.
>
> (McGill & Beaty, 1995: 32)

표 2.2 액션연구와 액션러닝의 비교

특징	액션연구	액션러닝
창시자	Kurt Lewin(1946)	Reg Revans(1945)
구조	사이클로 이루어짐.	사이클로 이루어짐.
강조	연구문제에 대한 답을 얻기 위한 체계적인 자료 수집을 통한 '연구'	개인적 경험의 팀 토의를 통한 '학습'
학습프로세스	계획, 실천, 실행, 평가	성찰, 공유, 실천, 피드백
참가자	개인 또는 그룹	항상 4~8명의 그룹이 몇 주마다 미팅을 함.
퍼실리테이터	보통 없음.	보통 있음.

마찬가지로, Zuber-Skerritt(1993)은 액션러닝과 액션연구는 실천과 성찰의 사이클이 있다는 점에서 비슷하지만, 액션연구는 연구를 강조하고 공개적이기 때문에 더 엄격하며, "액션러닝과 액션연구의 차이는 학습과 연구의 차이와 같다."(Zuber-Skerritt, 1993: 46)고 주장한다. 액션러닝과 액션연구의 유사점과 차이점은 **표 2.2**에 요약되어 있다.

액션러닝과 액션연구 모두에서 증거가 활용되었는데, 액션연구의 증거는 체계적이고 엄격하지만, 액션러닝의 증거는 일상적인 경험의 공유처럼 액션연구보다 덜 형식적이다.

교육 분야 이외의 상황에서 액션러닝의 발전

1940년대에 영국의 광산 매니저들 사이에서 액션러닝이 처음 시작된 이후, 대규모로 적용된 것은 1950년대에 나이지리아의 야자 기름 농장에서였다. 야자나무 숲은 Enugu 시 주변에 흩어진 수많은 야자 기름 농장과 백 개 이상의 작은 공장에 수천 개의 일자리를 제공하였다. 문제는 많은 공장이 적절한 이익을 창출하지 못한다는 것이었다. 그래서 공장을 폐쇄하는 대신에, N'suka 대학교(University of N'suka)의 경영 및 생산성 연구소(Institute of Management and Productivity)의 지도로 일부 매니저들이 액션러닝 셋을 구성하였다. 그 결과 농장 매니저들은 더 많은 이익을 창출하기 위해 서로 도와주었으며 결과적으로 수천 명의 근로자가 일자리를 유지할 수 있었다. 나이지리아에서 액션러닝은 업무 현장, 특히 매니저의 학습 전략으로 활용되었으며 이것은 이집트, 인도, 그리고 다른 나라들로 확산되었다(Revans, 1982b).

1960년대 후반에 영국의 10개 대형 병원은 심각한 경영난을 겪고 있었다. 예산을 초과한 병원 운영과 환자로부터의 수많은 불평뿐만 아니라 직원들의 심각한 도덕적 해이 등 여러 문제가 있었다. 1965년과 1969년 사이에 액션러닝 프로그램을 포함하여 매니저를 위한 체계적인 계획이 시작되었다. 그 결과 병원 매니저들은 업무의 문제와 이슈를 협력적으로 해결하면서 자신과 동료에 대하여 배우게 되었다. 시간이 지나면서 병원들은 더 효율적으로 운영되었고, 도덕성이 개선되었으며, 환자의 불평도 줄었다. 매니저의 업무 현장 학습을 위해 액션러닝을 활용한 사례로는 오스트레일리아의 Victorian Public Service Board, 시베리아 가스 파이프라인의 엔지니어와 GE의 임원을 위한 액션러닝 프로그램이 있다(Keys, 1996). 이 회사들이 액션러닝을 활용할 때 핵심은 업무 현장의 문제와 이슈를 협력적으로 해결하도록 유사한 분야를 관리하는 사람들끼리 소그룹으로 함께하도록 한 것이었다. Revans는 다음과 같이 언급하였다.

> 매니저든 아니든 간에 해야 할 책무가 있는 사람들이 그러한 업무를 수행하는 동안에 조직적으로 함께할 때 서로에게서 가장 잘 배울 수 있다는 단순한 아이디어를 모두가 똑같이 가지고 있어야 하는 인식의 변화는 기본적인 인간의 욕구에 대한 지식과 이해를 깊게 해 준다.
>
> (Revans, 1982b: 74)

액션러닝은 1990년대에 다양한 업무 현장에서 시행되었다. 다음과 같이 다양한 상황에서 액션러닝이 활용되었다.

- 웨일즈의 섬유 회사 임원(Lewis, 1991)
- 개인 병원의 매니저(Miller, 2003)
- 전기회사 감독자(Boddy, 1991)
- 영국의 병원 의사(Winkless, 1991)
- 영국에서 종교교육 학위과정에 있는 대학생(Robinson, 2001)
- 서비스 질을 향상하고자 하는 뉴질랜드 보험중개인(Schlesinger, 1991)
- 보건교육과정의 대학생(Wade & Hammick, 1999)

기업 상황의 업무 현장 학습을 촉진하기 위해 액션러닝이 어떻게 활용됐는지를 이해하기 위해서 다음의 두 가지 사례를 자세히 살펴보도록 하자.

사례 1: 윌리엄 그랑프리 레이싱 팀의 액션러닝

1995년에 윌리엄 그랑프리 레이싱 팀(Williams Grand Prix racing team)에서 일하는 여섯 명의 감독이 업무 현장에서 그들의 실제를 개선하기 위해 6개월간의 액션러닝 프로그램에 참가하였다(Giles, 1997). 그들은 문제를 해결하고, 규율을 다루고, 팀을 형성하는 방법을 개선하고자 하였다. 감독들은 각자 자신의 이슈와 문제를 선정하였고 서로가 그 이슈를 해결하는 것을 도와주기 위해 정기적인 미팅을 하였다. 각 개인을 위한 지원을 구조화하기 위해 미팅은 4단계로 이루어졌는데, 첫째 개인의 경험을 듣고 이슈 규명하기, 둘째 그 이슈에 대해 그룹 구성원들의 서로 다른 관점 공유하기, 셋째 이슈를 해결하기 위한 대안 찾기, 넷째 합의된 액션 플랜에 가장 적합한 옵션 선택하기 등이다. 액션 플랜과 결과 이외에 그룹에서 각 개인이 제기한 이슈의 범위는 **표 2.3**에 요약되어 있다.

표 2.3은 각 감독이 연구해야 할 자신의 이슈를 규명한 것을 보여 주는데, 이는 액션 플랜을 구안하기 위해 그룹에서 논의된 것들이다. 또한, 그룹이나 셋에서 구조화된 상호작용 때문에 각각의 액션 플랜은 개인의 요구나 상황에 따라 달랐다. 그러나 실행 결과 어떤 액션러닝 플랜은 다른 것들보다 더 성공적

표 2.3 윌리엄 그랑프리 엔지니어링에서 액션러닝 그룹의 감독이 제기한 개인 이슈

개인 이슈	문제	액션	결과
A 감독: 5축 기계 작동의 효율성	그룹 사이의 기계 운영을 조정하는 문제	기계 운영팀을 조정하는 임시 방법 구안	초기에는 개선되었지만 커뮤니케이션 문제가 다시 제기됨
B 감독: 개방적이고 정직해지는 데 익숙하지 않음	생각하는 것을 말하는 것에 대하여 자신감을 가지는 공통의 문제	사례 수집, 그룹으로 역할 연기	더 개방적인 커뮤니케이션, 개인적 자신감 충만
C 감독: 시간 관리	책임감 및 통제 이슈	역할 정의, 시간 기록 및 분석, 상황 직면	개인적 자신감 획득 및 역할 정의 도움
D 감독: 인간 관리	더 자신감 있고 덜 공격적으로 되고, 협력 획득하기	더 적절한 의사소통 유형 학습 및 적용	우선순위를 더 잘 통제하고 대인관계 기술 학습
E 감독: 경영진과 협의되지 않은 느낌	감독의 회의 개선	부장의 관점 수집 및 적절한 의사소통	더 좋은 미팅 구조화 및 개인적으로 개선된 감정
F 감독: 책임이 무엇인지 모름	새로운 공장에서 그의 역할 규정, 하위 계약 이슈 분류, 위임	시간 기록 분석, 팀의 역량 검토, 위임	개인 스타일 변화, 더 많은 위임, 스트레스 감소

출처: Giles, 1997.

이었음을 표에서 볼 수 있다. A 감독은 전혀 개선이 없었던 반면에, 셋의 다른 다섯 명은 업무 관련 이슈에서 개선이 있었다. 각 미팅에서 구안된 플랜을 가지고 6개월 동안 격주로 미팅을 하였음을 주지해야 한다. 플랜은 각 미팅이 끝난 후에 실행되었으며 다음 미팅에서 논의되었다(Giles, 1997).

사례 2: MCB 대학교 출판부의 액션러닝

1994년에 영국 MCB 대학교 출판부의 성장을 위한 비전이 확립되자 최고 경영진 중 10명이 그 비전을 실행하기 위한 계획을 만드는 액션러닝에 참여하게 되었다(Reid, 1994). 따라서 10명의 매니저는 전략적 비전 계획을 실행하려는 방법을 구안하기 위한 셋을 이루었다. 액션플랜과 성찰의 논의에 초점을 두기 위해 매월 반일 및 일일 미팅과 같은 미팅 시스템이 계획되었는데, 요구에 기반을 둔 워크숍에 변화가 있었다. 품질 관리를 위한 벤치마킹, MCB의 저작권 절차 평가, 지역 기반 저널 발간, 우수 편집을 위한 질적 프레임워크 개발, 출판 및 승진 자료의 배포 전략 개발, 신규 영업 부서의 핵심 훈련 요구 실행 등과 같은 구체적인 프로젝트가 있었다. 그 프로젝트는 8개월 동안 진행되었고 으며팀원들은 최종적으로 이사회에서 프레젠테이션을 하였고, 이사회는 그들의 노력에 대해 피드백을 주었다.

결 론

액션러닝이 기존의 일회적인 전문성 연수나 현직 연수 프로그램에 대한 대안으로 학교에서 사용된 것은 20년밖에 되지 않았다. 교사의 학습은 일회적인 전문성 연수 등과 같은 간단한 프로그램으로 시행할 수 있지만, 이러한 유형의 학습은 보통 실제에서 변화를 일으키기보다는 기존의 실제를 강화시킨다. 교수는 너무 복합적이어서, 그렇게 다차원적인 것을 변화시키고자 한다면 학교에 교사의 학습 과정이 존재해야 하며 조건을 유발하는 전문성 학습 프레임워크가 수반될 필요가 있다. 전문성 개발에 의해 촉진된 일회성 워크숍과 지속적인 전문성 개발에 의한 일련의 코스들과 같은 교사 학습 형태들이 교사의 학습 과정에 포함될 수 있지만, 업무 현장에서 그들의 존재는 종종 일시적이며 일관성이 없다.

액션러닝은 지난 70년 이상 기업 분야에서 성공적으로 활용되었기 때문에 우리는 액션러닝이 '효과가 있다'는 것을 알고 있다. 급격하게 변화하는 교육 상황을 볼 때 지금은 학교에서 액션러닝을 도입할 때이다. 그러나 액션러닝의 토대가 되는 교육의 과정은 기업 교육 분야의 문헌에는 잘 정리되어 있지 않은데, 그 이유는 기업 교육 분야의 저자들은 변화에 필요한 프로세스와 조건을 완전히 설명할 수 있는 교육적 '언어'를 몰랐기 때문이다. 이 책은 그러한 '언어'뿐만 아니라 지난 10여 년간 주로 호주의 학교에서 수행된 액션러닝의 사례를 제공한다. 다음 장에서는 액션러닝이 이루어질 수 있게 만드는 조건과 프로세스를 다룬다.

제 3 장

액션러닝 가능하게 하기

Stephen Dinham*과 공저

* 호주 교육연구위원회 교수 학습 및 리더십 연구부장

도입 및 개요

> 변화가 효과적이고 지속적이게 하려면 사람들이 알고 있는 것, 생각하는 것, 할 수 있는 것을 변화시킬 필요가 있다. 왜냐하면, 변화를 일으키는 것은 사람이기 때문이다.
>
> (Dinham, 2007a: 273)

앞 장의 '액션러닝 자리매김하기'에서 논의한 것처럼, 학교 기반 개혁은 아무것도 없는 상태에서 일어나지 않는다. 사회·정치적 상황과 같은 외부 요인들이 개별 학교에서 어떻게 일어나는지를 아는 것이 매우 중요하다. 학교와 학교체제는 학생의 학습 결과를 개선하도록 중앙 및 지방 정부로부터 지속적으로 압력을 받는다. 정부, 정책 결정자, 기업 그리고 매체들은 학생들이 효과적으로 학습하지 않으며 리터러시나 기본 계산 능력 수준이 떨어졌다고 자주 주장한다(예를 들어, Donnelly, 2007). 따라서 외부 요인들은 직·간접적으로 학교 커뮤니티를 변화시키는 과정에서 중요한 역할을 한다.

학교와 교사가 학생의 학습 결과를 개선하는 데 책임이 있다고 주장하는 중앙집권적 정책은 많은 서구 교육 시스템에서 수시로 수정되고 발전되었다. 예를 들어, 지난 20여 년에 걸친 영국의 국가 수준 교육과정 경험, 미국의 낙오학생방지법(No Child Left Behind)과 호주의 국가 수준 교육과정 운동을 생각해 보라. 동일한 시기에 학교의 일상적인 경영을 분권화하고자 하는 시도가 지난 10여 년간 있었다. 이에 대하여 Caldwell과 Spinks는 다음과 같이 말하였다.

> 중앙집권화와 분권화를 동시에 하는 것은 모순이다. 한편으로는 자기 경영을 하고 다른 한편으로는 학생들의 학습 결과가 있는 학교 수준에서 이러한 프레임워크와 능력의 상관관계를 형성하는 것이 이슈가 되어 왔다.
>
> (Caldwell & Sponks, 1998: 10-11)

정치 체제와 미디어의 지속적인 영향력 증가는 학교가 수행해야 할 것이 무엇인지를 제시하였다. 이것은 반대로 교장이 직원들에게 전문성 개발 프로그램을 더 많이 제공해야 한다는 압력을 증가시켰다. 이러한 요구를 충족시키기 위해서는 프로그램을 지속할 수 있도록 추가로 재정을 지원하거나, 학교의 정책과 실제가 주와 연방 정부의 기준에 일치하도록 하고, 학교 개선에 대하여 알기 위해 시험 결과를 해석할 수 있어야 한다.

이러한 역설적 배경에서 액션러닝이 학교에서 힘을 얻게 되었는데, 그 이유는 교사들이 다음과 같은 것을 할 수 있도록 하는 중요한 전문성 학습 프로세스로 보였기 때문이다.

- 각자의 전문성 학습 아젠다를 공동으로 관리
- 각자의 학교에 있는 학생들의 요구에 반응
- 교수(teaching)의 실제에 대한 건설적 피드백을 제공할 수 있는 프로세스 수립
- 새로운 아이디어와 전략을 실험할 수 있는 시간을 학교 시간표에 포함
- 아이디어와 실행 전략에 대하여 교사들이 개인 및 액션러닝 팀으로 성찰할 수 있는 시간 확보

액션러닝 팀*은 직소(jigsaw) 방식처럼 조직의 다양한 부문과 수준에 있는 구성원들이 함께 모여 구성된다. 현대의 조직은 기능과 전문성 때문에 자주 해체되기도 하고 느슨하게 연결될 수도 있다. 이는 조직 내의 개인과 그룹이 서로 경쟁하는 것조차도 잘 모르게 한다. 조직 구성원들을 모아 액션러닝 팀을 형성하는 것은 이러한 파편화를 감소시키고 자칫 놓칠 수 있는 패턴을 발견하게 함으로써 효율성과 생산성을 증가시킨다.

액션러닝에서는 팀원들의 지식과 전문성이 인정되고, 보완되고, 확장되며,

---

* 이 논의에서는 일반적으로 셋이라는 용어보다는 액션러닝 팀이라는 용어가 사용된다.

심화된다. 팀원들은 구체적인 이슈를 다루는 과정에서 서로에게서 배우며, 종종 조직 외부의 사람들로부터 배우기도 한다. 그것은 성인 학습 및 구성주의적 실제와 부합하는 직접 학습 경험이 된다. 팀워크와 리더십이 개발되며 구성원들은 그들의 업무가 조직 전체에 어떻게 통합되는지를 더 잘 이해할 수 있게 된다(Dinham et al., 2008). 이는 사람들이 자신의 업무 및 다른 사람의 업무와 조직의 전체 업무를 '유의미'하게 하도록 도와준다. 또한, 이것은 조직 내에서 기술적 프로세스뿐만 아니라 사회적 프로세스도 개선해 준다(Weinstein, 1998: 151).

경험에 의하면, 액션러닝은 외적인 요구와 힘에 대한 반응보다는 임파워먼트와 '책임감', '기존의 틀을 깨는 사고', 해결하기 어려운 문제로 간주하였던 것에 대한 참신한 해법을 갖게 한다. 액션연구와 마찬가지로, 팀원들은 조직의 효율성과 생산성을 방해하는 장애물을 협력하여 제거한다(Kemmis & McTaggart, 2005: 561). 액션러닝 프로젝트의 결과로 일어나는 학습은 후속 이슈의 토대와 자원이 된다. 이러한 방식으로, 개인과 팀 학습은 조직의 학습을 가능하게 하고 변화에 더 적응하기 쉬운 학습 커뮤니티를 개발할 수 있게 해 준다(Senge et al., 2000; Dinham, 2007b; Weinstein, 1998: 151).

액션러닝은 직선적이거나, 고정적이거나, 형식적인 프로세스가 아니라는 것을 인식하는 것이 중요하다. 수차례 미팅에 걸쳐 같은 이슈에 머무를 수 있고 학교에 더 중요한 일이 일어나는 동안에는 토론이 보류될 수도 있다. 중요한 것은 주기적으로 경험에 대한 성찰을 하는 것과 가능할 때마다 다른 팀원과 통찰을 공유하는 것이 필요하다는 것을 인식하는 것이다. 이러한 프로세스를 가능하게 하기 위해서는 상황과 조직의 역사를 고려하고 그 상황과 목적에 적합한 구체적인 방법을 채택하는 것이 중요하다. 다시 말해서 적응과 융통성이 모든 팀원에게 요구된다는 것이다.

Zuber-Skerritt(2002: 147)은 액션러닝과 액션연구에서 팀 성공을 위한 일부 요인을 다음과 같이 요약하였다.

- 성공/가치—실현 가능한 해법을 제시하고 프로세스를 통해 성과를 내는 액션러닝 팀은 개인과 그룹의 자아 가치를 높여 줄 수 있다.
- 재미/즐거움—팀을 위해 열심히 일하고 때로는 개인적인 시간까지 투자할지라도, 동료 의식을 경험하고 목표를 공유하게 되면 팀원들은 재미를 느낀다.
- 자유/선택—팀원은 대개 참여 여부를 선택할 수 있다. 또한 액션러닝은 특히 참가자들이 대안을 탐색할 자유와 선택권을 가질 때 전체적으로 창의성이 개발되고 혁신이 일어난다.
- 소속감/존경/사랑—팀원들은 목적을 공유하고 서로 밀접하게 업무를 수행할 때, 시간이 흐름에 따라 공통의 언어와 문화를 공유한다. 이러한 과정을 통하여, 그들은 보통 서로 존중하고 좋아하게 되거나 최소한 서로를 인정하게 된다.

액션러닝은 다기능(cross-functional) 업무팀, 위원회 및 매트릭스 구조와 같은 형식적인 전략 및 방법들과 혼동되지 말아야 한다(Dixon, 1998: 44). 액션러닝 팀은 많은 이슈를 다루고 제한 없이 운영될 수 있는 위원회 및 기타 구조와는 달리 보통 6개월에서 3년에 걸친 '유효기간'이 있고 더 유기적이며, 융통성 있고, 역동적이며, 집중적이다(McGill & Beaty, 2001: 19).

우리는 이제 액션러닝의 다음과 같은 몇 가지 특징들을 더 자세히 검토하려고 하는데, 특히 학교 상황에서 액션러닝이 어떻게 가능할 수 있는지와 관련한 특징을 살펴볼 것이다.

- 이슈, 딜레마, 문제 선정하기, 정의하기, 집중하기
- 학교 리더십
- 팀 형성과 멤버십
- 액션러닝 팀의 리더십
- 사람 알기

- 협력과 전문적 대화
- 외부 퍼실리테이터
- 목적 설정: 대상과 시간표
- 액션러닝 팀 운영 방법
- 실행과 진행

이슈, 딜레마, 문제 선정하기, 정의하기, 집중하기

액션러닝은 특별한 비법이 있는 활동이 아니다. 액션러닝은 참가자, 조직 그리고 고객에게 중요한 실제 이슈를 목표로 한다. 그래서 주제의 선정과 서술이나 특정 액션러닝 프로세스에 초점을 두는 것이 매우 중요하다. 최근에는 다음과 같은 학교 기반 이슈나 딜레마 및 문제들이 다루어졌다.

- 학생들 대부분이 가족 중에서 의무교육 이상의 교육을 받는 첫 번째 수혜자인 새로 설립된 학부의 4학년 리터러시 수준 개선
- 초등 수학에서 고차적 사고와 문제 해결 기술 습득
- 중학교에서 남학생들의 참여, 특히 리터러시 분야에의 참여 조사
- 7~8학년의 공부 기술 개선
- 학교 문화에 대한 학부모 커뮤니티의 참여도 증가

전문성 학습과 연구할 문제를 선정하거나 초점을 맞추는 데에는 많은 방법이 있다. 일부 학자들은 문제를 선정하기 전에 팀을 형성하고 그 다음에 연구 분야나 이슈를 결정해야 한다고 주장한다(Bierema, 1998: 98 참조). 또 다른 학자들은 문제를 선정하고 나서 이 문제를 다루는 데 적합한 팀을 형성해야 한다고 한다. 어떤 경우에는 두 가지 접근 방법이 모두 반복적으로 일어나는데, 이 경우 리더는 프로젝트와 액션러닝 팀이 형태를 갖추어감에 따라 일을 시작

하고 조율하는 중요한 역할을 하게 된다. 액션러닝은 내·외부의 자극이 있을 수 있다. 예를 들어, 학교의 딜레마와 이슈를 공유하기 위해 격주로 모이는 교장 그룹이 있을 수 있다. 각 교장은 제기된 이슈에 따라 조언과 제안을 할 것이다. 다른 예로, 초등학교의 2단계 교사들이 힘을 모아 과학 수업을 개선하기 위하여 액션러닝 프로세스를 시작할 수 있다. 전국 리터러시 시험에서 교육청의 성적을 높이기 위해 액션러닝 프로세스를 활용하여 조직이 지원하는 프로젝트 지원금을 신청할 수 있다.

교육청 수준의 또 다른 사례는 고등학교 수준에서 기억을 방해하는 요인이 무엇인가를 연구하는 것이다. 조직 외부, 예를 들어 정부의 재정 지원이나 시장 조건에서의 변화나 사회 경제적 변화 등으로부터 압력이 있을 수 있다.

실제로, 액션러닝은 조직이 형성되고 운영되는 외부 환경과 그 조직의 내부 환경이라는 두 가지 중복되고 상호작용하는 환경 속에서 일어난다. Kember(2000: 59)에 따르면, 각 환경은 지속적으로 변화해야 하는 압박을 받으며 각각은 서로에게 영향을 미친다.

연구 결과나 주장이 상반되는 또 다른 분야는 액션러닝의 기본 대상과 목적에 대한 이슈이다. 팀원들에게, 아니면 전체로서 조직에게, 아니면 둘 모두에게 잠재적인 이익이 있는가? McGill과 Beaty(2001: 16-17)는 기본 대상을 조직에 가능한 긍정적 시사점을 주는 팀원으로 보았다. 문헌들에서 알 수 있는 분명한 사실은 '최고 경영진'으로부터 지원을 받는 것이 중요하다는 것이다. 리더의 지원을 받는 액션러닝 프로세스는 성공하기가 훨씬 쉽다. 리더는 자원, 조언, 격려를 제공할 뿐만 아니라 반대하는 그룹을 중재하고 '순조롭게 진행하도록' 도와줄 수 있다(Weinstein, 1998: 154).

교육의 경우에 또 다른 중요한 준거는 이슈나 문제가 '학생이나 교사의 수행을 개선할 수 있고 개선해야 하느냐의 문제'이다(Sagor, 2000: 47). 이상적으로, 학교 상황에서 액션러닝은 학교 교육의 '핵심 비즈니스'에 직접 관련되어야 하며 학교의 경영 계획 및 다른 핵심 전략과 일관성이 있어야 한다. 액션러닝 사이클을 완성하는 것이 학교의 업무와 교사의 역량과 학생의 성취도라는 핵심 비즈니스에 이러한 정책과 계획을 어떻게 보완하고 가치를 더해 주는지를 보여 주는 것은 가능하다.

액션러닝에 대한 우리의 경험으로 볼 때 지나치게 큰 포부를 가지고 시작할 잠재적인 위험이 있을 수 있다. 간단히 말해서, 우리의 연구에 의하면 작게 시작하는 것이 대체로 더 바람직하다. 무언가 성취할 수 있다는 것이 긍정적인 시작이 되기 때문이다. 예를 들어, 학교 전체보다는 학년이나 단계, 주제나 학생 그룹에 대한 이슈에 집중하는 것이 더 나을 수 있다. 일단 성공하고 나면, 액션러닝 프레임워크는 더 많은 직원과 학생을 포함하여 새로운 분야에 적용될 수 있다. 처음부터 크게 시작하면, 만약에 성취하는 것이 어렵게 될 경우 종종 좌절감에 빠질 수 있다. 게다가 프로젝트는 항상 커지는 경향이 있다!

액션러닝의 분야를 선정할 때에는 확고한 증거에 기반을 두어 진행하는 것이 중요하다. 어떤 분야가 적합한지를 결정하는 때에는 다음과 같이 질문하는 것이 유용하다.

- 이 분야에 문제나 이슈가 있는가?
- 우리가 다룰 필요가 있는 가장 개인적이며 적절한 이슈는 무엇인가?
- 문제의 증상은 어떤 것들인가?
- 문제에 대한 데이터는 우리에게 무엇을 알려 주고 있는가? 문제가 더 확산되고, 심각해지는가?
- 문제가 다른 문제와 어떻게 관련되는가? 인과관계는 어떠한가?
- 이전에 시도해 본 것은 무엇인가? 그 시도에서 무엇을 배울 수 있었는가?
- 필요한 자원은 무엇인가?

교육 분야에서 공통 초점은 궁극적으로 학생의 성취도 향상이다. 이것은 다음과 같은 중요한 이슈를 신중하게 고려하도록 요구한다.

- 이 상황에서 학생의 학습에 대한 우리의 가정은 무엇인가?
- 학생의 성취도가 어떻게 타당하고 신뢰할 수 있는 방식으로 정의되고 측정될 수 있는가?
- 프로젝트의 시간이 실제 효과를 가져 오기에 충분한가?
- 이 상황에서 학생의 성취도에 영향을 줄 수 있는 다른 요인은 무엇인가?

교육 변화에서 호돈 효과(Hawthorne effect)나 후광효과(halo effects)는 일상적이며 특히 시간에 따른 학생 수행의 증거가 부족할 때에 성공적으로 수행된 처치는 과대평가될 수 있다.

학교 리더십

학교 교육은 종종 위계적인 행정 및 경영 시스템으로 운영된다. 그러나 액션러닝은 그룹 구성원들이 집단 책임을 지고 공유된 리더십을 보여 주는 협력적 리더십으로 구성된 평평한(flat) 리더십 구조를 요구한다.

> 액션러닝은 확장된 경험 학습에 근거한 의사결정 방법이다. 경험 학습과 창의적 문제 해결의 핵심 프로세스는 적절한 추가 지식의 획득과 공동 학습자 그룹의 지원으로 향상된다. 그룹이 아니라 문제 상황을 가지고 있는 사람이 의사결정을 한다. 그룹은 자신들의 학습과 의사결정 프로세스를 향상시키기 위해 존재한다. 그룹 구성원들은 문제 상황의 불확실성을 공유하고, 자신들의 경험과 자원에서 얻은 정보를 추가하고, 유용하고 도전적인 질문을 함으로써 서로 지원한다.
>
> (Cusins, 1996: 26)

액션러닝은 그 본질상 공유된 리더십을 열망하는 학교 환경에서 시작하기가 더 쉽다. 그래서 학교 특히 경영진의 리더십 모형은 액션러닝을 촉진하느냐 아니면 방해하느냐에 중요한 역할을 한다. 학교 상황에서 액션러닝의 등장이 분산된 리더십의 중요성과 잠재성을 강조하는 교육 리더십의 재구성과 거의 일치하는 것은 전혀 놀랍지 않다.

분산된 리더십 개념은 1950년대의 사회심리학 분야로 거슬러 올라갈 수 있지만, 그 개념이 널리 알려지게 된 것은 불과 10여 년 전부터이다(Gronn, 2002). 이러한 명성은 교육 리더십이 개념화되고 실제의 많은 부분을 반영하며, 경영이 아니라 교수와 학습이 학교의 핵심이 되어야 하고, 교장은 학교 경영과 자신과 학교에 주어지는 압력과 요구의 증가로 말미암아 학교 경영과 리더십의 부담을 모두 책임질 수 없으며, 학교의 기능과 학생 성취도에 대한 분산된 리더십의 기여가 간과되거나 과소평가되는 경향으로의 변화와 맥을 같이 한다(Spillane et al., 2001; Gronn, 2002: 654).

Gronn(2002: 654-60)은 분산된 리더십의 다양한 의미를 연구하면서 그 의미를 기본적으로 두 그룹으로 분류하였다. 첫째는 분산된 리더십을 본질적으로 더 많은 리더와 공유된 리더십에 대한 첨가제로 보는 것이고, 더 총체적인 둘째 접근 방법은 신뢰와 임파워먼트에 근거한 협력과 참여의 형태를 포함하는 것이다. 분산된 리더십의 관점은 더 많은 사람에게 기존의 리더십과 리더십 책임을 확산시키기보다 사람들이 함께 일하고, 계획하고, 학습하고, 행동할 때 일어날 수 있는 시너지에 관심이 있다. 이것은 개인과 조직 내에서 더 큰 리더십을 발휘할 수 있게 함으로써, 조직의 효과성을 증가시킨다.

많은 학교에서, 학교를 관통하는 리더십 유형은 교장에 의해 결정된다. 학교 교장과 간부들이 분산된 리더십을 추구하는 정도가 액션러닝의 잠재적 성공 가능성을 가늠케 할 수 있다. 어느 고등학교에서 다음과 같은 사례가 보고되었다.

고등학교 교장은 "나는 [프로젝트 리더/부교장이] 추진자였다고 할지라도 모든 단계에 참여하였다. … 프로젝트를 통하여 분산된 리더십이 촉진될 수 있는데, … 직원이 각자 리더십을 발휘하였다."고 말하였다.

(Macropod 고등학교의 미간행 사례 연구)

따라서 액션러닝은 분산된 학교 리더십의 총체적 관점과 맥을 같이하는데, 이는 학교 리더가 교사의 잠재성을 이끌어 내는 핵심 역할을 한다는 인식이 증가하고 있기 때문이다(Crowther et al., 2002; York-Barr & Duke, 2004). 그러한 리더십 프레임워크를 촉진함으로써, 교장은 액션러닝을 가능하게 하고 개인 및 조직의 혁신 역량을 향상하는 중요한 역할을 할 수 있다.

팀 형성과 멤버십

액션러닝이 효과적으로 일어나기 위해서는 적절한 팀원 구성이 매우 중요하다. 팀원이 너무 적거나(4명 이하) 너무 많은(8명 이상) 팀은 문제가 될 수 있다. 팀을 구성하는 방법은 핵심 이슈나 문제에 따라 달라진다. 팀원을 학교의 다양한 분야의 사람들로 구성하는 것이 다양한 관점, 경험과 기능을 제공하는데 유용할 수 있다. 액션러닝의 이차적인 바람직한 결과는 자각, 인정, 협동, 응집력을 더 크게 하는 것인데, 이는 경력이 다양한 교사들로 구성될 때 일어날 수 있다. 사람들은 액션러닝 사이클 과정을 오갈 수 있다. 시간이 길어질수록 교사들이 역할이나 학교를 옮길 가능성은 명백히 더 커진다. 어떤 경우에는 누군가가 떠나고 다이내믹이 변화되기 전까지는 팀이 효과적이지 않을 수 있다(Aubusson et al., 2006). 또한, 액션러닝 프로젝트는 교사의 전문지식을 추가로 필요로 하는 새로운 도전이나 이슈가 제기되는 단계에 도달할 수 있다.

액션러닝을 다룬 대부분 문헌은 액션러닝의 팀원은 자원자여야 한다고 주장한다(McGill & Beaty, 2001: 22 참조). 이것은 더 헌신하도록 하는 효과를 가질 수 있다. 학교 교사들은 자유롭게 사용할 수 있는 시간이 거의 없고 해야 할 일이 많은 경향이 있다. 그들에게 액션러닝 팀원이 되도록 강요하는 것은 현명하지 않을 수 있다. 그렇게 되면 프로젝트에 말뿐인 참여와 분노를 느끼게 될 수 있기 때문이다. 그러나 특정 임원을 적절히 선별하거나 최소한 액션러닝 팀에 참여하도록 하는 것이 좋다는 주장도 일리가 있다. 이상적으로, 팀원들은 액션러닝 프로세스에 기여할 수 있는 것과 그들이 참여를 통해 얻을 수 있는 것을 고려하여 선발되어야 한다.

액션러닝 팀의 리더십

앞에서 살펴본 것처럼, 액션러닝 팀에서의 리더십은 수직적이지 않다. 오히려 공유, 협력, 참여를 특징으로 한다. 교육 행정과 경영에 대한 더 기술적인 측면에 대한 초기의 초점은 이제 교수 학습의 향상을 위한 리더십으로 바뀌었다. 팀 리더가 학교 경영진의 구성원인 경우도 있고, 교실의 교사인 경우도 있다. 실제로 대부분의 액션러닝 팀은 그들이 배우고 함께 계획을 세울 때 매우 협력적인 방식으로 하기 때문에 공동 리더십이 가능하다. Dinham 등(2008)은 학교에서의 액션러닝 사례 일곱 가지에서 얻은 자료를 참조하였다. 이 절에서는 학교 기반 액션러닝의 리더십 문제를 논의하기 위해 이 자료를 참조한다. 한 초등학교 액션러닝 팀의 경험이 다음과 같이 기술되었다.

> 처음에 그룹의 일부 구성원들은 업무 부담 때문에 걱정했고 그룹의 간부들이 '감독자'처럼 행동할 수 있다고 우려하였다. 여덟 명의 구성원 중에 네 명이 간부였지만, 그룹은 '감독'을 받는 느낌을 받지 않았다. 모든 구성원들은 위협을 느끼지 않았다.
>
> (Dinham et al., 2008)

중등학교의 한 액션러닝 팀은 다음과 같이 언급하였다.

> 프로젝트를 위한 학교 리더 특히 교장과 프로젝트 코디네이터의 지원은 필수적인 것으로 보였다. 프로젝트 리더는 '항상 적극적으로 참여하였고' '가장 핵심적인 인물이지만 리더십을 분배하는 방법을 알고 있는' 것으로 기술되었다.
>
> (Dinham et al., 2008)

교장은 교사의 참여를 지시하지 않고서도 궁극적으로는 리더십과 멤버십에 대한 결정권을 갖는 등 프로젝트 팀 구성에 크게 영향을 미쳤다. 그러나 일부 경우에, 교장은 잠재적으로 부정적이거나 방해가 되는 교사가 어떻게 팀의 일부가 되어 영향을 미치는지를 연구자에게 털어 놓았다(Dinham et al., 2008 참조). 이러한 사례는 다음과 같다.

> 일부 교사는 프로젝트에 대한 특별한 헌신이나 지각된 리더십의 질 때문이 아니라 리더십 전문성을 형성할 기회를 제공하도록 팀에 초대되었다. 이러한 방식으로 '좋은 교수/액션러닝'(Quality Teaching/Action Learning: QTAL) 프로젝트는 학교의 장기적인 리더십 역량 형성에 기여할 수 있을 것으로 기대되었다. 이러한 분산된 리더십 모형에서, QTAL 리더십 팀의 각 구성원은 취해야 할 액션이 무엇이며, 무슨 증거를 수집해야 하는지를 결정하고 앞으로의 액션을 결정하기 위해 이러한 증거를 분석하는 프로젝트의 진도를 계획하게 된다.

프로젝트 팀은 프로젝트 시작 전과 초기 단계에서 개별 프로젝트의 목적을 형성하기 위한 미팅을 하고 계획을 세우는 데 시간을 보냈다. 이러한 대화는 프로젝트를 구성하고 방향을 설정하는 데 중요하였다. 그러나 초등학교의 사례에서와 마찬가지로 모든 일이 항상 잘 진행된 것은 아니었다.

QTAL 리더십 팀의 구성원 중 최초 프로젝트 팀원 중의 두 명은 주저하는 태

> 도를 보였으며 그들은 단계(학년) 그룹에서 프로젝트를 촉진하고 이끌어가는 데 필요한 열정이나 리더십 특성을 개발하지 않았다고 털어놓았다. 그러나 이들은 프로젝트 기간에 학교를 떠났고 리더십 그룹에서 그들의 대체자들이 더욱 좋은 생산성을 보였다.
>
> (Dinham et al., 2008)

어떤 액션러닝 프로젝트에서 팀 리더는 학교 내부에서, 또 많은 경우 외부에서도 이전보다 더 좋은 평판을 얻었다. 그들은 여러 학교에서 온 프로젝트 팀원들과 함께하였으며 그중에는 다른 학교의 프로젝트에 참여한 교사들도 있었다. 어느 초등학교의 사례 연구는 프로젝트 리더의 헌신적인 리더십이 중요함을 주지하였다. "ICT 교사(정보통신기술 프로젝트 리더)는 '학교가 어떤 방향으로 가야 할지를 알았으며, 정말로 그렇게 하는 데 헌신하였다.' 팀원들은 '우리를 안내하는 불빛'으로 기술하였다."

평가 팀은 또 다른 초등학교의 프로젝트 성공 조건을 인용하면서 다음과 같은 주요 요인을 발견하였다.

> 비슷한 프로젝트를 경험하였던 부교장 두 명의 리더십은 자신감에 차 있었으며, 존경을 받았고, 직원과 간부들 모두에게 영향력을 행사하였다. … 또한 두 명의 간부 리더 간에는 강력한 헌신 공유된 책임감 및 초기의 상호 지원 등이 있었는데, 이는 나중에 리더십 그룹의 다른 사람들 대부분으로 확산되었다.
>
> (Dinham et al., 2008)

사례 연구 학교에서의 인터뷰에서 교장은 그들이 리더십 기술과 잠재적 리더십에 근거하여 프로젝트 리더를 어떻게 선발하였는지를 이야기하였다.

전체적으로, 프로젝트 리더는 리더십 기술, 경험, 자신감, 지위를 획득하면서 자신들의 역할을 통해 성장하였음이 분명하였다. 또한, 프로젝트 팀원들, 특히 형식적 리더십 위치에 있지 않은 사람들은 프로젝트 기간에 스스로의 리더십 역량을 성장시켰음도 분명하다. 팀원 중 덜 능숙한 교사들도 종종 자신감을 얻었으며 일부 교사는 프로젝트 팀원으로 활동하면서 얻은 영향과 프로파일을 즐기는 것 같았다. 분명한 것은, 프로젝트 리더는 프로젝트 성공 및 교내의 다른 동료들과 프로젝트를 연계하는 일의 필수 요인이 협력과 팀워크를 통해 교장의 지원을 받아 팀을 잘 이끌어갔다는 것이다.

사람 알기

액션러닝 팀을 촉진하는 데 관심 있는 학교 리더는 팀에 참여하는 다양한 직원들에 대하여 잘 알고 또 이해할 필요가 있다. 주지한 것처럼, 그들은 팀원들을 적절하게 선별하기 위하여 인재 선발, 코칭과 격려를 할 필요가 있다. 팀 내에서 어느 정도의 창의적인 긴장이나 불협화음은 사람들에게 선입견과 실제에 의문을 제기하게 한다면 나쁜 것이 아니다.

Dinham(2008)은 변화를 위하여 액션러닝 프로젝트를 시작할 때 고려할 필요가 있는 세 그룹의 사람들이 있다고 하였다.

1. 열정가(enthusiasts)－열정가는 시간과 노력을 투자할 준비가 되어 있으며 변화를 지원한다. 이 사람들은 유능하고 냉정한 열정가에서부터 순진한 사람에 이르기까지 다양하다. 열정가는 이 분야에 경험과 전문 지식을 가지고 있을 수도 있고 익숙하지 않은 상황에서는 '한번 해 보자'는 생각을 할 수 있다. 그들은 종종 마음이 머리를 지배하게 두기는 하지만, 조기 채택자(early adaptor)와 위험 감수자(risk taker)가 되는 경향이 있다. 열정가에는 어떤 것이라도 기쁘게 지원하는 사람들과 특정한 이슈에 대하여 지원하는 사람들의 두 그룹이 있다. 열정가는 또한 변화를 시작하는 사람이다.

2. 관망자(watchers)－관망자는 이름이 시사하는 것처럼, 보통 불평이 많고 계산적이며 설득에 개방적이다. 관망자는 변화가 장점이 있을 때 변화할 준비를 하며 하나의 이슈에 두 가지 방법을 생각할 수도 있다. 열정가처럼, 그들은 나중까지 판단을 유보하면서 그들의 존경과 신뢰를 받는 리더에 동의할 것이다. 관망자들은 시간이 지나면서 자신들이 확신하는 증거와 주장이 제기되면 점점 더 많이 참여하고 지원하게 된다. 관망자는 작은 성공이라도 거두게 되면 적절한 역할을 하게 된다. 그러나 변화 과정이 나쁘게 진행되면 지원과 참여를 철회할 수 있다.
3. 방해자(blocker)－방해자는 특정한 변화나 변화 전체를 반대할 수 있는 사람들이다. 그들의 반대는 적극적이거나 소극적일 수 있다. 방해자는 합리적인 주장이나 증거에 흔들리지 않으며 변화에 대해 확고한 저항적 태도를 가지는 경우가 있다. 겉으로 드러나는 말은 없을지라도, 이런 종류의 사람들은 변화를 방해하고 '파괴'하도록 다른 사람에게 영향을 미칠 수 있다. 아니면 말수를 줄이며 의도적으로 변화와 당신이 가 버리기를 기다리면서 무시할 것이다. 방해자는 학교나 시스템에 수년 동안 다져온 관점을 어느 정도 지속할 수도 있다. '분열'과 '집단 사고'가 방해자의 생각과 행동을 지배할 가능성도 있다.

교육 지도자로서, 어떤 제안된 변화를 위해 각 그룹의 수를 반영하는 것은 유익하다. 조직의 역사, 문화, 그룹 역동성에 대한 지식 또한 중요하다. 방해자가 '악몽'처럼 행동했던 어떤 변화에 대한 과거의 실패 경험을 이해하고 고려할 필요가 있다. 그들은 '1975년에 그것을 시도해 봤는데 안 됐어.' '… 그것은 끔찍해.'라고 말할 수 있다. 물론, 방해자들은 보통 그런 실패에서 자신들의 역할은 무시한다.

그러나 학교와 기타 교육기관들은 민주적이지 않고 리더들은 조직의 전체적인 개선을 위해 가끔은 인기 없는 의사결정을 해야 한다. 게다가, 많은 변화는 위에서 지시되는 것이며 실제 이슈는 이러한 성격의 변화를 어떻게 수용하며 조직의 이익을 위해 어떻게 활용하느냐 하는 것이다. 우능한 교육 지도자는 의사결정을 해야 할 때 용기와 전략적 사고를 모두 발휘한다(Dinham, 2007c).

최근에 실시한 호주 정부의 좋은 교수 프로그램(AGQTP)이 뉴사우스웨일즈(NSW) 학교에 대하여 실시한 평가는 그룹의 구성과 영향력을 신중하게 고려하는 리더의 중요성을 강조하였다(Ewing et al., 2004, 2005; Aubusson et al., 2006). 학교에서 이렇게 액션러닝 팀을 형성하면서, 많은 교장들은 신중하고 전략적으로 프로젝트 팀 리더를 선정하고 팀원들을 격려하였다. 몇몇 사례에서 교장들은 의도적으로 핵심 관망자와 잠재적 방해자가 프로젝트 팀에 합류하는 것을 인정하였는데, 이는 이러한 사람들은 외부보다는 '조직의 내부'에 있는 것이 더 좋을 것이라는 린든 B. 존슨 전 미국 대통령 식의 사고 이론에 따른 것이다. 교장들은 관망자와 방해자가 프로젝트에 일단 참여하고 개인적인 관계를 맺게 되면 다른 사람들을 지원하거나 적어도 프로젝트를 한 번 해 보도록 영향을 미칠 것이라고 생각하였다.

중학교 교육에서 영재 교육의 결과에 대한 리더십을 점검한 또 다른 연구 프로젝트에서 성공한 학교의 교장들은 방해자들을 모두 피하는 정책을 사용하였다. 그들은 더 많은 학교에 성공적인 변화를 확산시키는 효과를 기대하면서 열정가와 관망자 그룹에게 전문성 학습 기회를 제공하는 데 집중하였다. 리더들은 이미 목록에 있는 것을 실행한다고 비난을 받을 수 있으며 교장들은 '버스에 모든 사람이 탈 때까지 기다린다면, 그 버스는 절대 출발하지 못할 것'이라는 것을 알고 있다는 점에서 위험성이 존재한다(Dinham, 2005, 2007c).

이 모든 것에서 핵심은 교장들이 자신의 직원과 각 직원이 변화에 어떻게 반응하는지를 아는 것이다. 시간이 지날수록, 성공적으로 관리된 변화(은퇴와 전출)로 인해 방해자가 가지고 있는 힘이 약해지며 부정적이며 저항적인 문화가 극복되어 가는 것을 볼 수 있게 된다.

협력과 전문적 대화

액션러닝의 결과로 교사들 사이에 협력과 커뮤니케이션이 증가하였다고 종종 보고된다. 팀원들은 종종 교수(teaching)에 관한 '심오한' 전문적 대화를 공유한 것이 수업내용이나 학생 행동에 대한 이전의 '피상적인' 토론을 대치하였다고 말하였다. 아래의 언급은 대화의 긍정적 특성을 제시한다.

> 전문적 토론과 [고등학교의] 업무를 수행하는 새로운 방식을 시도하는 능력을 갖추게 된 간부들과 직원들 간의 진정한 팀워크와 협력이 효과를 발휘하는 것을 발견할 수 있었다. 교직원들은 대화를 더 많이 하고 더 친밀하게 업무를 수행하는 것으로 보였다. '변화에 대한 직원의 저항은 이제 드세지고 확산되고 있다.' '과거에는 자신의 조직에 있었던' 그들은 이제 교수 학습에 대한 발전된 대화를 하게 되었으며 다른 교직원들과 대화하고 공유하게 되었다. 3단계(초등학교 5~6학년)에서는 중등 교육의 전략에 대해, 4단계(중학교 7~8학년)(고등학교 및 일부 초등학교)에서는 초등 교육의 전략에 대해 더 잘 이해하게 되었다.
>
> (Dinham et al., 2008)

고등학교의 사례 연구는 성공적인 팀 구성의 결과가 다음과 같았다고 보고하였다.

> 위험 부담과 자신감에 대한 교사 연수와 교사의 성장, 교실에서 ICT 활용에 대해 매우 주저하였던 교사들은 새로운 프로그램을 개발하였는데, 그들은 ICT와 QT 원리를 시도해 보고 통합하였다. … ◦˙ 교사들은 테크놀로지에 대한 새로운 기술을 배웠으며 더 많은 자원을 활용하게 되었다.
>
> (Dinham et al., 2008)

액션러닝, 팀 빌딩, 분산된 리더십은 변화의 토대를 제공할 수 있다. 또 다른 고등학교의 사례 연구는 다음과 같다.

> 요점은 '매우 거대한 탄력'이 있다는 것이다. 한 교사는 '내 경력의 하이라이트였으며 굉장히 긍정적이었고 … 아주 많이 배웠다.'고 진술하였다. 교사들은 '열정적이었고 모두가 그것을 좋아하였는데 그 이유는 다년간의 교육 경력이 있는 사람들까지도 그것이 효과가 있었고 … 하기로 동의하였으며 … 정말로 즐겼고, 이해하였으며, 자신감을 느꼈기 때문이다. … 피드백, 재확인, 재안심 … 일부 교사들을 다시 열정에 불타게 하였다.'
>
> (Dinham et al., 2008)

이러한 언급들은 모두 액션러닝이 학교 커뮤니티에 줄 수 있는 긍정적 효과를 보여 준다.

외부 퍼실리테이터

초기에, Revans(1983a, b)는 액션러닝에서 외부 퍼실리테이터의 활용을 주장하지 않았다. 그는 외부 퍼실리테이터가 프로세스를 지배할 가능성이 있다고 보았다. 그러나 조직 변화와 조직 개발에 대한 문헌에 따르면 내부인만으로 조직을 변화시키는 것은 굉장히 어렵다. 그래서 최근 많은 액션러닝 이론가들은 '셋 어드바이저'의 중요성을 논의한다. 학교에서 이러한 역할은 종종 아카데믹 파트너나 외부 퍼실리테이터가 수행한다.

일반적으로 문헌들은 퍼실리테이터는 주로 '간섭하지 않고 자문의 역할'을 할 것을 제안하는데, 이때 팀원들이 액션러닝 프로젝트를 주도해 나가게 된다. 그들은 판단하는 전문가보다는 더 비판적이고 유능한 친구가 필요한 곳에 외부 자문가를 요청할 수 있다. 외부 자문가의 역할은 다음 장의 '액션러닝 촉진

하기: 아카데믹 파트너의 역할'에서 자세히 논의된다.

목적 설정: 대상과 시간표

액션러닝 대상이나 목적은 기대치가 높다는 점에서 열정을 가지고 추구해야 하며 현실적으로 달성할 가능성이 있어야 한다. Sagor는 액션연구의 관점에서 다음과 같이 언급하였다.

> 교사 연구를 위한 초점을 선택하는 것이 필요하지만 충분한 첫 번째 단계는 아니다. 왜냐하면, 대상을 선택하고 그 대상을 분명하게 보는 것은 별개의 매우 다른 것이 될 수 있기 때문이다. 일반적으로 초점은 … 학생의 성취도에 관계된다. … 다른 경우에 연구 초점은 교수 기법에 관련된다.
>
> (Sagor, 2000: 52-3)

연구 이슈가 무엇이든 간에, 진행하기 전에 대상이나 기대하는 결과를 명료화하는 데 시간을 보내는 것은 항상 가치 있는 일이다. 대상에 대하여 말하고자 할 때에는 우리가 달성하고자 하는 것이 무엇인지를 정확하고 분명하게 말하는 것이 중요하다.

어떤 경우에, 처음에는 목적이 너무 제한적이어서 액션러닝 프로젝트가 진행되면서 확대될 필요가 있을 수 있다. 또 다른 경우에는 목적이 너무 광범위해서 초점을 좁히는 일이 필요하다. 액션러닝 팀은 프로세스를 진행하면서 목적을 수정할 수 있고 이러한 방식으로 목적은 더 현실적이게 되고 성취 가능성도 높아진다. 본래의 시간 계획과 목적에 너무 집착하는 실수를 하는 경우가 있다. 액션러닝 팀이 학습과 처치를 진행해 나감에 따라, 그들은 필요할 때마다 초기 목적을 현실적으로 평가하고 수정함으로써 더욱 발전하게 된다. 목적의 융통성과 개연성을 촉진하기 위해, 진행상황을 주기적으로 측정하고 반영하는 것이 필요하다. 대상과 지표는 이 프로세스에서 중요한 역할을 한다. 대상과 처치의 진도에 대한 증거가 없다면, 어떻게 해서든 진행하거나, 성공이나 프로세스에 대한 잘못된 가정과 결정을 하게 하는 유혹에 빠질 수 있다.

또한 중요한 목적을 설정하는 것도 도움이 있다. 초점이 없고 방대한 아이디어는 수월치 않을 수 있다. 더 단기간에, 더 세분된 목적을 가지고 달성할 수 있는 목표를 추구하는 것은 보다 큰 자신감과 주기적인 탄력을 만든다. 팀이 목적과 계획을 명료하게 하는 것뿐만 아니라, 조직의 나머지 부분을 위한 커뮤니케이션 전략을 가지고, 오개념을 극복하며, 다른 직원 및 이해 당사자들과 성공을 공유하는 것이 필요하다. 이러한 방식으로, 전문성 학습 프레임워크로서 액션러닝을 위한 지원이 이루어질 수 있고 회의주의자들을 설득할 수 있다.

액션러닝 팀 운영 방법

액션러닝 팀의 운영에 대하여는 수많은 다양한 모델과 접근 방법이 있다. 그 스펙트럼의 한쪽 끝의 팀은 정기적인 미팅 사이클이 있고 각 참가자가 자신의 이슈나 문제에 대하여 발언할 수 있는 시간이 할당된 매우 구조화되어 있는 팀이다. McGill과 Beaty(2001: 29-37)는 다음과 같이 제안하였다.

> 세 시간은 다섯 명 이상이 셋 미팅을 하기에 너무 빡빡하다. 원칙적으로 팀원당 30분을 각각 시작과 마무리를 위해 할당하는 것이 최소한의 시간이며 이보다 적을 때에는 대화의 깊이가 심각하게 약화될 수 있다.

그러나 그러한 시간 할당은 학교 상황에서 교사들에게 비현실적이다. 그러한 미팅은 여전히 목적과 구조가 필요하지만, 기업 분야에서보다 더 간단하고 역동적이며 자유로운 형식이 되기 쉽다. McGill과 Beaty(2001)는 잡음과 방해가 없는 적절한 상황에서의 미팅, 참가자들이 편안하고 피곤하지 않은 미팅 환경 설정, 규칙과 휴식을 위한 쉬는 시간의 중요성 등을 포함하여 몇 가지 중요한 제안을 하였다.

McGill과 Beaty(2001: 36)는 다음과 같은 많은 규칙을 제안하였다.

- 비밀 유지 및 신뢰
- 적극적 경청
- 진지한 대화에 대한 존중
- 정기적 참석
- 융통성
- 성찰과 전략적 질문을 위한 시간

McGill과 Beaty(2001: 37-44)는 팀원들이 서로를 알고, 팀원 각자가 미팅의 내용과 목적에 동의하며, 개인에게 시간을 균등하게 할당하고, 시간을 효과적으로 활용하며, 미팅에서 요구한 실천과 후속 조치를 기록하고, 팀원이 자기비판 및 성찰의 태도를 갖추는 것이 얼마나 중요한지를 강조하였다. 모든 팀원이 각 팀 미팅을 준비해서 참여하고 합의한 실천을 수행하는 것이 중요하다. 그러한 협력, 투입, 헌신이 없다면, 액션러닝 팀의 극소수 팀원에게 너무 많은 부담이 지워질 것이며 이는 좌절을 불러올 수 있는 잠재성이 있다.

미팅 자체는 가능한 한 외적 요인으로부터 자유로워야 하며, 그렇게 함으로써 팀원은 문제에 시간과 주의를 극대화할 수 있다. 모든 팀원이 아젠다를 가지는 것이 좋은 아이디어인데, 아젠다가 있다면 미팅을 하기 며칠 전에 배포되는 것이 좋다. 미팅의 사회나 서기와 같은 역할은 팀원들이 돌아가면서 할 수 있다. 시간을 지키는 것은 필수인데, 시간은 교사에게 귀중하기 때문이다. 어떤 경우에는 의무에 대하여 불평을 하지 않거나, 어려워하거나, 역기능을 하는 팀원을 상기시키거나 심지어 팀에서 탈퇴할 기회를 줄 필요가 있다.

'외부'에서 미팅을 진행하자고 하는 경우가 있는데, 팀원들은 토론을 위한 아젠다와 문제에 전념할 수 있고, 무관한 이슈를 다루기 위해 미팅을 방해하거나 떠나고 싶은 유혹에 빠지지 않을 수 있다는 장점이 있다. 교사가 기획 미팅에 참석할 수 있도록 학교가 그들의 업무를 덜어 주는 것은 프로젝트 성공에 도움이 된다.

실행과 진행

액션러닝에서 중요한 이슈는 액션이나 처치를 시작할 수 있게 하는 충분한 학습과 계획이 언제 일어나는가를 아는 것이다. 실행의 질은 액션러닝 프로젝트의 전체적인 성공에 대한 계획의 질 만큼이나 중요하다. Lanahan과 Maldonado(1998)는 액션러닝 프로젝트의 실행을 '… 프로세스의 성패를 좌우하는 것'으로 기술하였다. "가장 유능한 그룹이 개발한 가장 훌륭한 해결안은 실행할 동력이 없다면 잠재성을 성취할 수 없다"(Lanahan & Maldonado, 1998: 83). 그들은 또한 다음과 같은 요인들이 성공적인 실행에 핵심이 된다고 제안하였다.

- 실행 팀의 진도가 신중하게 감독되어야 함.
- 체크포인트 미팅이 계획된 대로 실시되어야 함.
- 실행의 장애물이 확인되어 공개되고, 해결되어야 함(Lanahan & Maldonado, 1998: 83).

시작을 위한 도전

Bourner와 Frost(1996)는 자신들의 연구를 토대로, 액션러닝 프로젝트를 시작할 때 전략뿐만 아니라 느낌과 감정의 중요성을 언급하였다.

> 처음에는 흥분이나 회의감이 뒤섞인 떨림과 불안으로 시작한다. 다소 개인적이거나 전문적인 발표가 있을 수 있다는 것은 이 단계에서 불안을 증가시키는 것 같다. 셋 미팅을 진행하면서, 이런 불안은 프로세스에 대해 약간의 놀라움이 동반된 열정, 즉 즐거운 경험으로 대치된다(이는 종종 다른 학습 경험과 대조된다). 프로그램을 마치는 시간까지, 퍼실리테이트 되지 않거나 지폐적으로 퍼실리테이트 되는 상황에서 운영되는 액션러닝 셋을 유지하고자 하는 기대가 있다.
>
> (Bourner & Frost, 1996: 17)

'처음'에 중요한 측면은 목적 설정 및 계획과 관련된다. 팀이 달성하고자 하는 목표와 그 목표를 달성하는 수단에 대하여 팀원과 팀 어드바이저가 합의를 하는 것이 중요하다. 그러나 이것은 결코 미리 결정되는 것이 아니다. 첫 단계는 만나서 액션러닝 프로세스를 통해 다룰 이슈와 문제를 해결하고 정의하고자 합의하는 것이다. 일반적으로 미루는 것보다 시작하는 것이 더 좋다. 팀은 종종 잘못 시작하였을 때의 실수와 특히 학생들에 대한 그 영향을 두려워한다. 그러나 액션러닝은 실수가 어쩔 수 없이 발생하는 반복적인 프로세스이다. 그럼에도, 손실을 피하고 중요한 혁신을 할 때마다 일어나게 되는 실수로부터 배우는 것은 중요하다. 실수의 영향을 감소시키고 액션을 조기에 시작하도록 하는 한 가지 방법은 '작은 것부터 시작하는' 것이다. 이 방법을 사용할 때, 목표는 적절하고 이룰 수 있는 것이 될 필요가 있다. 팀원들이 생각하는 분야에 대하여 더 많이 배우고 나면 액션러닝 프로젝트의 목적을 수정하고 초점을 바꾸는 것이 가능하며 그렇게 하는 것이 바람직하기도 하다. 팀원이 자신감을 얻을수록 팀의 효율성이 커지고 더 다양한 지식과 기능을 획득하게 되며, 팀원은 필요할 때 프로젝트를 이끌고 수정할 더 좋은 위치에 있게 될 것이다.

액션러닝 팀의 실행과 진도에서 또 다른 핵심 요인은 팀원의 참여와 헌신의 수준이다. Aubusson 등(2006: 24-5)은 다음과 같이 언급하였다.

> 일반적으로, 덜 성공적이라고 여겨지는 학교들의 공통적인 특징은 … 우수한 교수(Quality Teaching)와 액션러닝에의 참여가 부족하다는 것이며 이것은 참여하는 프로젝트 팀이나 직원의 헌신이 부족하다는 것을 의미하였다. 일부 프로젝트 팀의 문제는 액션러닝이 한 단원을 작문하거나 ICT를 통합하는 것과 함께할 수 없다는 것이 아니라 이러한 내용 기반이나 결과 기반의 프로그램들이 프로그램의 기계론적 설계를 지향하도록 하면서 교육과 액션러닝에 대한 초점을 산만하게 하는 것으로 보였다. 액션러닝과 좋은 교수 모형의 중요성에 대한 보고서를 작성하는 것은 나중 단계에서 해야 할 것이었다.

Marquardt(1999: 13)는 성공적인 액션러닝을 방해할 수 있는 요인으로 다음의 일곱 가지를 제시하였다.

1. 부적절한 이슈나 문제 선정
2. 최고 경영진으로부터의 지원 부족
3. 시간 부족
4. 참가자의 부적절한 혼합
5. 참가자의 헌신 부족
6. 액션만 있고 학습이 없음.
7. 무능력한 셋 어드바이저

위의 요인들은 이 장의 앞에서 개관한 효과적인 액션러닝을 위한 기본 원리를 고려하는 데 실패한 결과일 수 있다. 그러나 그러한 문제가 있을 때조차도 Marquardt(2004)는 '액션러닝의 경이로운 힘과 가치'에 대한 상당한 증거를 보여 주었다.

> 액션러닝은 운 때문이 아니라 다양한 조직적, 심리학, 사회학, 교육학 이론과 원리들을 비롯하여 윤리학, 정치학, 공학, 체제적 사고 등의 핵심 원리들이 내재적으로 서로 얽혀 있기 때문에 효과가 있다. 각 구성요소는 액션러닝의 힘을

강화시켜 준다. 액션러닝의 단순성과 즉각적인 적용성은 전 세계의 조직들이 문제 해결, 팀 빌딩, 조직 학습, 리더십 개발 등에서 성공할 수 있게 해 주었다.

(Marquardt, 2004: 32)

결 론

액션러닝은 지적으로 일어나지 않는다. 그것은 다양한 분야에서의 훌륭한 계획과 의사결정을 필요로 한다. 이 장은 학교에서 액션러닝 프로세스를 가능하게 하고 시작하는 몇 가지 원리와 실제적인 것들을 개관하였다. 우리는 액션러닝은 실제 이슈와 문제에 그리고 사람들이 알고, 생각하고, 할 수 있는 것을 변화시키는 해결안을 찾고 실행시키는 데 초점을 둔다는 것을 확인하였다. 이러한 이슈들은 각 개인의 개인적 요구, 전체로서의 그룹이나 학교를 개선하기 위해 선택한 프로젝트와 관련될 수 있다. 액션러닝의 초점을 선정하는 데에는 학교에서의 리더십과 팀 리더십, 적절한 사람 얻기, 액션러닝 미팅 운영 방법 알기, 팀 미팅을 위한 시간 및 자원 할당하기, 퍼실리테이터 구하기, 협력과 전문적 대화의 문화 개발하기, 학교 내의 다른 사람들과 결과에 대해 커뮤니케이션하기 등과 같은 다양한 요인들을 고려해야 한다. 다음 장에서는 성찰, 커뮤니티, 액션과 피드백 사이의 상호작용을 분석하면서 액션러닝의 역동성을 점검한다.

제 4 장

액션러닝의 역동성

액션러닝의 특성에 대해서 Revans가 이미 20여 년 전(1982b, 1983b)에 충분히 설명하였지만, 액션러닝을 뒷받침하고 있는 교육 프로세스는 잘 정리되지 않았었다. 왜냐하면, 비즈니스 분야의 저자들은 교육 분야의 지식이 부족해서 액션러닝을 뒷받침하고 있는 프로세스를 명료하게 정리할 수 있는 '언어'가 없었기 때문이다. 그러나 비즈니스 분야에서 한 저자는 이러한 다중적인 영향을 설명하고자 시도하였다. Cusins(1995)는 액션러닝 프로세스를 1) 경험 학습, 2) 창의적 문제 해결, 3) 적절한 지식 획득, 4) 공동 학습자 그룹의 지원이라는 네 가지 소스의 상호작용이나 학습 유형으로 보았다. 이 네 가지 학습 유형은 사태나 활동, 성찰적 관찰, 계획과 적용을 포함하는 직선적 사이클이다. 중요한 것은, 그는 그 직선적 사이클은 액션러닝의 특징인 지속적인 시너지의 변화 결과로 나타나는 네 가지 학습 유형이 결합한 영향이라는 것을 주지한 것이다.

교육적 관점에서 액션러닝은 성찰, 커뮤니티, 액션과 피드백이라는 네 가지 주요 교사 학습 프로세스로 뒷받침되는데, 이들은 효과적으로 운영될 때 서로 간에 상호작용하며 서로를 향상시킨다. 본래, 시너지는 교수 실제에서 변화를 유도하는 강력한 영향력을 만들고자 상호작용하는 이러한 네 가지 학습 프로세스에 의해 이루어진다. 시너지는 '부분들'이나 '프로세스들'의 합이 각각 분리되었을 때보다 더 클 때 일어난다. 간단히 말해서, 성찰은 그룹 토론에 기여하는 개인의 사고를 지원하는데 이것은 동료나 학생들로부터의 액션 플랜과 피드백을 촉진한다. 따라서 교사의 학습을 시작하고 지속시키는 데 중요한 것은 네 가지 학습 프로세스를 결합하는 것이다. 네 가지 핵심적인 학습 프로세스에 더하여, 액션러닝에 필요한 몇 가지 '업무 현장의 조건'들이 잘 갖추어지도록 해야 한다. 예를 들어, 교장의 승인, 그룹이나 '셋' 내에서 공평한 업무 수행 문화 및 리더십 등이 그것이다. 이러한 조건들은 '전문성 학습 지속시키기'에서 더 자세히 설명될 것이다.

전문성 학습에 대한 문헌에는 교사들이 이러한 교사 학습의 프로세스에서 어떻게 배우는지에 대한 사례가 많이 있다. 예를 들어, 교사들은 자신의 경험을 성찰하고(Baird, 1992; Dewey, 1933; Hatton & Smith, 1995; LaBoskey, 1994; Loughran, 1995; Russell & Bullock, 1999); 커뮤니티를 개발하고 아이디어를 공유하며(Day, 1999; Crossman & Wineburg, 2000; Wenger, 1998); 실제에서 실험하고 아이디어를 실천하고(Kolb, 1984; Mills, 2000); 변화 노력에 대해 학생이나 동료들로부터 피드백을 받음으로써(Hoban, 2004) 배운다는 연구들이 많이 있다. 그러나 액션러닝과 같은 전문성 학습 프레임워크가 이러한 네 가지 교사 학습의 프로세스를 어떻게 통합시키며, 학교에서 업무 현장 학습을 유지하기 위해 어떻게 역동적으로 함께 작용하는지에 대한 것은 문헌에 잘 정리되어 있지 않다(Hoban et al., 2005). 그래서, 이 장의 목적은 액션러닝의 토대가 되는 네 가지 주요 교사 학습의 프로세스를 자세히 설명하고 액션러닝을 유지하는 데 그들이 어떻게 시너지 작용을 하는지 보여 주는 것이다. 이를 위해 호주의 초등학교와 고등학교에서 수행된 두 가지 액션러닝 프로젝트 사례를 제시할 것이다.

액션러닝을 뒷받침하는 교사 학습의 프로세스

교사 학습의 프로세스 1: 성찰

첫 번째 프로세스인 성찰(reflection)은 참가자가 자신의 경험을 유의미하게 하고, 미래의 비슷한 상황에 대응하는 데 도움이 되도록 어떤 문제를 다시 생각하는 것이다. 성찰은 Dewey(1933)가 특정한 사고 형식으로 처음 제안한 것으로, 경험을 통해 사고하고 학습하는 방식이다. "성찰적 사고의 기능은 애매하고, 의심스럽고, 갈등적이고, 방해받는 상황을 분명하고, 일관성 있고, 안정적이며, 조화로운 상황으로 변화시키는 것이다"(Dewey, 1933: 100-1). 이러한 성찰을 통한 학습은 Schön이 성찰적 실제에 대한 그의 책에서 강조하였으며(Schön, 1983, 1987, 1991) '실천에 대한 성찰(reflection-on-action)'과 '실천 과정에서의 성찰(reflection-in-action)'이라는 용어를 탄생시켰다.

실제에 대한 성찰의 가치는 교사의 전문성 학습에 대한 문헌에 잘 정리되어 있다(Hatton & Smith, 1995; LaBoskey, 1994; Loughran, 1996). Baird(1992)는 성찰을 '학습과 개인 및 전문성 개발의 기초이며 교사 변화의 수단'이라고 하면서 다음과 같이 언급하였다.

> 변화를 이루기 위하여, 교사는 교실에서 일어나는 것을 이해하는 기존의 프레임이 단지 몇 가지 가능한 것 중의 하나라는 사실을 알 필요가 있다. Schön에 따르면 이것은 교사 자신이 수행한 것과 그 결과를 비판적으로 성찰할 때에만 이루어질 수 있다.
>
> (Baird, 1992: 17)

성찰은 교사 학습의 강력한 수단이 되기는 하지만, 그것은 개인 활동이며 다른 프로세스와 별도로 사용될 때에는 한계가 있다. 최근 Fendler(2003)는 Dewey의 성찰에 대한 과학적이고 합리적인 접근 방법과 Schön의 직관적 방법 모두가 사람의 기존 사고방식 때문에 제한 받는다고 하면서 성찰에 대한 개별적 개념을 비판하였다. 예를 들어, 교사가 성찰 저널이나 자서전적 내러티브를 쓰도록 하는 것은 일반적이지만, 이들은 종종 본질적으로 '고백'적이며 기존의 실제를 강화시킬 수 있다.

> 자서전적인 내러티브의 기제가 저널 작성에서 자기 공개 기법과 함께 고려될 때, 이는 기존의 인기 있는 가정을 반영하는 범주의 관점에서 자신의 아이덴티티를 반복적으로 고백하고 확인하는 사람들처럼 교사들의 아이디어를 구성하는 기능을 한다. 자서전적 표시는 주관에 근거하며 자서전을 구성하는 방식은 전통적인 관습을 따르기 때문에 이러한 구성은 있는 그대로를 반영하는

경향이 있는 자아의 테크놀로지이다.

(Fendler, 2003 23)

Fendler는 성찰은 가끔 바람직하지 않은 결과가 가져올 수도 있다고 하였다. 왜냐하면, 성찰은 교육, 인종, 성별, 계급에 대한 기존의 관점을 강화시키는 '순환적 사고방식'을 포함하기 때문이다. 따라서 성찰은 모순적일 수 있는데, 그 이유는 "성찰적 프로세스가 비판적이라고 생각하는 사회적 실제와의 관계 때문에 억제"되었기 때문이다(Fendler, 2003: 21). 간단히 말해서, 개인적인 성찰은 액션러닝을 지원하는 강력한 교사 학습의 프로세스이지만 그 자체만으로는 한계가 있다. 따라서 커뮤니티, 피드백 및 액션과 같이 공유하는 다른 교사 학습의 프로세스와 함께 활용될 때 성찰의 가치는 향상된다.

교사 학습의 프로세스 2: 커뮤니티

두 번째 프로세스인 커뮤니티(community)는 개인적 경험의 의미를 더 깊게 이해하고자 개인의 이야기를 공유하는 액션러닝 셋 구성원과 관련된다. 학습에 대한 이러한 사회적 영향은 Dewey가 처음 강조하였는데, 그는 커뮤니티의 개념을 "공통의 목적과 목표가 있기 때문에 서로의 활동과 경험을 공유하는" 것으로 정의하였다(Dewey, 1916). 아동의 학습을 위한 사회적 상호작용의 중요성에 대한 이러한 인식은 또한 교사의 학습에 적용될 수 있다. 학교가 교사를 위한 학습 커뮤니티로 여겨질 때 핵심 특징은 '의사결정의 공유와 정보 공유 및 커뮤니케이션'(Darling-Hammond, 1994), '비전의 공유 및 팀 학습'(Senge, 1990), '이해와 판단의 집단 목적'(Bereiter & Scardamalia, 1993)과 같은 용어에 내재한 아이디어를 공유하기 위한 동료와의 사회적 상호작용이다.

액션러닝 상황에서 하나의 커뮤니티로서 아이디어를 공유하는 것의 가치는 그룹에 존재하거나 구축되는 평등성의 정도에 관련된다. '셋'에서 이렇게 공유하는 프로세스는 몇 가지 효과가 있다. 첫째, 개인이 성찰과 통찰력을 공개하도록 한다. 둘째, 이러한 경험을 공유하는 프로세스는 개인적 해석을 확인하거나 부정하는데 이는 추가적인 성찰을 하도록 자극한다. 이것은 그 상황을 이해하고 있지만 다른 관점을 가지고 있을 수 있는 그룹 내의 동료로부터 도움을 받을 수 있다. 셋째, 후속 미팅에서 액션의 결과가 공개되면 교수 관련 프로그램에 참여하고자 하는 동기가 더 높아진다. Revans는 액션러닝은 기본적으로 사회적 프로세스이며 액션러닝 셋의 본질은 하나의 커뮤니티로서 아이디어와 경험의 공유라고 하였다.

> 액션러닝은 간단히 표현하자면 하나의 사회적 프로세스이다. 많은 사람들은 서로에게서 배우기 시작하며, 학습 커뮤니티를 형성하고, 이 커뮤니티가 공식적인 프로젝트 자체를 오랫동안 유지하게 한다는 상당한 증거들이 있다. … 요약하면, 액션러닝 프로그램은 적어도 해결해야 하는 주요 문제가 있어야 한다. … 이에 더하여, 액션러닝은 경험을 공유하고 생각을 교환하는 데 관심 있는 3~4개 조직의 구성원을 필요로 한다.
>
> (Revans, 1982b: 69-70)

액션러닝 프로세스의 일부로서 하나의 셋 내에 커뮤니티를 형성하는 것은 다른 수준의 평등성이 될 수 있다. 첫째, 구성원은 액션러닝을 함께하는 '짝꿍'으로 짝지어질 수 있다. 이것은 특히 서로 밀접하게 가까이서 일하는 교사들이 매일 또는 일주일에 몇 번씩 계속해서 서로 대화할 수 있게 해 주는 데 중요하다. 둘째 액션러닝 셋이나 팀 전체가 정기적으로, 예를 들어 매 2~3주마다 신뢰를 형성하고 그들이 교실에서 시도하고 있는 액션에 대한 경험과 관련한 아이디어 공유의 연속성을 유지하기 위해 만날 필요가 있다. 미팅에서 각 참가자의 개인적 성찰과 액션 플랜에 대한 대략적 아이디어를 논의하고 후속 미팅에서 액션 플랜의 결과를 듣게 된다. 따라서 작은 팀의 팀원 간에 공유의 문화를 개발하는 것은 "여섯 명의 머리가 한 명의 머리보다 더 좋다."라는 명언과 부합한다. 게다가, 교사는 긍정적이든 부정적이든 자신들의 경험을 공유하는 데 편안함을 느끼고 그룹에서 자신감과 절차를 개발할 시간을 가지게 됨으로써 피드백이 해로운 것이 아니라 구성적으로 될 것이다.

교사 학습의 프로세스 3: 액션

세 번째 프로세스인 액션(action)은 참가자가 개인 성찰을 통해 생성하고 커뮤니티 토론에서 정교화한 아이디어를 시도해 보는 것을 의미한다. 실천을 통한 학습이나 아이디어를 실험해 보는 것은 새로운 개념이 아니다. 그것은 Dewey(1938)의 경험을 통한 학습이론과 Kolb(1984)의 경험 학습 사이클의 주요 개념 중의 하나였다. 시사점은 아이디어를 시도해 보는 것은 액션의 결과를 알게 됨으로써 더 많은 의미를 얻게 된다는 것이다. 액션을 위한 아이디어는 액션러닝의 초점인 팀 프로젝트의 일부가 되거나 특정 팀원만을 위한 것이 될 수도 있다. 이러한 액션의 결과는 다음 액션러닝 미팅에서 성찰과 논의의 주제가 된다. 따라서 액션은 액션러닝 셋에서 교사 학습 프로세스 간의 역동적인 관계의 결과이다.

예를 들어, 각 교사는 특별한 문제를 일으키거나 그들의 교수(teaching)에서 도전적인 실제에 대해 성찰할 필요가 있다. 이러한 개인적 성찰은 그들의 친구(buddy) 및 셋 미팅에서 액션러닝 팀원들과 공유된다. 미팅에서 문제나 이슈가 다양한 가능성과 함께 논의되고 개인은 최적의 액션 플랜을 결정하기 위해 그룹의 도움을 받는다. 이러한 계획은 교실에서 액션의 핵심이 된다. 교사는 친구 및 팀원들과 액션을 성찰하고 그 결과를 공유하며, 성찰, 공유, 액션, 변화의 사이클이 계속된다.

교사 학습의 프로세스 4: 피드백

액션러닝 사이클을 완성하는 프로세스는 교실에서 변화를 시도하는 노력에 대한 피드백이다. 피드백은 몇 가지 소스에서 나올 수 있다. 한 가지 소스는 교실에서 서로가 가르치는 것을 관찰할 수 있는 액션러닝 셋의 팀원들이다. 이를 위해서는 팀원들 사이에 신뢰가 형성될 필요가 있다. 관찰을 하는 팀원에게 관찰을 받고 있는 팀원이 자신이 가르치는 특정 부분에 대하여 피드백을 제공해 주도록 요청한다면 도움이 될 것이다. 피드백의 두 번째 소스는 퍼실리테이터이다. 교사는 자신이 가르치는 특정 부분에 대하여 퍼실리테이터에게 피드백을 요청할 수 있다.

피드백의 세 번째 소스는 교실에 있는 학생들이다. 특히 액션러닝의 초점이 될 수도 있는 교수 학습의 특정 측면을 분명하게 하는 '언어'를 학생들이 제공한다면, 이것은 매우 강력한 피드백 형태가 된다(Hoban, 2000a). NSW의 고등학교에서 수행한 한 연구에서는 다양한 교과의 교수 학습 측면에 대하여 9학년 학생들을 인터뷰하였다. 이 연구는 많은 학생이 자신의 관점으로 교수 학습 이슈에 관한 이해를 충분히 표현하지 못함을 보여 주었다. 학생들에게 그러한 '언어'를 제공하기 위하여, 교사는 대부분 과학 수업에서 제시되는 교수 학습 측면을 규명하는 관찰 스케줄을 만들도록 하였다. 이 관찰 스케줄은 이 장의 마지막에 있는 **그림 4.3**에 제시되어 있다. 교사는 학생들과 용어의 의미를 토론하였고 관찰 시트 사용법을 설명하였다. 학생들은 일주일 분량의 교사 피드백을 주기 위하여 매주 금요일에 시트를 작성하였고, 교사는 이것을 주말에 성찰할 수 있었다. 학생들은 학기 대부분의 기간 동안에 시트를 사용하고 난 후에, 더는 시트를 필요로 하지 않았으며, 일부는 교사에게 구체적인 언어로 피드백을 주었다. 그들은 "좋은 수업이었습니다. 선생님의 설명은 정말로 도움이 되었습니다." 또는 "선생님의 수업은 명료하지가 않아서 저는 아직도 주기율표를 이해하지 못하고 있습니다."와 같은 후기를 남겼다. 이 연구는 학생들이 관찰 시트를 더 많이 사용할수록, 교사에게 교수 학습에 대하여 더 명확하게 피드백을 제공하였음을 보여 주었다. 이러한 관찰은 학생들이 피드백을 제공하도록 해 주었는데, 이는 일 년 이상 교사의 성찰을 지속시켜 주었다(Hoban & Hastings, 2006).

시너지 효과

교사가 일일 워크숍이나 교사 연수에 참여함으로써 교실에서 변화를 시도할 수 있지만, 이는 기존의 실제를 강화시키고, 있는 그대로를 유지하는 것이 더 일반적이다. 이러한 유형의 학습은 Argyris와 Schön(1974)이 '단일 고리 학습'이라 불렀던 것인데, 이는 일상적이고 기존의 문제에 반응하는 학습의 결과이다. 반대로, 액션러닝이 효과적으로 운영되었을 때에는 네 가지 교사 학습의 프로세스가 상호작용하고 서로를 강화한다. 이 교사 학습 유형은 생산적인 것으로, 새로운 아이디어 창출을 촉진하며 실제에서 변화가 더 잘 일어나게 할 수 있다는 것을 의미한다.

퍼실리테이터의 역할이 중요한 이유는, 퍼실리테이터는 특히 하나의 커뮤니티로서 교사들이 상호작용하도록 해 주면서 교사 학습의 과정을 설정하고 유지하는 데 도움을 줄 수 있기 때문이다. 퍼실리테이터는 필요할 때에 새로운 아이디어를 소개함으로써 팀의 토론을 도와주거나 그룹의 요구를 토대로 그룹 외부의 새로운 전문지식을 구해 줄 수 있다. 예를 들어, 퍼실리테이터나 다른 팀원이 새로운 아이디어를 소개할 때 액션러닝을 통한 아이디어 생성이 활발해질 수 있다. 이와 같은 새로운 아이디어의 투입이 일어날 때, 그것은 "그 새로운 아이디어를 해결하기 위해 긴장을 유발하는 합리적인 딜레마를 만들어 낸다"(Argyris & Schön, 1974: 97). Huberman(1995)은 이처럼 커뮤니티 토론에 도입되는 새로운 아이디어를 '개념 투입'이라 불렀다. 새로운 아이디어는 다양한 방식으로 일어날 수 있다. 예를 들어, 커뮤니티 토론에 연구 자료를 소개하거나(Bell & Gilbert, 1994; Richardson, 1994), 동료의 관점을 받아들이거나(Baird et al., 1987; Darling-Hammond, 1994); 전문 잡지, TV 프로그램, 시장 연구 등의 정보에 접근(Cusins, 1995)하는 방법으로 일어날 수 있다. 그러한 투입의 내용과 시기는 퍼실리테이터의 결정과 전문성에 달렸거나 액션러닝 팀이 원하는 요구에 따라 결정될 수 있다.

교사 학습의 과정이 유지되고 상호 보완할 때, 교사는 반복적인 지식 형성 과정을 통하여 역동적으로 학습할 수 있다. 이것은 개인의 신념을 성찰하고 액션으로 신념을 확인하거나 부정하고, 아이디어에 대한 피드백을 구하며, 무엇보다 액션러닝 커뮤니티에서 액션의 아이디어와 결과를 공유하는 교사 학습의 다중적 프로세스를 활용해 이루어진다. 액션러닝이 만드는 역동성은 Argyris와 Schön(1974)의 '이중 고리 학습'의 개념과 유사한데, 이는 학습은 지속적이고 반복적으로 업무 현장에서 일어나며 기존의 실제 그 자체에 도전하기 위한 새로운 아이디어를 포함한다는 것이다. 이러한 유형의 전문성 학습은 아이디어를 공유함으로써 위험을 감수하기 위한 교사 학습자 그룹 내의 신뢰와 준비도 수준에 근거한다.

> 개인이 심리적 성공과 서로의 확신 또는 미확신의 가능성을 더 많이 느낄수록, 그들은 자아 인식과 수용을 더 많이 할 수 있는데, 이는 타당한 정보를 제공하고 심리적 성공감을 느끼도록 해 준다. 그룹이 개방성, 실험, 개별성에 대한 강조를 더 많이 할수록, 개인은 이러한 그룹의 특성을 향상시키는 타당한 정보를 제공하는 것으로부터 더 자유로움을 느낄 것이다. 개인이 선택의 자유, 신뢰, 진정성이 높다고 느낄수록, 그들은 자신의 가정을 공개적으로 검증하기 쉬우며, 이는 또한 다른 사람들이 선택, 신뢰, 진정성의 자유를 높게 느끼도록 해 줄 수 있는데, 이러한 모든 것들은 개인이 자신의 가정을 검증할 수 있

게 하는 타당한 정보에 대한 더 많은 의지를 갖게 한다.

(Argyris & Schön, 1974: 91-2)

예를 들어, 이중 고리 학습은 단순히 기존의 실제를 확인하고 현 상태를 유지하기 위해 '자동 밀봉'되는 것이 아니다. 그것은 비직선적이고 역동적인 프로세스로 교육 변화를 촉진시키는 '변혁적'인 것이다(Day, 1999). 다중적인 교사 학습 프로세스의 상호작용적 본질을 보여 주기 위해 두 가지 액션러닝 사례를 살펴본다.

사례 연구 1: 초등학교에서의 액션러닝

첫 번째 사례 연구는 2004년에 호주의 시드니에서 남쪽으로 80km 떨어져 있는 조그만 농촌지역의 초등학교에서 실시되었던 액션러닝 프로젝트이다. 이 프로젝트는 퍼실리테이터와 여섯 명의 교사가 참여하였으며 6개월간 진행되었다. 프로젝트의 목적은 과학 수업에 학생들을 참여시키기 위한 교수 전략을 개발하는 것이었다. 한 교사는 학생의 과학 작문 실력을 향상시키기를 원하였으며, 다른 교사는 과학 활동에 학생의 참여도를 높이고자 하였다. 또 다른 교사는 새로운 교수 방법을 배우고자 하였으며, 또 다른 두 명의 교사는 과학 장비를 활용할 때 어린 학생들이 조작하는 기능을 향상시키기를 원하였다. 프로젝트 초기에 여섯 명의 교사와 퍼실리테이터는 교사 학습의 프로세스를 인식하는 것과 이 프로세스의 상호작용 방법의 중요성에 대하여 논의하였다. 팀원과 퍼실리테이터는 그들의 프로젝트를 설계하는 것을 알고 있어서 개인 성찰, 그룹 토론, 피드백 및 실행될 액션 구하기 등을 지원하는 프레임워크가 있었다.

6개월 후에, 교사들은 전문성 학습의 결과와 프로세스에 대하여 두 명씩 인터뷰를 하였다. 인터뷰하는 사람(Int)이 녹음하였을 때 리더(Val)와 그녀의 버

디(Rob)는 전문성 학습의 프로세스에 대해 강조하였다. 게다가, 그들은 다음과 같이 다중적인 교사 학습의 프로세스를 잘 제시할 수 있었다.

INT.: 교사의 전문성 학습 방법과 학교 변화 전략으로서 액션러닝에 대하여 무엇을 배웠는가?

VAL.: 교사는 혼자서 일하는 경향이 있는데 액션러닝 프로세스의 큰 장점 중의 하나는 우리가 팀에서 만들었던 사회적 지원이었다. 우리는 학습이 사회적 활동이라는 것을 알고 있지만 그러한 유형의 학습을 제공하기 위해 우리 자신이 학교에서 시나리오를 설정한 적은 거의 없지만, 액션러닝 프로세스는 이를 가능하게 해 주었다. 나는 짝꿍을 얻었으며, 특히 어떤 새로운 것을 시도할 때 여느 교사들이 흔히 그렇듯이 문을 닫은 채로 혼자서 일하지 않는다. 팀원들이 새로운 것을 시도할 때, 성공한 것을 공유하기는 쉽지만 잘못된 경우를 공유하기는 쉽지 않다. 액션러닝 프로세스는 이것을 가능하게 해 주므로 어떤 실수라도 모두가 학습 사이클의 일부가 된다. 팀원들은 공유하고, 성찰하고, 또 다른 변화를 위해 다음 단계로 나아간다.

ROB.: 나는 시간이 큰 이슈였다고 생각한다. 학교는 본래 매우 바쁜 곳이고 교사는 모든 것이 잘 돌아가도록 하기 위해 어려움을 겪으며 해야 할 일이 너무 많다. 그러나 이 프로세스를 진행하면서 우리가 수행한 것을 성찰하고, 말하고, 공유하고 다른 사람들이 우리가 수행하는 것을 관찰하고 아이디어를 줄 시간을 가질 필요가 있다는 것은 분명해졌다. 이것은 나에게 정말로 귀중한 것이라고 생각한다.

VAL.: 전문적 대화를 나누고 서로를 관찰할 수 있으며 서로의 학생을 관찰할 수 있었다. 이제 우리가 필요한 자원, 특히 예산을 확보해서 시간을 얻을 수 있고, 그래서 별도의 시간을 만들 필요가 없다. 그냥 주어진 시간을 사용해서 자연스럽게 배우는 것과 그러한 시간 자체가 정말로 중요하게 되었다.

INT.: 그래서 액션러닝 프로세스라는 것을 통해 무엇을 이해하였는가?

VAL.: 그것은 정말로 우리가 교사 학습에서 너무나 잘 알고 있는 학습 프로세스를 적용하는 것이다. 어떤 것을 쳐다보고, 관찰하고, 그것에 대하여 생각하고, 그것에 대해 간단한 연구를 하고, 성찰하고, 다른 동료와 이에 대해 이야기를 나누고, 시도해 볼 어떤 것을 개발하고, 그것을 시도해 보고 그 다음에 다시 그것을 성찰해 볼 수 있다는 아이디어, 다른 사람과 그것을 공유하고, 변화시키고, 다시 시도해 보고 하는 전체적인 학습 사이클이 액션러닝 사이클이다.

그림 4.1은 교사들이 인터뷰에서 말한 전문성 학습의 프로세스를 그림으로 나타낸 것이다.

중요한 것은, 이들 교사는 자신들의 전문성 학습에서 지속되었던 교사 학습

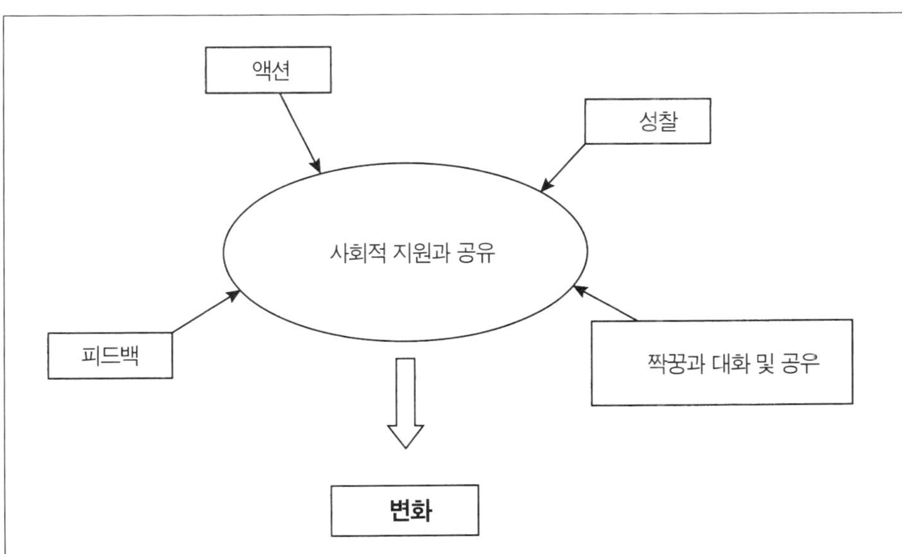

그림 4.1 초등학교에서의 액션러닝 프로세스

프로세스들을 결합할 뿐만 아니라 프로세스들이 상호작용하기 위한 시간이 있었다는 것을 지적했다는 점이다. 실제로 성찰하고, 아이디어를 공유하고, 새로운 아이디어를 액션으로 실천하기 위한 시간을 갖는 것은 교사 학습의 프로세스에 시너지 효과를 만들면서 운영될 수 있도록 하는 조건이 된다.

사례 연구 2: 고등학교 과학 교사의 액션러닝

두 번째 사례 연구는 시드니에서 서쪽으로 300km 떨어져 있는 농촌지역 고등학교에서 1995년부터 1996년까지 2년 동안 실시되었던 액션러닝을 기반으로 한 전문성 학습 프레임워크이다(Hoban et al., 1997). 이 연구에는 세 명의 과학 교사와 퍼실리테이터로 구성된 단지 네 명만이 참여하였다. 세 명의 교사는 자신들이 가르치는 방식에 대한 이유를 성찰하기 위해 저널을 쓰는 데 몇 주를 보냈으며 각 교사는 과학 교수에 대한 새로운 아이디어를 탐색하고 싶어 하였다. 이 프로젝트가 여느 것과 달랐던 측면 중의 하나는 교사 자신들이 9학년 학생을 가르치는 데 대한 피드백을 얻고 싶어 한다는 것이었다. 그래서 퍼실리테이터는 각 교사의 과학 수업에 참여하는 10명의 9학년 학생들을 인터뷰하였고 이를 '학생 테이프'로 녹음하여 교수 학습에 대한 핵심 코멘트를 수집하였다. 학생들은 다양한 교과에서의 교수 학습에 대한 인터뷰에 참여하였다. 이것은 다른 교과에서 사용된 교육적 아이디어에 대한 통찰력을 제공해 주었는데, 이들 중에는 과학 교사들이 알지 못하는 것이 있을 수도 있었다. 교사들은 자신들의 교수에 대한 피드백의 소스로서 2년 동안 이 테이프를 들었다. 퍼실리테이터는 또한 교사가 주관한 토론에서 새로운 아이디어를 소개하였다.

2년의 프로젝트가 끝나갈 때 교사들은 **그림 4.2**에 제시된 것과 같이 자신들의 액션러닝 프로세스를 대표하는 모델을 만들기 위해 두 번의 미팅을 하였다(Hoban, 1996). 교사들은 이 프로세스가 학생의 테이프를 들으면서 자신의 실제를 성찰하기 위한 것임을 분명히 알고 있었으며, 이는 그들이 교수 학습에 대한 자신들의 아이디어를 학생들의 아이디어와 비교할 수 있게 해 주었다. 첫 미팅에서 학과장은 다음과 같이 말하였다.

> 당신이 시작해야 할 것은 학생의 테이프를 듣는 것과 당신 자신의 수행을 성찰하고 테이프에 있는 교수(teaching)에 대하여 당신이 생각하는 것을 적을 기회를 갖는 것, 두 가지를 결합하는 것이다. 이제, 그 모든 것들이 중요한데 그 이유는 그것이 출발점이며 당신이 수행하는 것의 토대가 되기 위해 어떤 것을 활용하는 것이기 때문이다.
>
> (과학과 수석교사 Geoff)

교사들은 성찰하고, 학생의 테이프를 듣고 동료와 경험을 공유하면서, 실제에서 실행하기 위한 액션의 아이디어를 생성하였다. 그들은 일회성 이벤트라기보다는 오히려 실제의 개선이라는 공통의 목적을 위한 경험과 아이디어를 공유한 커뮤니티로 발전하면서 개인적인 성찰과 동료들과의 토론을 지속하였다. 두 번째 미팅에서 Geoff는 그 모델을 다음과 같이 기술하였다.

> 중요한 것은 시간이 지날수록 우리는 성찰, 토론, 테이프로 돌아오고 이러한 투입요소들로 되돌아가고 있었다는 것이다. 또한, 부분적으로 제시된 다른 것들, 이를테면 각자의 지식과 관점 등도 고려되었다. 일상적인 일들에서 동료애를 잃어버리는 경향이 있지만 공통의 목적을 향하여 일하면서는 서로와 대화하는 동료애가 격려하고 있다.
>
> (과학과 수석교사 Geoff)

교사들은 자신의 교수에 대하여 성찰하고 학생들의 테이프를 계속 듣고 동료들과 경험을 공유하고 난 후에, 변화에 대하여 생각하기 시작하였다. 그들은 교실에서 아이디어를 실행해 보고자 하였으며 학생들의 피드백을 모니터하였고, 후속 미팅에서 이에 대해 토론하였다. Goeff는 다음과 같이 말하였다.

> 그 다음에 일어난 일은 변화에 대하여 생각하기 시작한 것이며, 그 다음에는 변화를 보고 학생과 동료로부터 … 피드백을 얻기 시작한 것이다.
>
> (과학과 수석교사 Geoff)

교사들이 강조한 것은 학습의 발전은 액션러닝 사이클에 따라서 함께 실행했던 프로세스들의 결합에 근거하고 있다는 것이었다.

> 그것의 토대는 성찰의 출발점인 학생의 테이프와 스스로의 기회, 그리고 변화, 피드백, 더 많은 성찰, 변화, 피드백, 그리고 외부로부터, 다른 투입요소로부터, 동료로부터, 스스로로부터의 아이디어를 지속적으로 가져오는 사이클이다. 이러한 요인 중 하나라도 없었다면 학습의 발전은 일어나지 않았을 것이다.
>
> (과학과 수석교사 Geoff)

교사들은 전문성 학습의 프로세스를 '변화의 사이클'이라고 기술하였는데, 그 이유는 그들의 학습은 실제와는 별개로 아이디어를 제시하는 기존의 연수 프로그램과는 다른 액션러닝 프레임워크와 연결되어 있었기 때문이었다. Geoff는 이러한 프레임워크를 다음과 같이 요약하였다.

> 이 모든 것은 학생의 테이프로 시작하고, 실천하는 다양한 부문들에 대해 성찰하기 시작하며, 모든 이러한 외부의 영향을 생각하며, 머릿속에서 이들 모두를 함께 떠올리고, 교실에서 직접 수행해 보고자 시도하는 변화의 사이클이 된다. 또한, 중요한 것은 이것은 다른 형태의 전문성 개발과는 다르며, 이것이 변화를 일으키는 원인이 된다는 것이고, 그것은 마치 우리가 프로젝트 일부가 되고 단기적인 것이 아니라 지속적인 프로세스의 일부가 되는 것처럼 느끼게 해 주는 프레임워크이기 때문에 계속해서 강화된다는 것이다. 여기저기에서 임시방편으로 땜질을 하는 것이 아니라, 수시로 리터러시와 평가에 대

해서 배우는, 전체적으로 통합된 패키지이다.

(과학과 수석교사 Geoff)

요약하면, 교사 학습의 프로세스인 개인 성찰, 그룹 토론, 학생 인터뷰, 액션과 학생 피드백을 결합하는 것은 교사가 자신의 실제에 대하여 지속적으로 학습할 수 있도록 하면서 액션러닝 프레임워크에서 시너지 효과를 가져온다. 또한, 변화를 촉진시키기 위한 핵심 요인은 그 프로세스들을 상호 관련시키는 것이다. **그림 4.2**는 교사들이 2년 동안 실시해 온 액션러닝을 나타내는 모델이다.

한 가지 흥미로운 일이 2년 기간이 끝날 즈음에 일어났다. 이때쯤 학생 테이프에 대한 피드백은 의미가 별로 없었는데, 그 이유는 교사들이 스스로의 실제를 의미 있게 변화시켰기 때문이었다. 교사들은 새로운 피드백을 원하였고, 학생들에게 그들이 과학 수업에서 무엇을 배웠고 어떻게 배웠는지에 대한 '학습 로그'를 채우도록 하였다. 그들은 학생들에게 이것을 일주일에 한 번씩, 금요일 과학 수업이 끝난 후에 하도록 하였다. 이것은 6개월 동안 계속되었지만, 교사들은 학생들이 교수 학습의 메커니즘을 기술하는 '언어'가 없었기 때문에 그들의 피드백을 잘 정리하지 못한다는 것을 알았다. 이 문제를 해결하기 위하여, 앞에서 언급한 것처럼, 교사 중의 한 명이 학생의 피드백을 얻기 위한 '관찰 시트'를 퍼실리테이터와 함께 개발하였다(**그림 4.3** 참조). 이 관찰 시트는 9학년 학생들에게 교수 학습의 이슈를 논의하기 위한 '언어'를 제공하였으며 12개월 동안 효과적으로 작용하였다. 1997년에 세 명의 교사 모두가 주(state)의 최고 교사상을 받았다. 그들 중 두 명은 현재 고등학교 교장이며, 한 명은 과학과의 수석 교사이다. 세 교사는 아직도 연락을 주고받고 있다.

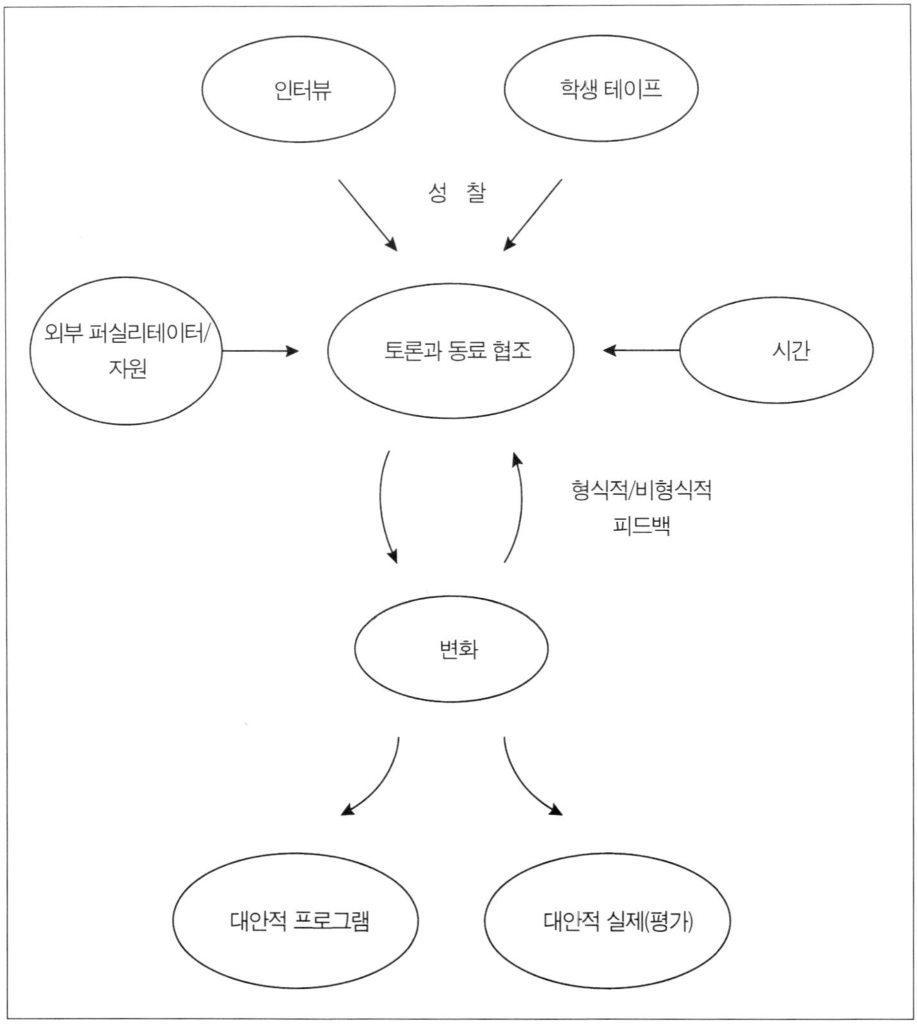

그림 4.2 중등 과학과에서 실시한 액션러닝 프로세스

나의 학습 일지 – 일시:

지난주에 나는 과학 수업에서 다음을 배웠다. (어떤 것을 수행하는 방식, 사실 및 그림, 단어 및 철자법, 과학 시간에 내가 자신 있는 것):

(a) ....
....
(b) ....
....
(c) ....
....
(d) ....
....
(e) ....
....

지난주에 나는 과학 수업에서 다음을 잘 배우지 못하였다.

(a) ....
....
(b) ....
....
(c) ....
....
(d) ....
....

교사가 수행한 것들 중에서 과학 수업을 공부하는 데 도움이 된 것은 무엇이었는가?

1. 교사의 설명
2. 연습해 보기
3. 실험해 보기
4. 토론
5. 교사의 개인지도
6. 필기하기
7. 시범
8. 기타

....
....

과학 수업에서 해 본 것 중에서 공부하는 데 도움이 된 것은 무엇이었는가?

1. 수업시간에 듣기
2. 어떤 것을 추측해 보고 검증해 보기
3. 전에 배웠던 것 기억해 보기
4. 그림으로 그려 보기
5. 친구에게 물어 보기
6. 교사에게 물어 보기
7. 집에서 물어 보기
8. 다른 사람이 하는 것 지켜보기
9. 나 자신의 말로 써 보기
10. 요약하기

....
....

반 친구들이 수행한 것들 중에서 공부하는 데 도움이 된 것은 무엇이었는가?

1. 그룹 활동
2. 내가 한 것을 친구들이 한 것과 비교하기
3. 다른 사람이 말할 때 집중하기
4. 내가 도움이 필요할 때 어떤 것을 수행하는 방법을 말해 주기
5. 친구들이 수행하는 것 지켜보기

그림 4.3 과학 수업 관찰 일지

공통 주제

앞의 두 사례 연구들이 초등학교와 고등학교라는 서로 다른 상황이기는 하지만, 몇 가지 비슷한 점이 있다. 첫째, 액션러닝의 교사 학습의 프로세스에서 핵심은 '커뮤니티'의 교사 학습의 프로세스에 의해 촉진된 경험 공유라는 것이다. 이것은 초등학교 교사를 위한 액션러닝 프로세스인 **그림 4.1**의 중앙에 있는 '사회적 지원과 공유'와 고등학교 교사를 위한 액션러닝 프로세스인 **그림 4.2**의 중앙에 있는 '토론과 동료 협조'로 대표된다. 두 가지 경우 모두에서 다른 교사 연수 프로세스인 성찰, 액션과 피드백은 커뮤니티 개발의 핵심이 되는 정직과 신뢰를 촉진함으로써 그룹 토론을 향상시켰다. 그래서 개인 성찰, 액션, 피드백은 액션러닝의 다음 단계에서 새로운 아이디어를 공유하고 찾도록 그룹에 보고하는 내용을 제공하였다.

초중등학교 교사 모두에게서 제기된 또 다른 핵심은 프로세스에 시간을 할당하는 것이 중요하다는 것이었다. 두 프로젝트 모두에서 교사가 자신들의 실제를 성찰하고, 액션을 취하고, 피드백을 구할 수 있는 자유 시간이 있었다. 시간 그 자체로는 교사 학습의 프로세스 요건으로 고려되지는 않았지만, 교사 학습의 프로세스를 활성화하고 연결하는 데 필요한 핵심 조건이다. 이러한 프로세스에 교사가 참여하도록 시간을 제공하는 것이 중요하다는 것은 아무리 과장해도 지나치지 않는다. 따라서 액션러닝 팀을 만드는 것은 단순한 절차가 아니며 일회성의 교사 연수 워크숍과는 매우 다르다.

결 론

이 장에서는 액션러닝의 토대를 이루는 네 가지 주요 교사 학습의 프로세스,

즉 성찰, 커뮤니티, 액션, 피드백을 설명하였으며 그들이 어떻게 상호 관련되는지를 보여 주기 위해 두 가지 사례 연구를 활용하였다. 핵심 메시지는 액션러닝을 운영하기 위해서는 모든 프로세스들이 필요한데, 그 이유는 교사의 전문가 학습을 지속시키고 도와주는 데 있어서 그들이 상호작용하기 때문이다. 게다가, 그러한 상호작용은 역동적이고 생산적인데, 이는 교사 학습의 프로세스가 교실에서 새로운 아이디어를 실행해 보도록 하면서 서로를 강화시킨다는 것을 의미한다. 마치 시너지효과처럼 프로세스들의 합은 각각의 프로세스가 독립적으로 작용하는 것을 넘어서게 된다. 교사 연수 프로세스 중의 어떤 하나가 작동되지 않으면, 그 프로세스는 교착상태에 빠지거나 흔들리게 되는데, 이는 각각의 프로세스는 서로를 강화시켜 주기 때문이다.

액션러닝은 그러한 프로세스가 잘 운영되도록 도와줄 수 있는 헌신적인 교사와 퍼실리테이터로 구성된 팀으로 이루어진다. 팀원과 퍼실리테이터가 교사 학습의 프로세스와 필요한 조건을 이해하고 있다면, 그들은 액션러닝을 통해 촉진된 '이중 고리 학습'을 성공적으로 성취할 수 있을 것이다. 액션러닝을 시작하고 지속시키는 데 도전이 중요하지만, 교사의 변화가 가져오는 장점 또한 중요하다. 다음 장에서는 액션러닝에서 커뮤니티의 중요성을 설명하고 9장에서는 교사의 전문성 학습을 지속시키는 모델을 더 명료하게 설명할 것이다.

제 5 장

커뮤니티

커뮤니티는 교사의 전문성 학습에서 거의 보편화된 개념이 되었다.

> 커뮤니티라는 단어는 제 의미를 잃어버릴 위기에 처해 있다. '학습자 커뮤니티', '대화 커뮤니티', '학습 커뮤니티'와 같은 용어의 유행에서부터 '학교 커뮤니티', '교사 커뮤니티', '실천 커뮤니티'에 이르기까지 커뮤니티가 모든 교육 혁신에 필수적인 부속물이 되었다는 것은 분명하다. 그러나 언어적 유사성 이외에, 용어들 간에 공유되는 특징은 분명하지 않다. 교사 커뮤니티와 교사 모임이 무슨 차이가 있는가?
>
> (Grossman & Wineburg, 2000: 6)

'전문가' 커뮤니티가 모호한 개념으로 남아 있기는 하지만, 다양한 모습으로 그 실체를 드러내면서, 액션러닝에 중요한 시사점을 지닌다. 이 장에서는 액션러닝과 전문가 커뮤니티 형성 간의 시너지에 대해 논의하고자 한다. 일부 학교에서 액션러닝은 교사 연수를 시작하거나 촉진하는 데 성공적이었다. 일부 경우에 커뮤니티는 이러한 성공의 필수 선행 조건이 되는 것 같았다. 또 어떤 경우에 액션러닝은 커뮤니티 형성의 촉매제로 작용하기도 하였다. 또 다른 경우에 다양한 장애물들이 효과적인 협력을 방해하였다. 이러한 장애물 중의 일부는 개방적인 경험의 교환, 상호의존성 및 관련된 증거 수집이라는 액션러닝의 요구에 내재한 것일 수 있다(Aubusson et al., 2007). 액션러닝과 커뮤니티 형성 간의 상호작용은 이러한 유형의 전문가 학습에 중요한 커뮤니티 형성이 개선될 수 있고 커뮤니티의 이상적인 표현에 문제를 제기하는 방식에 통찰력을 제공한다.

커뮤니티, 학습 및 프로젝트 팀

전문가 학습 커뮤니티의 아이디어(Darling-Hammond, 1998; DuFour,

2004; Ewing, 2002; Hargreaves, 2007a)는 학교 개선의 메커니즘으로 인기를 얻으며 유행하는 슬로건이 되었다. 불행하게도 그 용어는 '교육에 관심이 있는 사람들이 상상할 수 있는 모든 조합을 기술하기 위해 사용되었고, 그래서 모든 의미를 잃어버릴 위험이 만연하다'(DuFour, 2004: 6). 이미 언급한 것처럼, 셋은 액션러닝에 참여하는 사람들의 소그룹이다(Revans, 1983b). 학교에서 교장, 팀 리더, 간부는 셋에 대해서는 거의 말하지 않지만, 학습 팀이나 전문성 학습 커뮤니티에 대해서는 언급한다(Aubusson et al., 2006). 이러한 용어를 활용하는 것은 교육 분야에서 폭넓게 보고되었고, 교육 기관에서 채택한 전문성 학습의 개념이 비교적 최근에 학교 개선에 대한 추가 노력, 즉 액션러닝에 접목되었다는 것을 시사한다. 액션러닝은 종종 교사 개발, 실제의 변화, 학생의 학습 개선 및 테스트 점수의 향상에 기여할 뿐만 아니라 전문가 학습 커뮤니티를 새롭게 만들거나 기존의 커뮤니티를 개선하기도 한다. 따라서 우리는 액션러닝에 대한 전문가 학습 커뮤니티의 관계를 더 설명하기 전에 전문가 학습 커뮤니티를 구성하는 것이 무엇인가를 살펴볼 것이다.

학습자의 전문가 커뮤니티는 '실천 커뮤니티' (Wenger, 1998), '지식 형성 커뮤니티' (Bereiter & Scardamalia, 1993), '학습조직' (Senge, 1990)과 공통점이 매우 많다. 그들은 커뮤니티에 대한 중요성의 문제를 이해하고자 하는 대화, 개인의 전문성을 능가하는 집단 전문성, 신념, 실제 및 결과의 철저한 검토, 개선 지향, 상호 존중(Aubusson et al., 2006; Bereiter & Scardamaia, 1993; Erickson et al., 2005; Wenger, 1998)의 특징을 공유한다. 그렇다고 차이가 있는 것은 아니다. 예를 들어, 어떤 커뮤니티는 학습 그룹의 프레임워크로서 조직을 강조한다(예를 들어, Retallick, 1997 참조). 반면, 어떤 커뮤니티는 구성원과 활동을 사회적으로 중재하는 측면을 강조하는 의미를 선호한다. "커뮤니티는 관계와 아이디어로 조직된다. … 학습 커뮤니티로서 학교(에서)의 연결은 사회적 계약이 아니라 사회적 약속으로 지배된다. … [그들은] 공식 조직과는 구별되는 사회 조직으로 기능한다"(Sergiovanni, 1999: 15). 마찬가지로, '커뮤니티'의 개념은 교사의 전문성 학습 그룹을 잘 표현하고 있는데, 이는 학교 문화에서 종종 제기되는 동료 간의 협력 관계 때문이다(Groundwater-Smith, 1999a: 212).

Hodkinson과 Hodkinson(2003)은 (종종 커뮤니티로 기술되는) 실제 현장 교육의 점유자로서의 교사와, '합의된 액션 레퍼토리가 있는 공유된 계획에 상호 참여하며 실천 커뮤니티와 같은 협력적 학습에 초점을 두는' 유대가 강한 커뮤니티의 구성원으로서 교사를 대조하였다. 커뮤니티의 중요성은 자주 강조되었는데(Wenger et al., 2002; Wenger & Snyder, 2000), 그 이유는 실천 커뮤니티는 조직 단위로서가 아니라 구성원들의 공유된 학습과 관심으로 이루어지기 때문이다. 그것은 비공식적으로 서로가 경계를 지우며 구성원들의 참여를 가치 있게 하기 때문에 존재한다. 커뮤니티는 사회 학습 시스템을 운영하는데, 이는 협력, 실제의 공영화, 성찰적 대화, 교육적 리더십 및 책임감 공유뿐만 아니라 교육적 입장 및 원리에 대한 가치, 가정, 신념, 이해를 명료화하고 비평하는 교사 전문가 커뮤니티의 특성을 포함한다(Andrews & Lewis, 2002: 251). Andrews와 Lewis는 수행해야 하는 것과 그것이 수행되는 방법에 대한 집단적 동의와 이해를 공유하는 것이 중요하다고 강조하였다.

전문가 학습 커뮤니티는 조직에 부서를 만들거나 프로젝트를 관리하는 새로운 방식이 아니다. 그것은 업무 수행 방식을 개선하기 위해 전문 지식이 있고 상호 작용하는 실제 현장을 공유하는 그룹 구성원들이 서로 지식을 생산하고 교환하는 사회 시스템이다. 그러한 학습 커뮤니티는 프로젝트나 특정 과제에 참여할 수 있지만, 그것의 존재는 프로젝트에 제한되거나 규정되지 않는다. 오히려, 실천 커뮤니티의 본질은 그것의 지식과 전문성에 의해 규정된다. 실천 커뮤니티는 프로젝트 팀과 대조될 수 있는데, 그 이유는 커뮤니티는 "프로젝트가 시작되는 순간에 나타나지 않으며 과제가 끝났을 때 사라지지도 않기 때문이다. 그것은 만들어지는 데 시간이 걸리며 프로젝트가 끝나거나 팀이 공식적으로 해체되고 난 후에도 오랫동안 지속할 수 있다"(Wenger, 1998: 3). Wenger

(1998)는 커뮤니티는 프로젝트 팀과 다른 방식으로 존재하고 아이덴티티를 가지며 전문가와 관계를 맺는다고 주장하면서, 실천 커뮤니티와 프로젝트 팀을 구별해야 한다고 강조하였다. 모임의 지속 기간, 회원의 융통성, 활동 및 지식 경영에서 근본적인 차이가 있는 것이다. 이러한 커뮤니티의 개념은 목적 설정과 계획된 액션의 스케줄이 있으며 제안서에 명시된 업무가 분명한 프로젝트를 위해 만들어진 교사 팀의 개념과 대조하는 것이 유용하다.

전문성 학습에 대한 논의에서, 팀과 커뮤니티를 분명하게 구별하는 것은 교사 학습 팀의 본질을 고려할 필요가 있다는 것을 시사한다. Johnson(1999: 34–8)은 교사 학습 팀의 의미를 '다시 생각하고' 명료화하고자 하였다. 효과적인 학습 팀은 다음과 같은 특징을 지닌다.

- 구체적인 프로젝트와 같이 구성원이 배우거나 전문성 협력에 참여할 이유를 요구한다.
- 모든 학생이 더 효과적인 학습을 하는 데 초점을 둔다.
- 외부 및 업무에 내재된 지원을 활용한다.
- 협력하고 체계적으로 실제에 반영한다.
- 많은 관심, 지원, 인지 요구를 균형 있게 하면서 전문가적 도전을 촉진한다.
- 공식적인 리더가 있지만, 모든 구성원이 스스로를 변화 촉진자 및 리더라고 생각한다.
- 팀이 결정한 요구에 맞추면서 변화에 적응하기보다는 변화를 채택한다.

문헌마다 팀과 커뮤니티라는 용어를 사용하는 방식에는 거의 일관성이 없었던 것 같다. 예를 들어, Johnson이 열거한 팀의 특징들은 마찬가지로 실천 커뮤니티나 학습 조직에도 적용될 수 있다. 그러나 팀은 보통 구체적인 프로젝트와 더 관련되어 있으며 비교적 소규모이다. 팀과 커뮤니티는 모두 협력, 개방, 아이디어와 실제의 솔직한 교환, 변화를 알려 주고 안내하기 위해 증거를 활용한 조사, 책임감 공유, 성찰 및 액션을 강조한다.

액션이 없이 단지 대화를 위한 공간으로서 전문가 학습 커뮤니티를 수용하는 것에 대한 비판이 있었다. 예를 들어, Schmoker(2005: 136)는 다음과 같이 주장하였다.

> 단지 동료 간의 협력 관계로는 그것을 잘라 낼 수 없을 것이다. 교육과정 이슈와 인기 있는 전략에 대한 토론은 좋게 느낄 수 있지만 아무런 진전이 없을 것이다. 수용해야 하는 정확한 이미지는 고차적 수준으로 배우는 학생들의 수를 증가시키기 위해 지속적으로 수업과 전략의 영향을 공유하고 개선하기 위해 정기적으로 만나는 교사 그룹이다.

반면에, 전문가 커뮤니티를 이렇게 형성하는 것은 학습과 학교 교육의 큰 이슈를 해결하지 않고 평가 결과를 지나치게 강조하게 될 수 있다. 그것은 교사 커뮤니티가 교육에서 실행 이외에 영향을 미치는 것을 부정할 뿐만 아니라 교육과정, 검사, 평가를 비평할 능력을 부정할 수 있다. 전문가 커뮤니티의 개념에 내재된 것은 지적인 엄격함으로 알려진 실제 지향적인 요구이다. Groundwater-Smith(1999a)는 자신이 수행한 생산적 학교 학습 커뮤니티의 분석에서 필수적인 특징을 제시하였다. 그녀는 '단지 학습하는 전문직(learning profession)이 아니라 학습된 전문직(learned profession)'으로 교수(teaching)에 대한 견해를 보이면서 그 커뮤니티의 결과는 '학문적'이었다고 결론지었다(Groundwater-Smith, 1999a: 227).

이러한 논의가 교사 학습 팀과 (교사의) 전문가 학습 커뮤니티를 완벽하게 구별해 주지는 않는다. 그럼에도, 학교 기반 액션러닝에서, 액션러닝에 대하여 우리가 논의하고 있는 목적을 위해 팀과 커뮤니티 간에 몇 가지 공통적인 특징을 고려할 수 있다. 학교 기반 액션러닝에 대한 우리의 연구들은 팀이라는 용어를 프로젝트를 함께하는 소규모 교사 그룹(그리고 가끔은 부모, 컨설턴트, 비판적인 친구나 학자들과 같은 다른 사람들)으로 흔히 기술한다. 이러한 팀은 흔하지 않으며 성공 수준이 다양할 수 있지만, 많은 학교에서 찾아볼 수 있다. 팀은 종종 매우 구체적인 프로젝트나 과제에 참여한다.

액션러닝 셋은 여기에 기술된 것처럼 프로젝트 팀과 커뮤니티 모두에게 공통적인 특징을 지닌다. 팀과 마찬가지로, 셋은 종종 프로젝트를 수행하지만 학습의 범위는 프로젝트에 제한되거나 규정되지 않는다. 셋은 프로젝트 이상의 생명력과 존재 이유가 있다. 그래서 액션러닝 셋은 프로젝트 팀 이상이 된다. 프로젝트를 수행하기는 하지만, 셋은 개선을 목적으로 하는 전문가 학습에 장기적으로 참여한다. 따라서 셋은 커뮤니티처럼 운영된다. 셋은 대부분 커뮤니티보다 작을 수도 있지만 일단 커뮤니티와 맥을 같이 한다. 게다가, 하나의 커뮤니티는 많은 셋을 포함할 수 있다.

가능한 다양한 접근 방법을 강조하기 위하여, 우리가 수행한 사례 연구에서 교사들이 함께했던 많은 방법은 다음과 같다.

- 교사 그룹은 교육과정, 교수 및 학습을 운영하기 위해 모인다.
- 동료는 그들의 학교 상황에 적절한 교육에 관한 이슈, 아이디어, 교수 학습의 실제에 대해 전문적 대화를 하기 위해 모인다.
- 동료는 특별 프로세스를 활용하여 팀으로 프로젝트를 수행한다.
- 동료는 증거 기반 프로세스를 활용하여 프로젝트를 수행한다.
- 액션러닝 셋은 분명하고 매우 중요한 목적의식을 가지고 운영된다. 그들은 협력하고 지식을 공유하며, 프로젝트를 수행하고, 증거 기반 실제에 참여한다.
- 교사 커뮤니티는 경험과 아이디어를 주기적으로 알려 주고 공유하며 다른 사람 때문에 참여를 자극받는 프로젝트 팀이나 액션러닝 셋을 가진다.
- 존재 이유가 있는 전문가 학습 커뮤니티에는 실제 지향적인 지식을 만들고 검토하며 업무 수행 방식을 만들고 검증하는 교사들이 있다. 이것은 관련된 노력을 하는 액션러닝 셋을 포함할 수 있다.

전문가 학습 커뮤니티에 학교 전체 직원들을 참여시키는 것은 매력적이지만, 학교 전체 직원의 참여를 방해하는 구조적이고 사회적인 장애물이 있다(Grossman & Wineburg, 2000). 예를 들어, 고등학교에서 교사 그룹은 대개 직원 그룹과 거의 분리된다. 응집력 있는 전문가 커뮤니티를 형성하는 것은 다양하고 복잡한 조직으로 구성된 학교에서는 어려우며(Grossman et al., 2001; Huberman, 1990; Siskin, 1994) 교사들은 전통적으로 그들의 교실에서 고립되어 활동하였다(Lortie, 1975). 결과적으로, 차세대의 교육에 집단 책임이 있는 교사들 사이에서 전문 지식을 공유하거나 검토하는 것은 거의 기대할 수 없게 된다(Hargreaves, 2000). 그러나 그러한 도전과 어려움에도 불구하고, 일부 학교는 학습 커뮤니티를 운영하고 있다('전문성 학습 유지하기' 장에서 두 개의 사례를 제공함).

액션러닝과 커뮤니티의 발전

현재 연구되고 있는 두 개의 액션러닝 프로그램은 이와 같은 커뮤니티 형성의 어려움을 설명한다. 첫째, Bindi 초등학교의 교장은 이전의 학교에서 액션러닝을 경험하였다. 현재 학교에서 그녀는 '모든 교사가 액션러닝에 참여할 것을 주장'하였는데, 이것은 이전의 학교에서 실시했던 방법이었다고 설명하였다. 모든 직원이 다양한 규모로 참여하였지만, 5~8명 정도의 교사들로 소규모 팀을 조직하는 것이 적절했다. 각 팀은 주기적으로 만났으며 학교에서 2~3개 학년 그룹을 담당하였다. 액션러닝은 세 개의 팀으로 구성되었다. A팀은 유치원에서 2학년까지의 교수 학습을 담당하였으며, B팀은 3~4학년, C팀은 5~6학년을 담당하였다. 팀들은 또한 학교의 조직 구조였다. 실제로, 이들 학령별 그룹들은 이러한 그룹화에 따라 교육과정을 제시한 중앙집권적인 수업계획서의 결과였다.

이 사례에서 학교의 교사 그룹은 학습 커뮤니티라기보다는 액션러닝 셋으로 발전할 수 있는 세 개의 느슨하게 연결된 팀들이었는데, 교장은 이것을 예리하게 인식하고 있었다. 그녀는 "우리는 아직 커뮤니티를 형성하지 못했다. … 먼저 커뮤니티가 있어야 하고 그 다음에 그것이 더 잘 되도록 함께 일하고 배우기 원하는 전문가 커뮤니티가 있어야 한다"고 하였다. 또한, 팀마다 다르게 운영된다는 것에 주목할 필요가 있다. A팀과 C팀은 교육과정 계획 및 실행에서 긴밀한 협력을 해왔던 반면에, B팀은 협력을 거의 하지 않는 교사들로 구성되었다. 교사와 교장이 말한 바로는, 현재 액션러닝 프로세스에서 A팀과 C팀은 워크숍에 참석하였고, 액션에 협력하기로 동의하였고 이러한 액션에 대한 집단 성찰에 참여하였다. 반면에, B팀 역시 워크숍에 참석하기는 하였지만, 액션러닝을 뚜렷한 별개의 과제가 있는 하나의 프로젝트로 보는 접근 방법을 취하면서 다른 직원에게 과제를 할당했다. 이러한 관점은 각 구성원이 다른 팀원들과는 거의 상호작용을 하지 않으면서도 프로젝트 일부를 완성하는 데 기여한다는 것을 의미한다.

이 사례는 많은 사례에서 관찰되었던 액션러닝과 전문가 커뮤니티 형성에 관련된 몇 가지 핵심적인 특성을 보여 준다. 특히, 생산적인 액션러닝 셋은 아이디어와 실제를 공유하고 교환하는 성향이 있는 기존의 협력하는 그룹 중에서 성장하였다. 학교 전체 액션러닝 셋이나 학교 전체 전문가 학습 커뮤니티의 형성에 장애물이 있다는 것은 분명하다. 구체적으로, 규모의 중요성에 대해 말하자면, 이것은 더 큰 커뮤니티를 위해 효과적인 전문성 학습을 허용하는 메커니즘을 세우기 위해 도전하고 있다. 이는 작은 것보다 큰 전문가 학습 커뮤니티를 만드는 것이 더 어렵다는 것을 보여 준다. 전체 학교 팀에 시스템적인 장애물들이 있다. 여기에서 언급하고 있는 사례에서 A팀과 B팀을 위한 교육과정은 다르다. 그들은 학생들의 리터러시 결과를 개선하고자 하는 공통의 목표가 있기는 하지만, 연령과 능력이 매우 다른 학생들을 다루고 있다. 결과적으로, 그들이 취하는 액션은 다르며, 그 액션은 연령을 고려할 때 거의 적절하지 않은 것일 수 있다. 따라서 실제 자료를 활용하는 것과 같이 교사들이 똑같은 외부 어드바이저와 일하고 똑같은 실제의 원리를 다루었다고 할지라도, 각 그룹은 자신의 그룹에 필요한 구체적인 액션을 결정하는 데 있어서는 독자적이었다.

마찬가지로, 고등학교에서의 두 번째 커뮤니티 형성 프로그램에서 교사들은 각 학년마다 한 팀씩 교사 학습 팀을 만들어야 했다. 이 경우에 이전에 함께했던 팀은 전혀 없었으며 대부분의 활동은 영어, 역사 등 같은 교육과정 분야 내에서 조직되었다. 각 교사 그룹은 자신들의 사무실에 있었으며, 수업이 없는 시간에 다른 교과의 교사들과 우연히 만나서 전문적 대화를 할 기회는 거의 없었다. 연간 기반의 교사 학습 팀 프로그램은 다양한 교육과정에 걸쳐 토론과 의견 수렴을 얻어 내고자 하였다. 이 팀의 주요 목적은 각 학습 팀이 매년 동일한 학생들을 가르쳤던 교사들에게 구체적으로 요구할 기회를 충분히 제공할 수 있게 하는 것이었다.

이 사례에서 7학년*이었던 한 팀만이 생산적으로 활동하였고 일 년 내내 정기적으로 회의를 하였다. 이 팀에는 세 명의 일 년차 교사들이 포함되었다. 이들은 학생들이 새로 고등학교에 잘 적응하도록 하는 공통의 목적을 선택하였다. 그들은 또한 주로 학급 및 행동 관리에 관하여 세 명의 신임 교사들이 관심 가지고 있는 문제를 논의하였다. 따라서 이 팀은 분명한 존재 이유가 있었으며, 팀원이 책임감을 느끼는 가치 있는 공통의 관심 사항에 근거한 아이덴티티를 공유하였다. 팀은 또한 학급운영에서 신임 교사들을 지원해 줌으로써 각 팀원에게 서비스를 제공하였다. 반대로 다른 학년의 그룹 '팀'은 프로젝트를 명확하게 공유하지 못하는 것 같았고, 교사들은 지원이 필요할 때 교육과정 그룹에 도움을 요청하였다. 장애물들은 액션러닝 셋과 포괄적인 전문가 학습 커뮤니티 수립을 방해하였다. 특히, 제안된 팀 중의 일부는 협력할 이유가 없었으며

---

* 7학년은 고등학교 1학년임.

교과 그룹 사이의 내부 조직이 이미 지원을 하고 있었다. 이러한 요인들은 대안적인 학습 팀의 수립을 방해하였다.

이 모든 어려움에도, 액션러닝 셋은 학교에서 형성되고 교사와 학생들에게 좋은 결과를 제공한다. 우리가 연구한 액션러닝의 일반적인 결과는 교사들 사이에 협력과 커뮤니케이션이 더 많아졌다는 것이다. 이것은 액션러닝에 참여하고자 하였던 대부분의 학교에서 나타났다(Aubusson et al., 2006; Ewing et al., 2004). 교사들은 이에 대해 긍정적인 반응을 보였는데(Aubusson et al., 2006), 다음과 같은 예를 들 수 있다.

> 전문적 토론을 하였던 간부들 사이와 교직원들 간의 실제 팀워크와 협력 그리고 새로운 방식으로 일을 수행해 보고자 하는 움직임이 효과가 있었다.
>
> (어느 학교 액션러닝 팀의 리더)

또 다른 교사는 액션러닝에 필수적이었던 대화에 대하여 긍정적으로 말하였으며 다음과 같이 전문적 대화를 중요하게 생각하였다.

> 서로 아이디어를 개진하고 서로에게서 배우면서 … 결과를 이루기 위해 함께하는 프로젝트에서 전문적인 대화를 매우 소중한 것이 되었다.

우리의 연구는 액션러닝이 교사들이 함께하고 커뮤니티를 형성하도록 상호 지원을 촉진시키는 것임을 밝혔다. 그러나 우리의 연구에 참여하였던 교사들은 교사들이 서로에게 거의 간섭하지 않는 학교에서부터 서로 매우 밀접한 관계를 가졌던 학교에 이르기까지 다양한 상호작용을 보고하였다. 동료 관찰이 액션러닝의 주요 특징으로 제안되었던 Butterfly 고등학교에서(Aubusson et al., 2007), 한 팀원은 "많은 교사가 자신의 학급 현실에 대하여 아주 자신 있게 자아 비판적으로 성찰하는 데 느끼는 어려움은 자신의 교수 현장을 동료가 관찰할 수 있도록 허용하는 데 주저하게 되는 것과 일치한다."라고 한탄하였다. 상호 신뢰와 존중이라는 액션러닝의 요구는 이러한 교사 그룹에게는 너무나 큰 걸림돌이 되었는데, 왜냐하면 그들은 개별적으로 자신들의 현재의 안정을 유지하기 원하였기 때문이다. 결과적으로, 동료 관찰을 통해 액션러닝을 유발하고자 하는 시도는 참여나 아이디어의 교환이 거의 없고 액션러닝 프로그램에 기도된 교육에도 관심이 없는 첫 번째 장애물로 느껴진다. 반면에, 다른 학교에 있는 한 팀은 동료 관찰을 통해 액션러닝 팀 내에서 매우 높은 수준의 상호작용을 경험하였다. 그 팀의 리더는 계획, 교수, 성찰 및 알려진 미래 계획의 공유에 대한 의지와 기쁨 등 '팀원에게 매우 긍정적인 변화'가 있었는데 이것은 그들이 프로젝트 전체에 일관되게 유지한 팀 티칭 활동의 결과였다고 보고하였다.

우리의 연구는 액션러닝 팀은 팀원 전체 또는 대부분이 성찰 프로세스, 교수 전략, 학생의 학습에 대한 증거 수집 수단 등과 같은 구체적인 활동을 공유할 때 전문적 대화에 더 쉽게 참여할 수 있다고 지적하였다. 예를 들어, Woodland 초등학교에서 액션러닝 팀은 다른 직원들의 투입은 거의 없이 두 명의 간부에 의해 이루어졌다. 첫 미팅은 어색하였고 유용하지 않았으며 일부 팀원은 참여하는 데 주저하였다. 팀은 두 명의 리더, 지도교사 그리고 네 명의 교사로 구성되었다. 일부 초기 팀원들이 탈락하고 다른 팀원으로 대치되었다. 그 후 모든 팀원은 같은 혁신적인 평가 과제를 다루었는데, 이때 교사들은 수학에 대한 학생의 사전 지식 정도를 평가하기 위해 직접 몇 명의 학생들과 인터뷰를 하는 등 여러 방법을 시도해 보았다. 이 과제는 후속 미팅에서 활기차고 포괄적인 토론을 하도록 하였다. 이 토론에 근거하여, 교사들은 가르칠 주제에 대한 레슨을 공통으로 개발하기 위해 주기적으로 협력하였다. 이 레슨은 팀원들이 합의한 교수법 모델을 포함하였다. 교사들은 자신의 수업에서 이 레슨을 가르쳤으며, 이는 성찰과 전문적 대화를 위한 '상황적 앵커'를 제공하였다(Loughran, 1995: 431). 팀원들은 비슷한 연령(단계)의 학생들을 가르치는 다른 교사들과 함께 일하였다. 결과적으로, 학교의 모든 교사가 직접적인 평가 활동과 인터뷰를 하였다. 한 팀원은 이 프로그램이 어떻게 전개되었는지를 다음과 같이 설명하였다.

> 매주 우리가 무엇을 하고 있는지를 이야기할 기회가 있는 단계 미팅을 하였다. 우리는 레슨을 가르치기 전에 어떻게 해야 할지에 대해 서로 조언을 주고받았다. 우리는 전 주의 레슨과 우리의 저널에 대하여 토론하였다. 레슨이 어떻게 진행되었는지에 관한 대화는 매우 유익했다.

대화에서 교사들은 자신들의 수업 경험을 많이 이야기하고 토론하였다. 이것은 초기 미팅이 풍부한 토론을 하지 못한 이유가 무엇인지를 설명하는데, 논의할 구체적이고 공유된 수업 경험의 에피소드가 없었기 때문이다. 초기 미팅은 교사들의 관심을 다루지 못한 비교적 딱딱한 교수법 원리에 대한 토론으로 구성되었다. 그들이 다루었던 교수법은 현실에서 가시적으로 되기까지 교사들에게 그저 그런 관심거리에 불과한 추상적인 것이었다. 그러나 나중에 나타났던 커뮤니티의 소중한 전문적 상호작용이 어떻게 자연스럽게 시작되고 처음으로 완전히 형성될 수 있었는지를 상상하는 것은 어려웠다. 이런 경험을 통해 볼 때, 연수의 초기 단계에서부터 과제를 수행하기 위해서는 팀원들의 헌신이 있어야 하는 것 같다. 처음에는 좌절하고 가치가 없는 것처럼 될 수 있지만, 커뮤니티 구성원들은 점차 서로에 대해 알게 되고 그들이 이루기를 원하는 것과 방법을 정확하게 결정할 수 있게 되었다. 이 학교에서 액션러닝 셋을 통한 커뮤니티는 분명하였지만 절대 완전하지는 않았다.

Grossman 등(2001)은 액션러닝에 참여한 교사들이 있는 학교의 커뮤니티 발전 과정과 일치하는 교사 전문가 커뮤니티 형성 모델을 제시하였다(**그림 5.1** 참조). 그리고 Aubusson 등(2007)은 이러한 모델에 반대되는 액션러닝의 특징들을 제시하였다. 초기, 전개, 성숙으로 간주할 수 있는 많은 특징을 규명하는

초기		전개		성숙
1. 그룹 정체성과 상호작용 규범 형성				
하위 그룹 규명 개인들은 교체될 수 있고 소모적임. 무례함이 깔려 있음. 개인주의가 그룹의 기능에 대한 책임감보다 중요함.	→	유사커뮤니티(거짓된 통일감; 갈등의 억제) 개인 구성원의 독특한 기여 인식 상호작용 규범의 개방적 토론 그룹 행동 조절을 위한 요구 인식	→	그룹으로서의 정체성 확보 그룹이 다중적 관점으로 풍부해진다는 인식(팀원이 탈퇴할 때의 상실감) 새로운 상호작용 규범 개발 그룹 행동을 위한 공동의 책임감 및 조절
2. 차이 이해 및 단층선 탐구				
차이의 부정 갈등이 시야에서 숨겨짐.	→	차이의 도용	→	차이의 이해와 생산적 활용 갈등은 그룹 생활에서 자녀히 발생하는 요소이며 개방적이고 정직하게 다루어짐.
3. 본질적 긴장의 조절				
전문가 커뮤니티의 목적에 대한 합의 결여; 다른 관점은 본질적으로 적대적인 것으로 간주	→	다른 사람이 다른 활동을 추구하도록 하는 것을 내켜 하지 않음.	→	교사의 학습과 학생의 학습은 기본적으로 서로 얽혀 있다는 인식
4. 개인의 성장을 위한 공통의 책임감 감수				
교사의 책임은 학생에 대한 것이 아니라 동료에 대한 것이라는 신념; 지적 성장은 개인의 책임 그룹에 대한 기여는 개인적 의지의 행위	→	동료를 자신의 학습을 위한 자원으로 인식 모든 사람이 참여해야 한다는 인식	→	동료의 성장에 대한 헌신 커뮤니티 구성원의 권리와 의무 수용

그림 5.1 교사 전문가 커뮤니티 형성 모델

것이 가능하다는 주장이 제기되었다. 모델에 따라 각 팀은 서로 다른 차원의 수준에 도달하였다. 어떤 경우에 팀은 교사들이 프로젝트를 논의하였던 초기 단계를 넘어서지 못하였고 교수(teaching)나 경험에 대한 그들의 관점을 거의 공유하지 못하였다. 많은 팀은 진정한 탐구에 의한 포괄적인 대화로 더 발전하였다. 그룹에 대한 주인의식과 액션에 대한 책임감 공유의 개발은 또한 많은 팀의 특징이 되었으며 이것은 보통 강력한 그룹 정체성을 가진 팀들과 관련되었다. 그러나 특정 개발 수준의 특징들 모두를 보여 주었던 액션러닝 팀은 거의 없었다. 오히려, 팀들은 개발의 연속선상에 걸친 특징들을 보여 주었을 뿐만 아니라, 시기와 상황 및 환경에 따라 다른 특징들을 보여 주었다.

앞에서 논의한 대로, 레슨 계획을 공유하고 실행한 학교에서 그룹은 프로젝트 개발의 특정 단계의 특징을 보여 주었다.

- 초기: 갈등이 시야에서 숨겨짐. 이것은 사례 연구자에게 설명한 팀원들이 다른 사람들이나 그룹과 공유하지 않았던 프로젝트 활동에 불만을 제기하였다는 것이 증거이다.
- 전개: 모든 팀원이 참여할 것을 기대한다는 인식. 이것은 팀원들이 미팅에 참여하기로 하고 활동에 동의하였다는 점에서 분명하다.
- 성숙: 그룹이 다중적 관점으로 풍부해진다는 인식. 이것은 팀을 탈퇴하기로 한 동료에 관한 의견과 교수법에 대한 다른 관점이 고려되고 심층적으로 논의되는 미팅에서 두드러진다.

전문가 학습 커뮤니티를 향한 발전

어떤 학교의 교사들은 다른 학교의 교사들보다 전문가 학습 커뮤니티를 더 잘 형성할 수 있을 것이다. 프로젝트 그룹이 성숙한 커뮤니티로 전환하는 데 기여하는 액션러닝 프로그램의 중요한 요인들은 대화할 수 있는 시간 가지기, 탐구 정신, 공유된 교수법, 공유된 소유 의식과 리더십에 대한 책임 등이다(Aubusson et al., 2007). 이러한 특징들이 다음에 자세히 다루어진다.

시간(time)은 액션러닝 셋에서 교사들이 정기적으로 만날 여지를 만드는 데 가장 중요한 요인이다. 종종 교사들은 가르치는 일에서 벗어날 필요가 있고 이것은 비용을 발생시킨다. 예를 들어, 교사가 가르치는 일에서 벗어나게 하려고 사용할 수 있는 재정은 "교사가 함께 과제를 수행하고 그들의 교수 행위를 개선하는 시간을 확보할 수 있게 해 준다. 그것은 남다른 차이를 만든다. 그것은 초과잉 교육과정(overcrowded curriculum), 교사의 시간에 대한 지속적인 요구 증가 및 책무성의 수준 증가 등의 관점에서 너무 중요하다"(액션러닝 팀원, Aubusson et al., 2006: 22). 많은 사례 연구에서 비슷한 관점이 반복적으로 제시되었다.

탐구 감각(a sense of enquiry)은 또한 커뮤니티를 형성하고 성장시키는 데 유용한데, 그 이유는 이것은 교수와 학습을 의문의 여지가 있는 것으로 보며 연구와 개선할 수 있는 것으로 보기 때문이다. 우리의 경험을 통해 볼 때, 문제해결과 연구 정신은 교사에게 유용한 것과 유용하지 않은 것에 대한 증거를 구하도록 요구하며 개선하고자 하는 교사들의 기대를 불러일으킬 수 있다. Revans(1983a)는 도전적인 문제를 협력적으로 해결하는 것과 사회 체제의 진화 간의 관계를 자세히 설명하였다. 그는 사람들이 서로에게서 배우는 사회적 프로세스의 중요성을 강조하였다. 또한 문제를 제기하고, 위험을 감수하며 문제해결 지향적인 탐구에 참여하고자 하는 학습 커뮤니티로 운영되는 셋의 중요성을 강조하였다.

예를 들어, Lakeside 고등학교에서 팀은 학생들의 형편없는 리터러시 문제를 다루었다. 이 문제를 해결하기 위하여, 팀은 정기적으로 전문적 대화를 수행하였으며, 리터러시 성취도에 관한 자료를 수집하고 그들의 액션의 진척에 관한 증거를 분석하였다. 팀은 그들의 액션의 성공에 대해 회의적인 동료를 설득하기 위해 증거를 활용할 수 있었기 때문에 팀원 수와 헌신의 정도가 커져갔다. 이것은 또한 교사들이 학교에 널리 퍼져 있고 기본적인 문제라고 생각되었던 것을 해결하는 방법을 제공한 전문가 대화의 영향을 받았다. 그들은 자료 수집을 계속하였으며, 이러한 가시적인 증거는 교사들이 그 프로세스에 참여하는 것을 가치 있게 생각하도록 하였다.

> 액션러닝 팀이 그들의 프로젝트를 탐구 기반으로 할 때, 그들은 팀원들 사이의 전문적 관계를 시작하고, 지속시키고, 심화시키기 위해 자료 수집과 증거에 대한 토론을 활용할 수 있었다. 따라서 액션러닝과 효과적인 전문가 학습 커뮤니티의 형성 사이에는 상보적인 관계가 있다.
>
> (Aubusson et al., 2007: 142)

액션러닝 셋에서는 교사들이 계획을 공유하는 것(shared enterprise)이 유용하다. 비슷한 액션을 공유하는 것은 일부 셋에서 지식 교환의 중요한 부분이 될 수 있다. 앞에서 논의한 사례에서, 모든 교사는 같은 레슨 활동으로 학생들의 초기 이해 정도를 규명하기 위한 전략을 적용하는 똑같은 직접적 실제 사례를 활용하였다. 또한, 액션을 공유하는 것은 이론적 입장, 교수법 또는 교수 전략과 같은 상황을 이해하는 것에서 나온다. 그러나 어떤 것을 수행하는 최선이나 이상적인 방식으로서 이론적 입장이나 교수법에 대한 보편적 합의가 요구되는 것은 아니다. 오히려, 본질적인 것은 교사들과 학생들에게 가치가 있는지 검증해 보기 위해 '한번 해 보자'는 생각에 그냥 동의하는 것이다. 팀 리더들이 종종 학습에 대한 이론적 입장을 명확하게 하기는 하지만 학습에 대한 이론적 방향이나 입장을 합의할 필요가 있다는 증거는 거의 없다(Aubusson et al., 2007).

책임감의 공유(shared responsibility)는 액션러닝 셋의 중요한 특징이다(Aubusson et al., 2006). 여기에서는 책임감이라는 용어가 주인의식이라는 용어보다 선호되는데, 그 이유는 소유 의식은 타인을 배제한 프로젝트라는 의미를 시사할 수 있기 때문이다. 실제로 팀이나 팀원이 강한 소유 의식을 가지고 있을 때 팀이 프로젝트 수행에 집중할 수 있게 하는 경향이 있다는 점에서 생산적이었다. 반면에, 이는 또한 프로젝트나 프로젝트를 수행하는 그룹으로부터 배제되었다고 느낀 사람들의 원망을 살 수 있다. 우리가 관찰한 많은 학교에서 교사들은 종종 동료를 도와주어야 한다는 의무감을 가지거나 함께 일하는 것이 옳은 것 같다는 생각으로 팀의 일부가 되었다. Hyland 고등학교의 한 교사는 액션러닝 경험을 다음과 같이 성찰하였다.

> 자기 주도적인 소규모 팀들은 … 각 팀의 교사들 사이에 책임감의 공유와 상호 의존성에 기여한 교사의 개인적 속성들(헌신, 인내, 투지 등)의 조화가 있었다. 이것은 교사들이 '프로젝트를 끝낼 수 있도록' 서로 독려하게 하였다. 장기적으로, 그들은 '학생들을 위해 수행하고 있다'는 것을 알고 있었지만, 단기적으로 특히 일이 어려워질 때 그들은 서로를 위해 그것을 수행하고 있었다.

이 진술은 책임감의 공유가 이 학교에서만이 아니라 많은 학교에서 분명하게 나타났기 때문에 통찰력 있는 것으로 증명되었다. 교사들은 종종 추가적인 업무 부담 때문에 지쳐 있을 때조차도 참가하였는데, 그 이유는 그들이 학생들을 위해 최선을 다하기를 원하였기 때문이다. 교사들은 '학생이 성공하는 것'을 보았을 때 행복감을 느꼈으며 '팀을 실망하게 하는' 사람이 되길 원하지 않았다.

액션러닝의 리더십에 대하여는 '액션러닝 가능하게 하기: 시작'에서 자세히 논의되었다. 여기에서는 분산된 리더십(distributed leadership)이 중요하다는 것을 언급하는 것으로 충분하다. 액션러닝 셋에서 수행하는 특정 프로젝트에서 리더십 역할을 공식적으로 수용하는 것이 종종 그 프로젝트를 성공적으로 수행하는 데 유용하다. 이것은 팀이 성장할수록 더욱 중요한 것 같다. 6~7명 정도까지의 매우 작은 그룹은 지정된 리더가 없이도 잘 운영된다. 그러나 큰 그룹에서는 리더가 미팅을 감독하고, 사건들을 보고하고 조직할 뿐만 아니라 팀의 지적인 활동을 촉진하는 역할을 수행하는 것이 중요하다. 그러한 감독의 역할에서, 그룹이 원만하게 운영되도록 타협점을 찾는 것이 중요하다. 더구나 위계적인 관리 구조로 되어 있는 학교에서 리더는 팀과 학교의 공식적인 조직 구조 사이를 조화롭게 하는 중요한 역할을 한다. 이러한 방식으로 리더는 공식적인 요구와 행정적인 요구가 혁신하고자 하는 액션러닝 셋의 역량을 방해하지 않도록 함과 동시에 감당할 수 없는 혼란을 일으키지 않도록 해야 한다.

액션러닝 셋, 전문가 학습 커뮤니티 및 학습 팀의 특징에 대하여 분석한 결과를 보면 그들은 높은 수준의 기준을 설정하였다. 실제로, 『오만과 편견(Pride and Prejudice)』(Austen, 2008)에서 '교양 있는 여인'으로 판단되는 기준이 전문가 학습 커뮤니티에서 성취하도록 요구되는 포괄적인 요구에 대한 비유로 보기 쉽다. 이 소설에서, Mr. Darcy는 Miss Bingly와 함께 겉으로는 불가능해 보이는 '교양 있는' 여인에게 필요한 속성들의 긴 리스트를 제시하였는데, Elizabeth Bennett는 이에 대해 "네가 교양 있는 여인을 겨우 여섯 명 알고 있다는 것에 더는 놀라지 않는다. 지금 오히려 당신이 한 사람이라도 알기는 하는지 의심스럽다"(Austen, 2008: 72)고 하였다. 이것이 전문가 학습 커뮤니티의 경우라면, 그러한 커뮤니티를 형성하고 유지하는 것은 드물다고 말하는 것은 놀랄 만한 것이 아닐 수 있다(DuFour, 2004). 기대 또는 기준이 너무 높거나 비현실적이지는 않은가 하는 의문이 생길 수밖에 없다.

대규모 학교의 전체 교직원이 하나의 액션러닝 셋에서 효과적으로 역할을 수행하기는 어렵다. 그러나 일부 학교에서는 이와 유사한 것을 이루었다. 예를 들어, '액션러닝을 통한 전문성 학습 지속시키기' 장에서 전문가 학습 커뮤니티를 형성했을 뿐만 아니라 수년 동안 이 커뮤니티들을 지속시켜 왔던 학교들의 사례가 보고되었다. 그러나 이 커뮤니티들은 일반적이라기보다는 예외적인 경향이 있다. 교사들이 전문성 학습 팀의 기능과 같은 기본 개념을 채택하기를 원하고 그렇게 할 수 있었다고 할지라도, 실제의 관리, 모든 사람이 참석하는 빈번한 미팅, 학문적인 탐구와 효과적인 대화 등은 도달하기가 어려웠고 불필요한 장애물이었다. 그러나 학교의 전문가 학습 커뮤니티가 학생들의 출석, 작문, 산술, 교실 행동이나 참여를 향상시키는 방법과 같은 포괄적인 목적에 관한 지식을 만들고 교환하는 비교적 독립적인 셀(cell)로 운영되는 액션러닝 셋의 그룹처럼 효과적으로 만들어질 수 있다고 기대하는 것은 매우 현실적이다. 액션러닝 프로그램이 실패한 이유 중의 하나는 소규모 팀을 먼저 만들지 않고 대규모 전문가 학습 커뮤니티를 만들려고 했기 때문이다.

지금까지 전문가 학습 커뮤니티의 특징들을 기술하고 논의했다. 마치 전문가 학습 커뮤니티인지 아닌지 그룹들을 분류할 수 있는 분명한 기준이 있는 것처럼 학교 기반의 그룹들을 명명하고 분류하기 위해 이러한 리스트를 활용하여 얻을 수 있는 것은 거의 없는 것 같다. 오히려, 우리는 교사들이 실제를 배우고 향상하기 위해 협력하는 그룹을 만들고 발전시킬 수 있도록 지침과 염원으로서 일련의 속성을 제공하였다. 액션러닝은 전문가 커뮤니티의 발전에 중요한 역할을 할 수 있다. 마찬가지로 전문가 학습 커뮤니티는 액션러닝 셋의 형성과 유지에 기여할 수 있다. 여기에서 전문가 커뮤니티를 개발하기 위해서 Grossman 등(2001)과 Wenger(1998)의 학습 커뮤니티와 실천 커뮤니티의 모형을 활용하는 것이 유용하다. 또한, 액션러닝이 전문가 학습 커뮤니티 형성에 기여할 수 있는 방법을 예상하는 것도 유용하다(**그림 5.2** 참조).

전통적인 학교 조직이 교사의 전문가 학습 커뮤니티의 형성에 기본적으로 별 도움이 되지 않는다는 것은 분명하다. 교사들은 스스로 전문가 학습 커뮤니티를 형성하는 데 방해되는 장애물을 극복해야 한다. 그러한 장애물에는 고립, 시간 부족, 위계적 조직 구조, 변화에 대한 저항, 비융통성, 평가 지향적 교육과정 등이 있다. 이러한 장애물은 커뮤니티를 어렵게 하거나 반대하고자 존재하는 것이 아니다. 그것은 학교 체제나 문화 속에 그냥 존재하는 것이다. 커뮤니티 형성에 모호하면서도 중요한 중심점이 있는 것 같다. 이 중심점은 상황에 따라 다르며 학교에 따라 다양하다. 이 중심점에 도달하기 전에, 커뮤니티는 성숙해지기 위해 고군분투하며 거시적이고 지속적인 노력을 해야 한다. 이 중심점을 지나가면, 성숙한 커뮤니티는 정상적이고 자기 지속적이게 되며 학교

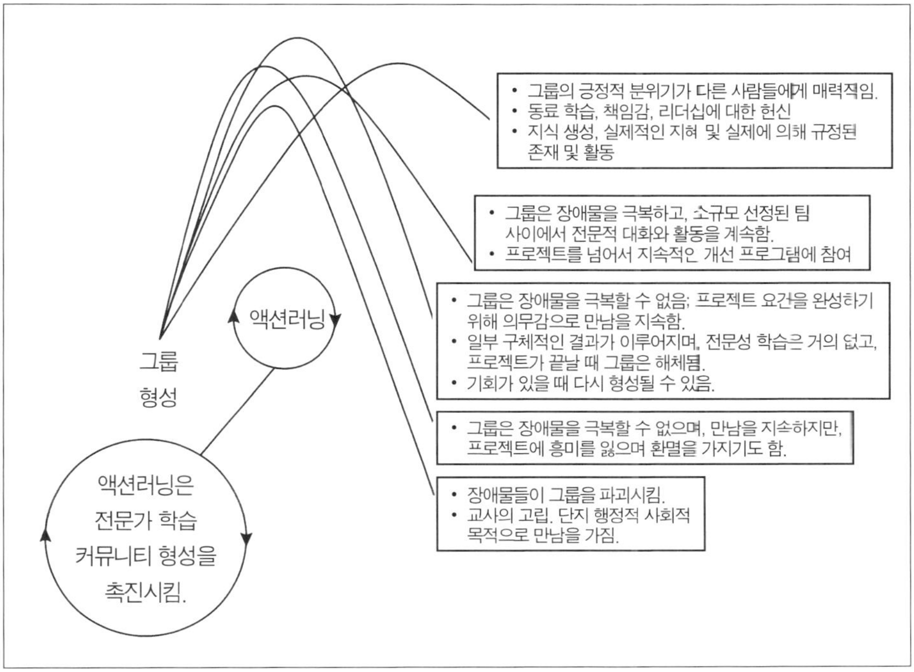

그림 5.2 액션러닝과 커뮤니티 형성

조직의 일부가 된다. **그림 5.2**는 이러한 상황을 묘사하고 액션러닝이 어떻게 교사 그룹들로 하여금 도전에서 생존하며 그 중심점에 도달하고 통과하기 쉽게 해 줄 수 있는가를 보여 준다.

결 론

우리는 액션러닝이 전문가 커뮤니티를 쉽게 형성하게 해 주리라고 제안하지 않는다. 우리의 경험은 Grossman 등(2001: 11)이 기술한 것과 유사하였다.

우리가 일상적인 커뮤니티를 위한 가장 논리적인 곳인 학교 수준(특히 고등

> 학교)에 의지하였을 때, 우리는 구조적, 문화적, 직업적 장애물을 만나게 된다. 단순한 사실은 전형적인 미국 고등학교에서 지속적인 지적 커뮤니티를 위한 구조는 존재하지 않는다는 것이다. 교사의 관점에서 볼 때, 고등학교의 특성 중 하나는 수업 교과의 지식에 의존하는 학습이 업무 현장과 무관하게 이루어지고 있음이 틀림없다는 것이다.

그러나 우리는 액션러닝과 그 활동이 전문가 학습 커뮤니티 형성을 촉진하고 교사들이 전문성 학습과 실제를 방해하는 많은 것들을 무시하고 수정할 수 있다는 것에 주목하였다. 교사 그룹과 전체 학교 직원들은 다양한 커뮤니티, 학습, 활동에서 목적을 성취한다. 그러한 성취와 발전은 인정받고 축복 받을 필요가 있다. 전문가 학습 커뮤니티의 발전 모형은 그들의 발전에 기여할 수 있는 프로세스에 도움을 줄 수 있을 때 유용하다. 억션러닝은 커뮤니티 형성에 시너지 효과가 있을 수 있는 하나의 프로세스이다. 그래서 액션러닝과 커뮤니티의 본질 모두를 이해하는 것은 학교 교사들 사이에 지속적인 전문성 학습을 위한 진정한 기회를 만들고자 하는 사람들에게 지침을 제공해 준다.

다음 장에서는 외부 파트너가 액션러닝에서 어떤 역할을 할 수 있는지를 탐색한다. 그중에서도, 이러한 역할을 점검하는 것은 학교 교직원 이외의 구성원이 있는 학습 커뮤니티를 인식하고 만드는 것이 얼마나 많은 장점이 있는지를 보여 주는 데 도움이 된다.

제 6 장

액션러닝 촉진하기: 아카데믹 파트너의 역할

> … 아카데믹 파트너의 주요 역할은 교사가 핵심을 찾고, 교수 학습 자료 및 연구물과 같은 자원을 제공하고, 워크숍을 촉진하는 것을 지원하는 데 있다.
>
> (Ewing et al., 2004: 80)

이 장은 액션러닝 프로세스를 도와주기 위해 학교에 제공될 수 있는 두 가지 외부 도움을 검토하는데, 특히 아카데믹 파트너의 역할에 초점을 맞추고자 한다. 먼저 변화 프로세스에 관심이 있는 학교에 영향을 줄 수 있는 더 큰 그림의 이슈에 대한 간단한 상황을 제시하는 것으로 시작하며, 그 다음에 시스템이나 부문별 액션러닝 프로젝트의 범위를 구성하고 개발하는 데 시스템 요원들이 할 수 있는 역할을 검토할 것이다. 우리는 또한 시스템 요원들이 어떻게 액션러닝을 지원할 수 있는지를 검토할 것이다.

그러나 이 장의 주요 부분은 학교나 다른 교육기관에서 액션러닝을 촉진하는데 외부 파트너가 중요한 친구로서의 역할을 할 수 있다는 것을 탐색할 것이다. 앞에서 언급한 것처럼, 이것은 액션러닝이 어떻게 수행되는가에 대한 Revans의 본래 개념과는 다른 것이다. 외부 파트너는 '사회문화적 도구(socio-cultural tools)'로 보일 수 있다(Putnam & Borko, 2000; Wertsch & Rupert, 1993). 그들의 투입은 액션러닝 프로세스와 팀원들의 사고방식 모두를 변화시킬 수 있다. 동시에, 외부 파트너의 아이디어와 이해는 액션러닝 프로세스와 팀원의 관점에 의해 변할 수 있다. 이러한 개념을 더 탐색하기 위해 학교의 액션러닝 팀과 아카데믹 파트너 모두의 관점을 논의할 것이다. 우리는 또한 우리의 경험을 토대로 외부 파트너와 생산적으로 일할 수 있는 몇 가지 프레임워크를 제안할 것이다. 우리의 경험뿐만 아니라 연구 문헌을 통해 볼 때 학교의 액션러닝 팀이 목적 달성을 위해 외부의 도움을 받는 것이 유용하다는 것은 분명하다(예를 들어, Zeichner, 2003).

조직 전반에 걸친 액션러닝 프로젝트에서 외부의 도움

우리가 이미 보았던 것처럼, 각 학교의 많은 교사와 간부는 개별적 관심 사항을 다루기 위해서뿐만 아니라, 학교의 특정 이슈나 문제를 점검하기 위해 액션러닝 셋이나 팀을 만들 수도 있다. 물론 이것은 외부의 도움 없이도 만들 수 있다. 외부 요인들은 적어도 처음에는 그러한 프로젝트를 시작하게 하는 데 중요한 역할을 할 수 있다. 정부 부서, 조직, 교육 기관 등은 특정 목적을 달성하기 위해 일종의 개혁 아젠다를 설정한다. 그러한 아젠다에 학교를 참여시키기 위한 재정이나 다른 자원들을 만들 수 있다. 예를 들어, 현재 Iceland에서 Reykjavik의 도심부 교육시스템과 University of Iceland는 우선순위에 있는 많은 개혁 아젠다 중의 하나로 학교가 참여할 수 있는 공동 연구 프로젝트를 수행하였다. 이 프로젝트는 빈곤 지역 아동의 리터러시 개발에 부모의 참여, 교실에서 특수교육의 포함, 학습 도구로서 정보통신기술(ICT)의 활용 등을 포함하였다.

이와 비슷하게, 호주에서는 지난 15년 이상 학교 및 교사의 전문성 개발을 위해 액션러닝을 활용하는 프로젝트에 조직들의 관심과 참여가 증가하였다. 이들은 우수한 교수(teaching)의 개념, 결국에는 시간이 지남에 따른 학생의 학습 결과의 개선에 목적을 두고 있었다. 예를 들어, 호주 정부의 우수 교수 프로그램(Australian Government's Quality Teaching Programme)은 리터러시, 산술, 과학 및 테크놀로지, 원주민 교육, 시민 및 가치 교육을 포함하여 다양한 주요 분야의 프로젝트를 위해 2003년 이래로 수백만 달러의 재정을 각 주와 지방에 제공해 왔다. 호주의 NSW에 있는 학교들은 교사 인증 기준, 교사 평가의 일관성, 신규 교사의 역량 구축, 학교 교육 중간기(middle years)에서의 학습 등 주 및 국가 수준에 집중된 프로젝트를 지원하는 데 재정을 사용할 수 있었다. 그 중 한 프로젝트는 NSW 교육훈련부의 우수 교수 모델을 적용하여 연구되었는데, 이는 2003년에 논문으로 발표되기도 하였다(NSW DET, 2003). 이 프로젝트에 참여한 학교들은 이와 같이 교수 학습에 집중하는 것을 환영하였다. 프로젝트 대부분은 액션러닝 프로세스를 활용하였으며 외부 아카데믹 파트너를 포함시켰다.

조직 전반에 걸친 액션러닝 프로그램을 시작하면서, 외부 자문 그룹과 조직의 프로젝트 매니저는 전체적으로 그리고 각기 다른 학교 상황 모두에서 프로젝트의 초점을 구성하는 데 핵심이 되었다(Ewing et al., 2004). 이 외부팀은 프로젝트가 재정 운용 기준을 충족시켰을 뿐만 아니라 전략적으로 집중하도록 하였으며 너무 모호하거나 제한적이지 않도록 개별 학교 팀과 공동으로 과제를 수행하였다. 그들은 또한 재정을 사용하는 각 학교 사이에 전자통신매체를 이용하거나 기타 컨퍼런스를 통한 커뮤니케이션을 하면서 아이디어를 공유하도록 촉진할 수 있었다. 개별 학교 프로젝트의 정당성, 재정 지원의 목표 및 준거와 프로젝트의 일관성, 현실적인 시간 계획, 책무성 구조 및 적절한 대인관계 기능이 있는 프로젝트 매니저의 재정 지원 등은 모두 각 학교의 액션러닝 프로젝트가 처음 계획한 대로 진행되도록 하는 데 영향을 주는 중요한 시스템적 요인들이다. 또한, 각 프로젝트가 교육 커뮤니티에서 더 폭넓게 공유하도록 하기 위해서는 자원과 적절한 ICT 도구를 활용하는 것이 필수적이다.

각 학교의 액션러닝 프로세스가 한번 시작되면, 프로젝트가 잘 운영되어 목표를 달성하도록 하는 데 외부 파트너의 역할이 매우 중요할 수 있다. 다음 절에서는 그러한 파트너의 역량, 잠재적 역할 및 질뿐만 아니라 그들이 액션러닝 프로세스에 기여할 수 있는 것이 무엇인지를 탐색할 것이다.

외부 파트너: 코치, 어드바이저, 비판적 친구?

… 우리와 함께한 그의 참여는 매우 도움이 되었고 대학의 연구 기반 환경

에 있는 외부의 전문가가 교사와 그들의 지식 및 경험을 적절히 존중하면서 활용될 때 지식에 새로운 활기를 불어넣어 주며 단지 예비교사 교육에서만이 아니라 현실에서 학교와 대학을 연계하는 것이 잠재력이 있다고 인식하게 해 주었다.

(Plains 초등학교 교장, Ewing et al., 2005에서 발췌)

위에 기술된 NSW 공립학교의 조직 차원 프로젝트에 참여하였던 시골 학교 교장의 언급은 외부 어드바이저가 액션러닝 프로세스에서 할 수 있는 역할을 높이 평가한다. 그녀는 학교와 대학 간의 진정한 파트너십이 이러한 것을 가능하게 하였다는 데 주목하였다.

전문가 학습 커뮤니티를 형성할 때, 연구 문헌들은 자주 학교의 일상적인 외부 활동 및 계획에 참여할 수 있고 교사의 요구와 경험을 이해할 수 있는 어드바이저를 포함하는 것이 중요하다고 한다(예를 들어, Ewing, 2002; Yeatman & Sachs, 1995). 문헌에서 다양한 용어로 나타나는 '외부 파트너', '아카데믹 파트너', '퍼실리테이터', '러닝 코치', '러닝 어드바이저', '비판적 친구' 또는 '중재자'의 역할은 결코 액션러닝 프로젝트나 프로세스에 국한되는 것이 아니다. 사실, 그것은 본래 Revans가 액션러닝과 관련하여 고안한 것은 아니다(Marsick, 2002). Revans(1982a)는 '러닝 코치'는 프로세스를 지배하고 종종 너무 가르치려 한다고 주장하였다. 반면에, Marsick(2002)은 '성찰적 액션러닝'이라는 개념을 활용하면서 '셋 어드바이저' 또는 러닝 코치는 필요할 때 '[액션러닝의] 셋 구성원이 심오한 질문을 제기하고 성찰하도록' 하므로 그들이 당연시하였던 것들에 도전할 수 있도록 도와준다고 강조하였다(Marsick, 2002: 305).

의무적인 것은 아니지만, 적절하고 신중하게 선정한 외부 파트너는 학교에서 구체적인 액션 및 개인의 신념에 구애받지 않고 여러 가지를 자세히 관찰할 수 있다. 교사는 그러한 파트너로 인해서 자신의 생각을 발표하고 구성적이고 비판적인 방식으로 공감하며 경청하는 기회를 얻을 수 있다. "우리의 액션과 우리가 왜 그러한 방법으로 수행하고 있는가를 통찰하기 위하여 우리는 거울, 즉 신뢰하지만, 우리의 행동에 도전하고, 우리를 성찰하고 우리와 대조할 수 있는 사람을 필요로 한다"(Smith, 1995: 3).

덧붙여, Valli(1992: 189)는 성찰적 프로세스에서 액션러닝 프로세스가 전개될 때 발생하거나 실행한 것을 단지 다시 말하거나 기술하는 것 이상으로 교사가 서로 대화할 필요가 있다고 강조하였다. 이것은 지속적인 교사의 전문성 학습이 교사의 경험과 이해를 재형성하도록 도와주기 위해서는 전문적 대화 및 성찰을 더 강조해야 한다는 오랜 주장에 근거하는 것이다(Schön, 1983, 1987). 또한, 외부 파트너는 단지 듣기 위해 존재하는 것이 아니라 공유한 내용에 대해 반응하고 평가적 코멘트를 제공한다는 양방향적 프로세스로서의 대화를 강조하였다. 그들은 또한 조직화된 계획, 아이디어의 형성, 적극적인 경청 및 성찰의 기회, 필요한 곳에 적절한 전문 지식을 제공할 수 있다. 예를 들어, 필요할 때 그들은 '악마'의 역할을 할 수도 있다.

외부 아카데믹 파트너는 그들이 상보적인 접근 방법을 취한다면 학교에서 참여하는 교사들만큼이나 프로세스에서 많이 배울 수 있다. 이러한 상보성은 외부 파트너의 역할을 고려할 때 충분히 설명되지 않는 결과이다.

이것은 '비판적 친구'라는 용어가 학교의 액션러닝 팀에 참여하는 외부 파트너에게 가장 적절한 용어가 될 수 있음을 시사한다. 많은 경우에, 외부 파트너는 액션러닝에 적절한 전문 지식이 있는 학자나 컨설턴트가 될 것이다. '비판적 친구'라는 용어가 교육 관련 문헌에 널리 퍼져 있고 예비 교사 교육과 관련하여 종종 사용되었다고 할지라도(예를 들어, Hatton & Smith, 1994: Smith, 1999) 이 용어를 명확히 정의하는 것이 중요하다. Koo(2002)와 Hill(2002)이 주장한 것처럼, '비판적 친구'라는 용어는 모순적으로 들릴 수 있다. 즉, 한 사람이 어떻게 동시에 친구가 되며 비판적일 수 있을까? 또한 '친구'라는 개념은 실제로 일어난 것이나 실제로 느꼈던 것을 드러나면서 잘 경청하고 서로의 위험을 감수할 만큼 신뢰하는 사람을 의미하는 반면에, '비판적'이라는 개념은 의

문을 제기하고 관점이 서로 다른 관계를 시사한다. 그러한 사람이 당연한 것으로 여겨지고 학교 커뮤니티가 별로 관심을 두지 않았던 이수를 제대로 볼 수 있다. 이것은 특정 학교 문화 내에서 그들이 가지고 있는 잠재적 편협성을 바로잡아 균형 있게 해 줄 수 있다.

그라운드 룰의 설정

외부 파트너를 포함하여 팀의 모든 구성원이 그라운드 룰(ground rules)과 프로젝트에서 외부 파트너의 역할 모두를 협상하는 것이 중요하다. 특히, 그들이 프로세스에 참여하고 탈퇴하는 방법, 파트너가 참여하는 시간 및 파트너 역할의 한계가 고려되어야 한다. 동시에, 프로세스가 진행됨에 따라 비판적 친구의 기대와 역할이 발전되거나 매우 극적으로 변화될 수 있다. 예를 들어, 비판적 친구는 초기에는 액션러닝 프로세스의 예비 검사에 반응하는 그룹으로 초대될 수 있다. 프로세스가 진행될수록, 그들은 특정 이슈에 대한 전문 지식을 공유하거나 증거 수집, 자료 분석, 결과 평가를 위해 연구하는 방법을 도와줄 수 있다. 경우에 따라서는 아직 팀에서 고려하지 않은 문제를 제기할 필요도 있다. 후반부에서는 프로세스를 잘 유지하도록 도와주거나 필요할 때 성찰 단계 및 보고서 작성을 촉진하거나 도와줄 수 있다. 또한, 프로젝트가 지속하도록 구조화시키는 것을 도와줄 수 있다.

외부 어드바이저는 대학이나 교육 기관 출신일 수 있다. 대학에 소속되어 있는 경우라면, 대학 총장은 그들이 액션러닝 프로세스에서 하는 역할을 이해하고 높이 평가해야 하며, 그렇게 함으로써, 예를 들어 그 대학이 학교 미팅에 참여할 시간을 갖게 될 것이다. 모든 대학이 액션러닝 프로세스에서 비판적 친구로 적합한 것은 아니다. 그들은 전문성 학습 프로세스로서 액션러닝을 인정해야 하며 전통적인 '전문가'의 개념과 평판에서 벗어날 준비를 해야 한다. 다른 상황에서 대학들은 종종 연구 프로젝트를 촉진하기보다는 방향을 통제할 것이라는 인식을 받고 있다. 따라서 대학이 액션러닝 학교 팀에 참여하고자 한다면 액션러닝 프로세스를 통제하지 않아야 한다. 이것은 특정 분야 또는 일반적인 대학의 전문 지식이 활용되지 않거나 존중받지 않는 것이 아니라 이러한 지식은 액션러닝 팀의 교사들이 가지고 있는 지식보다 우월한 것이 아니라는 것을 시사한다. 교사들은 보통 특정 학교와 커뮤니티에 대하여 상황에 아주 적절한 지식을 가지고 있다. 이처럼 내부와 외부의 전문 지식을 함께 활용하는 것이 액션러닝을 강력하게 만드는 요인의 하나이다.

외부 파트너의 자격에 대하여, Hill(2002)은 다음과 같은 역량을 포함해야 한다고 하였다.

- 비판적 프레임워크 개발에 대한 지식
- 침묵의 기회를 주는 것을 포함하여 잘 대응하는 기술
- 학문적 재구성
- 탐구적 재구성
- 전체적 상황 구성
- 팀원 격려

어떤 학자는 외부 파트너는 적절한 주제나 내용 분야의 전문 지식을 가져야 한다고 하였는데, 이것은 항상 필수적인 것은 아니다. 경영학 분야의 논문 중에서, Lyons(2003)는 더 일반적인 속성들을 제시하였다. 그는 파트너십의 'high C's'라는 용어를 만들었는데, 이는 커뮤니케이션과 협력(Communication & collaboration), 신뢰 관계(Credibility of relationship), 헌신(Commitment), 비평과 커뮤니티(Critique & Community)이다. 틀림없는 사실은 액션러닝을 활용하면, 비판적 친구는 액션러닝 프로세스와 프레임워크를 분명하게 이해할 필요가 있다는 것이다.

위에 제시한 역량 목록이 유용할 수 있지만, 액션러닝 팀이 이러한 기능을

미리 가지고 있지 않을 수 있으며 외부 파트너가 이러한 '결정'을 보완하거나 제공해 주리라는 것을 시사할 수 있다. 외부 파트너의 촉진적 역할이 강조되어야 하며 그들은 결코 '전문가'(Revans, 1982a) 혹은 특정 이슈나 관심 사항에 대한 해결안을 제공해 줄 수 있는 사람으로 보여서는 안 된다. 외부 파트너와 팀원 간의 관계는 함께 성장하고 발전하는, 서로 도움이 될 수 있는 파트너십 관계여야 한다. 모든 지식은 가치 있는 것으로 인정받을 필요가 있으며, 앞에서 지적한 것처럼 액션러닝 프로세스에서는 항상 교사 중심의 전문성 학습 원리가 존중되고 유지되어야 한다.

관계 형성

어떤 관계든지 발전하고 깊어지기 위해서는 시간이 필요하다. 외부 파트너는 이전에 학교 및 학교의 개별 교사와 이미 관계를 맺고 있을 수 있다. 그렇다면 액션러닝 팀은 그 단계에서부터 시작할 수 있다. 그렇지 않다면, 외부 파트너는 학교와 팀에서 자신들의 위치를 설정하고 팀원 및 학교 커뮤니티로부터 동의와 신뢰를 얻는 데 시간이 필요할 수 있다.

한 초등학교에서 액션러닝 팀원 한 명은 외부 파트너를 자신의 유치원 교실에서 팀 티칭하도록 의도적으로 초대하였다는 것을 프로세스의 첫해 말에 고백하였다. 그녀는 파트너가 유치원 교실에서 자신의 아이디어를 제시하는 데 어려움을 겪을 것으로 생각하였다. 궁극적으로, 프로젝트가 발전해 감에 따라서, 교사는 그 프로세스에서 많은 것을 배웠다는 것을 팀에게 공개적으로 인정하였다. 그녀는 유치원 아이들의 능력을 20년도 넘게 과소평가했다고 하였다. 이것은 관계가 발전하는 것을 보여 주지만, 또한 시간이 지나면서 교사와 아카데믹 파트너 사이에 솔직함과 신뢰가 쌓여 가는 것에 대해서 많은 것을 말해 주고 있다.

또한 특정 이슈, 문제나 딜레마를 외부 파트너에게 내보이는 데에는 시간이 필요하다. 아카데믹 파트너가 프로젝트, 프로젝트의 목적 및 다른 프로젝트 팀원의 역할을 명료하게 이해할 기회가 제공될 필요도 있다. 이것은 반대로 다른 팀원들도 아직 서로 잘 알지 못하는 게 아닌가 하는 의문을 제기할 수도 있다.

외부 파트너의 잠재적 기여에 대한 프로젝트 팀의 관점

위에서 제안한 것처럼, 액션러닝 프로세스에서 아카데믹 파트너는 시점에 따라 다양한 역할을 수행할 수 있다. 예를 들어, 초반부에 팀은 계획의 계열화 및 형성, 프로세스 실행에서 다른 관점을 얻을 수 있다. 외부 파트너는 상호 지원적이고 협력적인 팀을 개발하도록 도와주면서 스스로 학교 팀원들의 지식을 존중한다는 것을 보여 주어야 한다. 그래서 우수한 대인관계 기능이 중요하다.

다음은 다양한 액션러닝 사례 연구에서 발췌한 전문가들의 의견이다(Ewing et al., 2004). 액션러닝 참가자들은 외부 파트너들이 프로세스의 다양한 측면에서 귀중한 기여를 하였다고 생각하면서 자신들의 관점을 제시하였다. 의견은 위에 제시된 요인들에 따라 조직화하였다.

계획 형성: 아카데믹 파트너는 우리가 계획하는 것을 도와주었다. 그는 팀이 한두 가지 달성할 수 있는 요소로 목표를 설정하도록 제안하였으며 … 크게 생각할지라도 작고 개인적인 것으로 시작하도록 제안하였다.

그는 '큰 아이디어'를 작은 것으로 나누도록 도와주었으며 적당한 곳을 벗어나도록 도전하게 하였다.

협력 관계: 그는 예리하였고, 이해심이 있었으며, 자료를 제공함으로써 도움을 주었고 교실에서 관찰할 준비가 되어 있었

	다. 그는 우리가 함께하도록 하였으며 우리가 프로젝트를 통해 달성하고자 하는 것에 집중하도록 하였다. … 우리는 결코 위협을 느끼지 않았다.
교사가 이미 가지고 있는 지식 확인:	… 우리가 가지고 있는 지식과 우리가 제공하는 것에 대한 그의 존중심은 프로젝트가 성공하는 데 핵심적인 역할을 하였다.
커뮤니케이션 스킬:	… 부자연스러움을 잘 연결해 줄 수 있는 우수한 커뮤니케이터 … 그리고 전문 용어와 현실 사이를 연결해 주었다. 점심때에 그녀가 우리에게 와서 함께 이야기하는데 교실의 핵심 사항들을 알고 있었다.

이러한 의견들은 모두 매우 긍정적이지만, 외부 파트너의 역할은 종종 매우 도전적일 수 있다. 그들은 특정한 액션러닝 프로세스가 잘 진행되도록 어려운 과제를 수행해야 할 수도 있다. 세 개의 학교에 걸쳐 있던 한 사례에서, 프로젝트는 세 명의 교장들이 탐색되는 주요 이슈에 대해 서로 다른 개념을 가지고 있었기 때문에 와해될 위기에 있었다. 게다가, 프로젝트를 실행할 것이라 예상했던 팀과 프로젝트 설계를 공유하지 않고 어떤 논의도 없이 예산을 세웠으며 팀원을 지배하였다. 한 번 참여하고 나면, 각 학교의 팀원들의 불만이 커지고, 프로젝트가 무엇에 관한 것이고, 그들이 무엇을 해야 할지 혼동하였다. 아카데믹 파트너는 하위팀을 개별적으로 만나고, 그들의 관심 사항을 경청하고, 팀원들이 자신들의 액션러닝 프로세스를 개발하도록 하고, 잘 진행되도록 교장들을 중재하면서 각 학교에서 시간을 보내야 했다. 이 사례에서 결과는 성공적이었지만, 외부 파트너가 직면한 어려움 중의 하나는 그러한 상황에서 일을 성사시킬 힘이 거의 없었다는 것이다. 그들은 단지 가능성을 제안할 수 있었다. 이

처럼 프로그램이 세 개의 서로 다른 학교 문화와 정치적 아젠다에 걸쳐 일어날 때, 협상 역할이 매우 복잡해질 수 있다.

생산적으로 일하기 위한 프레임워크에 대한 외부 파트너의 관점

현재까지 외부 파트너의 관점에서 액션러닝 프로세스에서 외부 파트너가 어떤 역할을 했는지를 체계적으로 연구한 사례는 거의 없었다. 아카데믹 파트너로서 우리 자신의 경험은 대체로 매우 긍정적이었다. 우리는 학교의 액션러닝 팀과 공조하면서 일할 기회가 있었으며 서로가 서로의 경험으로부터 많은 지식과 이해를 얻었다(예를 들어, Ewing, 2002, 2006, 2008; Weing et al., 2004; Aubusson et al., 2006). Reynolds 등(2005)은 많은 액션러닝 프로젝트에 아카데믹 파트너로 참여하였는데, 자신들의 과정을 모니터하였고 그 프로세스가 진행되는 동안에 서로에게 멘토의 역할을 하였다. 그들은 학교가 승인해 주고 예산을 지원해 준 후에 각자의 액션러닝 팀에 합류하였기 때문에, 그 일에서 신뢰를 얻고, 역할을 협상하고, 필요한 기능을 획득하는 것이 프로세스 초기의 핵심 역할이었다. 그들은 프로젝트가 진행될수록 "그것은 아카데믹 파트너에게는 롤러코스터를 타는 것, 즉 떠들썩함이 줄어들거나 적어도 선수로서 과제와 기대가 더 분명해졌다."고 하였다(Reynolds et al., 2005: 7). 그러나 프로젝트가 진행될수록, 그들은 성취감과 자부심이 성장하는 것을 경험하였다고 하였다. 파트너 한 명은 '내가 제공한 것과 노력에 더한 피드백'을 좋아했다고 하였다(Reynolds et al., 2005: 9). 프로젝트가 끝날 즈음에, 아카데믹 파트너 한 명은 "아카데믹 파트너와 학교 파트너의 협력을 개선하는 핵심 요인은 아마도 단계마다 필요한 도움을 제공하는 것으로 보인다."고 고백했다(Reynolds et al., 2005: 10).

다음은 외부 파트너의 역할과 책임감에 대한 목록인데, 100여 개의 학교에서 55개의 조직 전반에 걸친 액션러닝 프로젝트에 모두 참여하였던 43명의 아카데믹 파트너로부터 수집한 자료를 정리한 것이다(Ewing et al., 2004). 아카데믹 파트너들은 다음과 같은 것이 필요하다고 느꼈다.

- 촉진 기술
- 교사의 실제에 대한 새로운 관점 제시
- 교사의 실제 타당화
- 공명판(sounding board) 역할
- 특정 이슈에 대한 반응 및 피드백 제공
- 경청
- 자료 제공
- 조언 및 지도
- 교사에게 새로운 아이디어 제공
- 일반적인 도움
- 명료화
- 비판적 친구 역할
- 투입 제공
- 교사의 토론 자극
- 교사의 사고 확대

이 목록은 아카데믹 파트너들이 개인적으로 그리고 그룹으로 자신들의 역할에 대해 다양한 형태로 지각한 것으로 Reynolds 등(2005)의 의견과 유사하다. 또한, 하나의 역할이 종종 다른 역할과 부분적으로 모순되거나 다른 역량을 강화시켜 줄 수 있다는 것을 보여 준다.

우리의 관점에는 관계가 평등할 수 있도록 학교 팀원과 외부 파트너 모두에게 서로 이익이 되는 것이 중요하다. 외부 파트너의 입장에서 얻을 수 있는 장점은 아직 적절히 탐색되지 않았다. 아카데믹 파트너가 학교와 함께 일하는 것은 그들의 신뢰를 유지하고 서로에게 이익이 될 수 있는 진정한 파트너십을 설정하게 하고 잠재적으로 다른 프로그램으로의 도약판을 제공해 줄 수 있다. 액션러닝 프로세스에서 만들어진 지식과 발전된 이해를 공동으로 발표하는 것은 중요한 결과가 될 수 있다. 아카데믹 파트너들의 일부 의견이 이러한 사실을 지지한다.

> 여러분의 필요에 의해 학교 커뮤니티와 일할 때 프로젝트가 성공하기 위해서는 협상과 커뮤니케이션에 많은 시간을 할애해야 한다. 나는 나 자신을 위해 이러한 학습 기회를 극대화하고자 노력하였으며 회의에 참여하면서 팀에 남아 있었다.
>
> (Ewing et al. 2004: 92)

> 나 자신에게 교수 관점에서의 부산물이 있었다. 나는 이제 나의 예비교사들과 함께 일하는 데 참여하였던 액션러닝 팀의 교사들이 있다.
>
> (Ewing et al., 2004: 92)

프로세스의 결과를 출판하고자 한다면 지적 재산권 이슈 또한 논의하고 해결할 필요가 있을 것이다.

생산적으로 일하기 위한 스캐폴드

어떤 액션러닝 팀은 성찰 단계를 가장 도전적인 것으로 알고 있다. 비판적 친구는 성찰 프로세스를 촉진하기 위해 스캐폴드를 개발할 수 있다. 다음에는 아카데믹 파트너인 David Smith가 학교의 액션러닝 팀이 사용하도록 개발한 두 가지 스캐폴드 사례를 제시한다. 첫 번째(**그림 6.1**)는 액션러닝의 첫 번째 사이

1. 우수한 교수(teaching)의 프레임워크에 대한 당신의 이해 가운데 가장 중요한 발전 세 가지는 무엇인가?
2. 수업에 그 프레임워크 요소들을 적용하여 배웠던 것 중에서 가장 중요한 세 가지는 무엇인가?
3. 교사의 전문성 학습 전략으로서 액션러닝에 대하여 알게 된 가장 중요한 것은 무엇인가?
4. 다음에 더 효과적이기 위하여 액션러닝에 대하여 무엇을 더 배워야 할 필요가 있는가?

그림 6.1 성찰 스캐폴드

출처: Smith, 2008a.

클이 끝나고 팀 성찰을 하기 전에 개별 팀원이 성찰하는 것을 도와주기 위해 설계된 것이다. 두 번째(**그림 6.2**)는 개별 교사를 도와주고 팀이 액션러닝 사이클을 계획하도록 하기 위한 것이다. 이러한 프로세스들은 또한 3장 '액션러닝 가능하게 하기'에서 논의한 것처럼 팀원 자신의 학습에 대한 귀중한 증거가 된다.

결 론

따라서, 외부 파트너의 역할은 약화될 수도 있으며 가볍게 접근하거나 수행해서는 안 된다. Roland Barthes(1982)는 '공평한 모래밭(collegial sandpit)'에 관하여 언급한 적이 있다. 이 메타포는 액션러닝 프로세스에서 비판적 친구로서 외부 파트너의 도전적인 역할을 개념화할 때 적절한 것 같다. 그들은 다중적 과제를 수행해야 한다. 초기에는 외부나 위로부터 부여되는 것이 아니라 함께 만들어 가도록 액션러닝 프로세스에서 제기되는 지식을 허용하기 위해 액션러닝 팀과 상보적인 관계를 형성해야 한다. 또한, 필요에 따라 많은 다양한 역할과 책임을 융통적으로 수행할 수 있어야 한다. 이러한 역할과 책임에는 아이디어 형성 및 구성, 교사의 지식 및 관점 타당화, 필요할 재 액션러닝 프로세스 안내, 피드백 제공 및 학교 팀이 항상 프로세스를 통제하고 있다는 확신의

팀 액션러닝 계획
이 스캐폴드는 우수한 교수 학습 실제의 교수와 평가에 집중한 2008년에 액션러닝 활동의 계획을 도와주기 위해 개발되었다. 처음에는 교사가 개별적으로 성찰 및 완성을 하고 이를 세 번의 액션러닝 사이클 각각에 대하여 의사결정을 하게끔 두 명 또는 세 명이 공유하도록 설계되었다.

성찰/평가
여러분 자신의 교수 실제에 적용할 수 있는 요소들을 규명하라. 이 요소들은 여러분의 교수 및 평가 실제에서 이미 강조하고 있다고 생각하는 것일 수 있으며 그러한 생각을 확인하기 위해 증거를 확보하고자 하는 것일 수도 있다. 또한, 그들은 여러분이 개선하고 싶어 하는 것이 될 수도 있다.

향후 액션을 위한 의사결정: 큰 그림
여러분이 규명한 요소들을 고려하면서, 4학기 말까지 달성하고자 하는 여러분 자신의 교수 실제와 관련된 학습 결과를 써 보라. 이용 가능한 제한된 시간 내에 성취할 수 있는 것이어야 함을 명심하라.

향후 액션을 위한 의사결정: 작은 단계들
2학기에 여러분이 가르치고자 계획했던 것을 생각해 보라. 2학기에 여러분의 개인 활동 시간에 무슨 활동을 할 것인가(예를 들어, 후향적 매핑(backward mapping), 이전에 계획한 단원 계획이나 평가 과제 수정, 동료와 학습 활동 계획 …)?
무슨 자료가 필요할까?
여러분의 교사 파트너는 무슨 역할을 할 것인가?
여러분은 무슨 증거를 수집할 것인가?
여러분 자신과 학생에게 기대하는 결과는 무엇인가?
학교에서 다른 교사들과 여러분의 학습을 공유하기 위한 전략은 무엇인가?

그림 6.2 계획 스캐폴드

출처: Smith, 2007.

제공 등이 있다. 이러한 모든 측면은 특정 학교 문화와 역사의 이해관계 속에서 수행되어야 한다. 이러한 것들이 항상 분명하게 이해되거나 설명되는 것이 아닐지라도 외부 파트너 자신에게도 똑같이 장점이 되는 것이다. 앞으로, 상보성의 개념은 학교 액션러닝 셋이나 팀과 외부 파트너 또는 비판적 친구 사이의 관계를 파악하도록 더 탐색될 필요가 있다.

다음 장에서는 증거 수집과 그 증거로부터 어떻게 배울 수 있는지를 살펴볼 것이다.

제 7 장

증거 수집과 증거를 통한 학습

액션러닝은 전문가 대화를 통한 학습에 의존한다. 액션러닝 팀에서 의사결정의 토대는 무엇이 문제인가? 이 문제를 어떻게 해결할 수 있는가? 어떻게 개선할 수 있는가? 무슨 일이 일어나고 있는가? 어떤 처치를 시도해 볼 수 있는가? 처치가 효과가 있는지 어떻게 알 수 있는가? 전문가적 판단을 하기 위해 무엇을 활용할 수 있는가? 이와 같은 질문에 대답하기 위한 증거를 찾음으로써 더 견고한 사고방식으로 바뀔 수 있다. 이러한 질문의 핵심은 탐구, 액션, 성찰이다. 이 장에서는 교사들이 액션러닝에서 증거를 수집하는 방법뿐만 아니라 전문가 대화에 영향을 미치고 혁신을 촉진하기 위해 그것들을 어떻게 활용할 수 있는지를 탐색하고자 한다. 우리는 동료 관찰, 도구의 선정과 활용, 포커스 그룹, 성찰, 보고, 전문성 공유 사례 및 역할 획득과 같은 것을 논의할 것이다. 이 장은 이러한 도구 각각이 연구에 역할을 한다는 것을 인정하면서, 액션러닝 프로세스 일부로서 협력적 성찰과 분석을 통해 동료와 학습할 때 그 도구들의 역할과 의미에 초점을 둔다.

실제적 지혜

교육에서 지식은 종종 실제적 지혜(practical wisdom)와 일반화할 수 있는 연구 기반의 지식(research-based knowledge) 두 가지로 구분된다(Korthagen et al., 2001). 액션러닝은 지엽적 상황, 그들의 실제, 그 상황의 사람과 커뮤니티를 다룬다. 무엇이 효과가 있는가, 이 실제가 무엇을 개선할 것인가, 그리고 현 시점에서 내가 무엇을 해야 하는가와 같은 질문을 다룬다. 액션러닝에서 강조하는 요점은 의사결정을 잘하도록 실제적 지혜를 활용하고 발전시키는 것이다. Berlin은 실제적 지혜를 다음과 같이 기술하였다.

> 무엇이 '효과가 있고' 효과가 없을지에 대한 감각. 그것은 분석보다는 종합

> 을 우선시하는 능력이며, 조련사는 동물을 알고, 부모는 아이를 알고, 지휘자는 오케스트라를 알고 있는 것과 같이 지식에 대한 능력이다. … 결국 그것은 무엇이 무엇과 조화되고, 무엇이 무엇으로부터 도출되는지, 무엇이 무엇을 이끄는지, 어떤 것이 관찰자에 따라 다양하게 되는지, 그들에 대한 그러한 경험의 효과가 무엇이 되는지, 구체적 상황이나 인간과 인간 외적인 힘의 상호작용에서 무슨 결과가 있을 것 같은지에 대한 정확한 감각이다.
>
> (Hargreaves, 2007a: 48에서 인용)

실제적 지혜의 중요성은 다른 지식과 실제의 중요성을 부정하지 않는다. 우리가 연구했던 모든 액션러닝 사례를 볼 때, 액션러닝은 교사가 고등 교육과정, 전문 협회, 텍스트 기반 소스, 전문성 연수 프로그램이나 외부 컨설턴트 등을 포함하여 다양한 출처에서 얻은 연구 지식 기반의 영향을 받았다. 그러나 실제적 지혜는 무슨 정보가 공유되는지 결정하고, 무슨 지식을 가치 있게 활용할지 선정하고, 다양한 교수법 중에서 무엇을 활용할지 결정하고, 실행하고자 하는 전략이나 실제를 선택할 때 역할을 한다. Hargreaves(2007b)는 실제적 지혜와 연구 기반 지식 사이에 이루어지는 교육에서의 상호작용을 교사의 역할과 의사의 역할을 비교하면서 설명하였다. 구체적으로, 의사에게는 건강 유지, 질병의 진단과 처방에 대한 포괄적인 지식 기반이 있지만, 실제적 지혜는 개별 환자를 다루는 의사결정의 토대가 되며, 이는 개인과 그 개인의 환경에 대한 의사의 지식의 영향을 받는다. 마찬가지로, 교사도 이용할 수 있는 지식 기반이 있지만, 덜 풍부하고 덜 구체적이다. 그래서, 교직에서는 더욱더 많은 기본이 실제적 지혜에 의존한다.

교사의 실제적 지혜는 관습, 전통 및 의식 절차의 포로가 되는 엄격하고 실제적인 신화가 될 위험을 내재하고 있기 때문에 자주 비판받았다. 예를 들어, Cox는 교사가 자신들의 실제를 정당화시키기 위해 활용하는 네 가지 내용을 다음과 같이 제시하였다.

- 전통(항상 해왔던 방식)
- 편견(자신이 좋아하는 방법)
- 신조(자신이 '옳다'고 생각하는 방식)
- 이데올로기(현재의 통념에 의해 요구되는 것) (Hargreaves, 2007b: 12에서 인용)

교사가 실제적 지혜에 의존하는 것은 이러한 지혜를 자세히 검토하고, 수정하고, 학습할 필요가 있다는 것을 의미한다. 액션러닝의 중요한 역할이 바로 여기에 있는데, 액션러닝은 상황에 따른 구체적인 지식을 종합하도록 해 주기 때문이다. 그러나 교사가 이러한 지식에 자신감을 가지고자 한다면, 특정 상황에 대한 증거와 경험으로 이를 뒷받침할 필요가 있다.

증거로서 경험

가르치는 일(teaching)이 복잡하다는 것은 교육에 대한 확실한 방법이 없다는 것을 의미한다(Hammersley, 2007). 이러한 불확실성 때문에, "교사가 성찰적이고 자기 평가적일 필요, 간단히 말해서 경험으로부터 학습할 필요가 있다"(Turner & Bash, 1999: 135). 이것은 액션러닝의 필수적인 프로세스로서 경험에 대한 성찰('액션러닝의 역동성'에서 자세히 설명한 것처럼)을 요구한다.

> [성찰은] 교사가 현명하고 원칙에 의한 의사결정을 하도록 도와준다. 그것은 교사가 가르치는 상황을 파악하며 교실과 학교에서 일어나는 일들의 의미를 이해하는 능력인 자기 이해를 개발하는 것에 관한 것이다.
>
> (Ghaye & Ghaye, 1998: 3)

이 장에서 다루고자 하는 것은 이러한 성찰에 반영되는 경험과 증거가 무엇이냐 하는 것이다. 이 시점에서, 교수 학습에 대한 객관적인 데이터가 없다는 것을 인정하는 것이 중요한데, 그 이유는 우리가 정보를 어떻게 선택하고 얻든지 간에, 어떤 식으로든지 그 정보는 프로세스에서 왜곡되기 때문이다(Kemmis, 2007). 학교에서 교사는 교수 학습 시스템을 유지하는 피드백 루프의 중심이 된다. 교사의 상황 분석 및 해석, 데이터와 정보의 의미 선택 및 부여 능력이 현재 일어나고 있는 것, 필요한 것, 수행되는 것에 대한 이해를 종합하는 데 중요하다. 교사는 데이터를 수집하며 무엇을 수행해야 할지 결정하기 위해 그 데이터를 자세하게 검토하는 인간 도구가 된다. 액션러닝에서는 이러한 프로세스를 구체적으로 다루며, 확장하고, 명료하게 하며, 공유하고, 자세히 검토한다.

액션러닝은 종종 현재 상황을 성찰할 때 자극되는 관심 내용으로 시작한다. 그러한 관심은 교사나, 학교 간부 또는 중앙의 관료들이 파악한 사건, 에피소드, 경향 등과 같은 증거를 기반으로 한다. 경험이나 정보에는 교실 경험, 학생 행동, 학생 평가 결과, 무단결석 수준, 장애아 그룹의 규명, 입학률 하락, 현재의 교수법이나 실제에 대한 불만, 새로운 테크놀로지가 제공하는 기회와 같은 것이 있다. 처음의 관심이 무엇이든지 간에, 현재 활동과 실제, 사회적 관계와 조직 구조 및 절차, 대화와 커뮤니케이션을 포함하여 현재 상황에 대해 분석할 수 있다(Cooper & Boyd, 1994).

관심이 규명되고 목적이 결정되면, 수집된 증거와 개선하고자 하는 것을 서로 일치시킬 필요가 있으며, 무슨 증거가 지속적으로 성찰을 하게 하며 교사의 학습에 기여할지를 결정할 필요가 있다. 액션러닝에서 교사가 수집하는 많은 유형의 증거를 여기에서 설명할 수는 없지만, 액션러닝의 중요한 특징을 설명하기 위해서 일부 사례를 제시할 것이다. 그렇게 하는 이유는 학습 과정에서 증거 수집 및 그에 따른 지식의 종합 방법의 역할을 논의하고자 하는 것이다. 그러나 이것은 교사의 '비공식적이고 일상적인 정보 처리 과정'을 폄훼하고자 하는 것이 아니라(Burton & Bartlett, 2005: 14), 경험의 공유와 이와 관련된 전문가 대화는 액션러닝의 자유분방하고 우연히 발견하는 형태에 필수적이기 때문이다.

프로세스냐 결과냐?

학교나 교사가 액션러닝에 참여하는 것은 어떤 것을 개선하거나 더 잘할 수 있기를 원하기 때문이다. 액션러닝은 업무 현장에서 이루어지기 때문에, 학습은 불가분하게 실제와 연결되어 있으며 보통 추구하는 결과는 학생의 학습 결과를 포함한다. 액션러닝을 통해 이루고자 하는 결과로서 교사와 학생의 학습을 강조하는 것은 상황에 따라 다양하다. 이것은 액션러닝에서 수집하는 증거의 형태 또한 다양하다는 것을 의미한다. 넓은 의미에서, 교사가 얻고자 하는 증거의 형태에는 결과 및 프로세스라는 두 가지 유형이 있다.

결과는 비교적 구체적인데, 예를 들어, 우리는 학생들이 산술 능력이 향상되었는지, 환경 이슈에 대해 더 해박하게 되었는지, 학생들이 더 적극적으로 참여하게 되었는지 알기를 원할 수 있다. 마찬가지로 교사는 학생들이 산술이 무엇을 의미하는지를 더 알게 되고 교실에서 장애 학생의 환경을 더 잘 이해하는 것과 같이 그들이 어떤 것을 학습하였는지 알기를 원할 수 있다. 교사는 또한 액션러닝의 결과로서 협력적 그룹 활동과 같은 교수 전략의 활용법을 알고자 한다는 것을 미리 알 수도 있다. 목적은 특정 교수법이나 구체적인 교수 전략을 배우고 이를 실제에 적용하는 것이 될 수도 있다. 한편, 교사는 교수 학습에 대한 실제와 아이디어를 논의하고 이것이 아직 결정되지 않은 전문성 학습을 유도할 수 있다는 기대를 가지고 액션러닝 그룹에 헌신할 수 있다는 점에서 결과에 대해 제한을 두지 않을 수도 있다. 이러한 모든 결과는 '개선이 되었는지를 어떻게 알 수 있는가?'라는 질문을 하게 된다. 그 질문의 예는 다음과 같다. 산술 능력이 향상되었는가? 학생들이 더 적극적으로 참여하는가? 교사가 새로운 교수법과 관련된 실제를 더 잘 이해하는가? 아이디어 공유를 통해 배운 것은 무엇인가? 여기서 분명한 것은 데이터와 증거를 수집할 필요가 있다는 것이다.

이러한 질문은 우리가 액션러닝 프로세스가 시행되는 동안에 또는 액션의 실행 전후에 주기적으로 성취도의 변화를 알기 원한다는 것을 시사한다. 예를 들어, 액션이 실행되기 전과 후에 학생의 리터러시 검사를 시행함으로써, 액션이 리터러시 학습을 향상시켰는지에 대한 증거가 될 수 있는 점수를 얻을 수 있다. 그러나 이와 같은 전후검사의 한 가지 문제는 그러한 향상을 가능하게 한 프로세스에 관한 정보를 주지 못한다는 것이다. 또한, 액션러닝이 시행되고 있는 학교에서는 많은 일과 변화들이 일어나고 있으며 어떤 개선된 것이 특정 원인 때문이라고 하기에는 너무 어렵다. 따라서 책무성에 대한 강조가 증가하면서 우리가 관찰한 학교에서 액션러닝의 중요한 특징이 되는 검사를 하고 있지만, 그들은 프로세스에 대한 통찰력이나 복합적인 교실 환경에서 학습의 개선이 어떻게 일어났는지를 알려 주지는 않는다.

다음 절에서는 액션러닝에서 구체적인 증거 수집 형태를 살펴볼 것이다. 이들은 종합적인 리스트는 아니다. 오히려, 그들은 일부 교사가 유용하다고 한 증거 수집 유형의 지표들이다.

고부담 시험

우리가 연구한 많은 액션러닝 프로젝트에서 외부의 고부담 시험(high-stakes tests)이 영향을 주었다(Aubusson et al., 2006; Ewing et al., 2005). 고부담 시험은 종종 귀중한 피드백을 제공하였고 프로젝트와 액션러닝 프로세스의 일부로 실행된 실제의 성공 지표로 활용될 수 있었다. 교사와 팀 리더는 학교의 현장에서 변화가 일어나는 동안이나 그 이후에 성공 지표로 기본적인 리터러시나 산술 기능 시험을 치르는 것이 일반적이었다. 검사는 부모, 교사, 행정가들에게 액션러닝 팀의 과제 수행을 개선시켰다는 '확신을 주고' 결과적으로 새로 시작하거나 계속되는 프로젝트뿐만 아니라 액션러닝 자체를 지원하는 데 유용할 수 있다. 예를 들어, Sundew 초등학교에서 리터러시에 대한 처치가 이루어지고 난 후에 시행된 리터러시 기초 시험에서 향상된 결과는 학생의 산술 능력 개선을 목적으로 하는 비슷한 액션러닝의 아이디어를 '판매하는 데' 활용되었다. 리터러시 처치가 성공함으로써 산술 프로젝트에 직원들의 참여가 많아졌으며, 학교 간부와 부모의 지원을 얻게 되었다(Aubusson et al., 2006). 그러한 고부담 시험에서의 성공은 학교 개선의 가장 중요한 지표가 되며 학교 기반 전문성 연수와 그 프로그램의 성공을 결정하는 데 중요한 역할을 하게 된다(DuFour, 2004). 그러한 시험의 중요성은 무시할 수 없다. 발전되었는지를 판단하는 일반적인 지표로서 시험이 중요해질수록 시험을 자세히 분석하는 것이 앞으로 가르치는 데 주의를 필요로 하는 학습의 강약점과 측면들을 규명하기 위한 자료로서 매우 유용할 수 있다. 실제로, 많은 액션러닝 사례에서, 교사는 액션러닝에서 목표로 하는 분야를 규명하기 위해 고부담 시험을 활용하였다. 그러나 이러한 시험은 자주 있는 것이 아니라서 액션러닝의 반복적인 과정을 점진적으로 정교화하는 데 필수적인 피드백을 적시에 제공하지 못한다. 따라서, 이 장에서 우리는 다른 형태의 증거를 살펴볼 필요가 있다.

동료 관찰

동료 관찰은 액션러닝에서 활용할 수 있는 또 다른 증거 수집 형태이다. 동료 관찰은 모든 사람을 위한 것은 아니다. 그것은 양날의 칼인데, 그 이유는 일부 교사는 그것이 위협적이라고 느끼고 액션러닝에서 탈퇴할 수도 있기 때문이다(Aubusson et al., 2007). 반면에 그것은 경험의 공유를 토대로 풍부한 전문적 대화를 자극할 수 있다(Schuck et al., 2008). 동료 관찰은 특히 교수 현장을 개선하기 위하여 현재 또는 새로운 교수법을 더 깊게 이해하는 것이 목적일 때 유용하다. 교실 관찰은 연구자가 조사 내용을 순간순간 기록하거나, 현장을 판단하거나 조언하기 위해 슈퍼바이저가 검사하거나, 초보 교사가 실제 현장에서 가르치는 것을 보고 배우기 위해 더 '전문적인' 교사를 관찰하는 것을 포함하여 다양한 형태로 이루어질 수 있다. 그러나 여기에서 등료 관찰은 이러한 형태와는 구별되는데, 그 이유는 관찰자와 피관찰자는 동료이며 학교의 다른 곳에서는 직위가 다를지라도 이 프로세스에서는 동등하게 취급을 받기 때문이다. 예를 들어, 수석 교사가 자신의 교과 분야에 있는 다른 교사를 관찰할 수 있지만, 동료 관찰을 하는 동안에 직위가 다르다는 것을 고려하는 것은 적절하지 않다는 것을 이해할 필요가 있다. 실용적인 측면에서 볼 때, 유능하거나 '높은 직위에 있는' 교사를 다른 교사가 먼저 관찰하는 것이 유용하다는 것이 증명되었다. 이 프로세스에는 다른 교사와 무엇을 논의하고 논의할 수 없는지를 합의한 내용을 포함하여 신뢰 관계의 형성이 필요하다.

액션러닝에서 동료 관찰은 전문적 대화를 하고자 할 때 가장 효과적이다. 관찰을 통하여 전문적 대화는 자극을 받게 된다. 대화의 본질에는 다양한 형태가 있다. 모든 것을 자세하게 기록하는 것이 목적이 아니며, 오히려, 비디오카메라로 녹화하거나 녹음을 할 수 있다. 동료 관찰은 덜 객관적이기 때문에 더 효과가 있다. 부분적으로 동료 관찰이 성공하느냐 하는 것은 무엇이 중요한지를 결정하는 교사인 관찰자에게 달려 있다. 관찰은 선택적이며 개인마다 특별하다. 이 선택성은 토론을 지속시켜 주며 가르치는 과정에서 가장 중요한 것을 관찰하게 해 준다.

동료 관찰에서 활용되는 도구는 매우 다양하다. 관찰자는 빈 종이를 활용할 수도 있으며, 자신의 의견과 성찰이 있을 수도 또는 없을 수도 있는 교사-학생 대화 샘플과 같은 사건 기록을 활용할 수도 있다. 또한, 관찰자는 체크리스트나 질문이 있는 관찰 스케줄을 활용할 수도 있다. 다음에 일부 사례가 제시된다.

의견이 없는 관찰-사건의 축어적 보고

교사: 그 잡지 내놔.

학생: 치울게요. (학생은 잡지를 가방에 넣기 시작한다)

교사: 이미 늦었어. (학생에게로 걸어가면서) 당장 내놔.

학생: (잡지를 가방에 넣기 시작한다.)

교사: 그 잡지 내놓으라니까.

학생: (잡지를 가방에 넣기를 계속하며) 선생님 이제 없어요. 뭐가 문제인가요? 원하면 하나 사세요.

학생들: (웃는다)

(미간행 관찰 노트)

이러한 사건의 관찰은 그러한 행동을 어떻게 다루어야 하고 대립을 어떻게 피해야 하는지에 관한 대화를 하도록 하였다. 이 노트는 유도되지 않은 관찰의 결과이다.

의견과 성찰이 있는 관찰

아래의 기록은 초기 관찰 노트와 나중에 이루어진 대화 및 성찰 기록이다.

… 나처럼 당신도 대부분 논쟁에 참여하는 것 같다. 어떻게 내가 대부분 논쟁에 참여할 수 있을까? 2시간은 너무 긴가? 2시간 동안 모두 집단으로 운영될 필요가 있는가? 너무 할 게 많다. 당신이 제공하는 경험에서 원하는 학습을 모두 하고 있는가?

(관찰하면서 만든 초기 노트)

전문적 대화를 하고 난 후의 성찰:

> 왜 John은 학생들이 자신의 과제를 경험하고 선을 그리지 않아도 된다고 하는 것을 그렇게 쉽게 생각하는가? 그래서 나는 그들(나의 학생들)이 그것을 얻을 수 없을지도 모른다는 두려움 때문에 그들을 위해 선을 연결해야 한다. 나는 그들 마음대로 하게 하고 증거와 중요한 평가에 대한 자신들의 아이디어를 바탕으로 학생들 스스로 배우도록 하는 것을 말하고 있다는 것을 깨달았다. 그러나 나는 그들을 믿지 않는다. 나는 거의 항상 선을 연결해야 한다. 나는 핵심이 무엇인지 알며 단지 저항할 수 없다. 그들이 그것을 얻었다고 확신을 하고, 어떻게?—그들에게 말해서? 이것이 그들이 그것을 얻었다는 것을 얼마나 정확하게 확신시켜 주는가?—그들 스스로 그것을 얻을 수 있게 하는 것이 더 좋을 수 있다. 도발적이면서도 호기심 있는 채로 내버려 두는 것이 더 좋을 수 있다. 여기에 차이가 있는 것이다. John은 학생들을 믿었지만, 나는 믿지 않았다!
>
> (Aubusson et al., 2008에서 발췌한 내용)

이런 식으로 제공된 의견은 종종 교수 학습에 대한 사고를 드러낸다. 그들은 관찰자 자신의 교수에 대하여 관찰자의 관점에서 통찰력을 제공하며, 전문가 대화를 자극하고 관찰자와 피관찰자 모두가 학습할 수 있도록 해 준다. 수업 자체에 대한 증거는 그리 많지 않지만, 오히려 종종 당연한 것으로 여겨지는 관찰자와 피관찰자의 실제적 지혜에 관한 증거는 많다.

스케줄 체크리스트에 의한 관찰

표 7.1의 관찰 가이드는 '생산적 교수법'과 관련된 특징의 리스트를 제공한다. 관찰자는 각 항목에 대하여 관찰된 수업에서 어떤 특징이 있는지를 1~5점 척도에 표시한다. **표 7.1**은 생산적 교수법이 가능한 교실 환경을 만드는 것과

표 7.1 생산적 교수법 관찰 체크리스트의 예시*

특징	내용	점수
사회적 지원	사회적 지원은 교사와 학생 사이, 그리고 학생들 사이에 상호 존중하고 지원하는 분위기이다.	4
아카데믹	학생들은 과제에 참여한다. 그들은 질문하고, 그룹 활동에 기여하며, 동료를 도와줌으로써 과제 수행에 열정을 보인다.	2
우수한 수행 준거	학생 수행의 범위를 판단하는 준거가 루브릭과 같은 도구를 활용하여 분명하게 만들어진다.	1
자기 조절	학생 행동의 방향이 함축적이며 자기 조절적이다.	3

*체크리스트는 보통 15~20문항 정도로 구성된다.
출처: www.decs.sa.gov.au/ned/files/links/Prod_Ped_Checklist.doc

관련된 많은 특징 중에서 세 개를 발췌한 리스트이다.

이와 같은 평정 척도를 활용할 때 겪는 한 가지 어려움은 교사들이 종종 이 체크리스트의 '점수'로 판단된다고 느낀다는 것이다. 그러나 체크리스트는 교실에서 일어나고 있는 것을 더 잘 이해하고 교수법에 대한 교사의 대화를 촉진하고자 하는 것이다. 다시 말해서, 생산적인 교수법을 위해서, 그리고 수업의 실제를 개선하기 위해 이를 어떻게 활용해야 하는지를 더 많이 배우고자 하는 것이 목적이다. 이때 중요한 것은 1점이 반드시 '나쁘다'는 것이 아님을 인식하는 것인데, 그 이유는 그 점수는 특정 수업에만 적절한 것일 수 있기 때문이다. 한편, 특정 문항에 대하여 낮은 점수가 계속된다면 이는 관심을 둬야 할 신호가 될 수 있다. 또한, 일련의 수업에서 점수에 변화가 있다는 것은 액션러닝 팀이 시도하고 있는 교수법의 효과성 정도를 알려 주는 것일 수 있다. 여기에서 관찰 체크리스트를 통한 학습이 점수 자체만으로 결정되는 것이 아니라 수업에 대하여 수집된 증거로부터 제기되는 그 수업에 대한 동료 사이의 대화를 통해 학습이 이루어진다는 것을 강조해야 한다.

포커스 그룹

학생, 교사, 학부모로 구성된 포커스 그룹은 종종 액션러닝 프로세스의 일부로 적용된 개선이나 혁신에 대한 유용한 피드백을 제공한다. 그들은 또한 관심, 문제, 요구를 규명함으로써 액션러닝 프로세스 초기에 귀중한 통찰력을 제공해 줄 수 있다. 포커스 그룹의 선정에 대하여는 많은 사항이 언급되는데, 보통 무작위로, 목적을 가지고 선정할 수 있다는 것이다. 포커스 그룹을 만들고, 운영하고, 보고하는 데 상당한 시간과 노력이 투자되기 때문에, 유목적적으로 그룹을 선정하는 것이 현명하다. 분명한 것은, 관심이 없거나 기여하고 싶지 않은 학생이나 부모를 포커스 그룹에 참여시킬 때 액션러닝 상황에서 얻을 수 있는 것은 거의 없다. 우리는 액션러닝의 활동과 목적의 본질이 포커스 그룹을 일관성 있게 운영하는 지침이 되어야 한다고 제안한다. 예를 들어, 지역사회나 부모의 학교 참여도를 증가시키는 것이 목적이라면, 포커스 그룹이 지역사회와 부모의 대표들을 포함하는 것이 의미 있다. 마찬가지로, 모든 학생의 결과를 향상하는 것이 목적이라면, 포커스 그룹은 다양한 대표들로 구성할 필요가 있다. 반면에, 부진 학생이나 영재 학생 또는 초임 교사와 같이 하위 그룹에 주로 관련된 목적이라면, 이 그룹을 포커스 그룹의 대상으로 할 수 있다.

포커스 그룹은 자신의 학교에 있는 교사에 의해 효과적으로 수행될 수 있다. 그러나 학생과 부모는 이러한 환경 아래에서 우려하거나 비평하는 데 개방적이며 솔직하게 말하는 데 익숙하지 않을 수 있다. 그래서 교사 자신이 포커스 그룹을 운영할 수 있더라도 학교 외부인이 포커스 그룹을 실행하고 그 결과를 보고하는 것이 좋을 수 있다.

과학 교과의 액션러닝 연구에서, 외부 파트너 및 컨설턴트-연구자가 학생과 포커스 그룹을 실행하였다(Hoban et al., 1997). 파트너는 수업에서 학생들이 경험한 정보를 얻고자 하였으며 학생들이 좋은 교수 학습과 나쁜 교수 학습이라고 생각했던 것에 대하여 축어적 발췌와 오디오 녹음을 하였다. 이 포커스 그룹에서의 정보는 중요한 피드백을 제공해 주었으며, 학교에서 액션러닝의 방향을 안내해 주었다. 특히, 외부 파트너는 포커스 그룹에서 논의할 사항을 자유롭게 결정하였다. 외부인은 학생이 자유롭게 발언할 수 있는 환경을 제공하였을 뿐만 아니라 학교 기반 프로그램에서 증거를 수집하고 해석하는 데 새로운 관점을 제공하였다. 포커스 그룹에서 무슨 정보를 구해야 하는지를 학교 기반의 액션러닝 셋이 더 강력하게 통제하였다면 성공적인 액션러닝이 어떻게 위축되었을지 짐작해 보는 것은 흥미 있는 일이 될 것이다.

또 다른 프로젝트에서 5개 학교의 수석 교사들로 구성된 팀은 과학 수업에 학생의 참여를 증가시키기 위해 함께 고민하고 있었다(Aubusson & Griffin, 2008). 팀의 프로그램 중 하나는 학생들이 수행한 연구 프로젝트를 그룹에 소개하고 'Science-Techno Museum'에 전시하여 보고하는 것이었다. 두 명의 파트너인 컨설턴트-연구자들은 무엇을 성취하였고 어떻게 향상될 수 있었는지를 결정하기 위하여 5개 학교의 교사 및 학생들과 포커스 그룹을 수행하였다. 포커스 그룹은 일어난 학습에 대한 지각, 프로그램의 강약점, 프로그램을 촉진하거나 방해한 요인, 학생의 관심과 참여에 대한 지표 등을 포함하여 프로그램의 모든 측면에서 피드백을 줄 수 있는 기회를 제공하였다. 다음에 제시된 질문이 활용되었는데, 이들은 액션러닝을 위한 정보를 수집하기 위해 많은 포커스 그룹에서 활용할 수 있는 것들이다.

- 프로젝트가 가치 있었다고 생각하십니까?
- 프로젝트에서 무엇을 배웠다고 생각하십니까?
- 무엇이 도움이 되었다고 생각하십니까?
- 프로젝트를 방해한 것은 무엇이었다고 생각하십니까?
- 이 프로젝트를 다시 수행한다면 어떻게 해야 할지 제안해 줄 수 있습니까?
- 비슷한 상황이 다시 일어난다면 학생이나 교사에게 무슨 조언을 해 줄 수 있

습니까?

포커스 그룹에서는 질문에 대해 짧게 응대하거나 많은 말을 하는 반응을 보임으로써 토론을 지배할 수 있다. 전체적으로 그러한 반응이라면, 설문조사가 더 유용할 수 있다. 포커스 그룹은 더 풍부한 정보를 찾는 것이 중요하다. 이를 위해서, 질문에 대한 반응은 다음과 같은 후속 질문으로 이어진다.

- 그렇게 말하는 이유가 무엇입니까?
- ~에 대한 사례를 들어주시겠습니까?
- 다른 그룹이 ~을 제안하였는데 여기에 동의하십니까? 왜 그렇습니까?
- 그것이 도움이 되지 않는다면 더 좋은 방법을 생각할 수 있습니까?
- 다음에 해야 할 것 한 가지는 ~입니다. 그렇게 하는 게 좋다고 생각합니까? 그것을 어떻게 바꿀 것입니까?

Science-Techno Museum 프로젝트 사례에서 포커스 그룹은 그 프로그램이 과학 학습에 학생들의 관심과 참여를 촉진하는 데 성공적이었음을 보여 주는 강력한 지표를 제시하였다. 그들은 또한 학생과 교사 모두 Science-Techno Museum을 매우 좋아하였다는 것을 보여 주었다. 반면에, 그 프로젝트는 교사에게 지나친 업무 부담을 주었으며, 일부 학생들 사이에서 기대에 관한 혼란이 있었으며, 이 프로세스를 안내하기 위해 활용된 지원 자료 일부에 대해서 의구심을 가지는 결과가 있었다는 것을 보여 주었다. 이러한 증거 수집의 결과로서, 수석 교사들의 액션러닝 팀은 이 프로그램이 앞으로 반복된다면 어떻게 개선할 수 있을지를 교사, 학생, 컨설턴트에게서 제안을 받아 제공하였다. 액션러닝 상황에서 포커스 그룹의 보고서는 과학 수업에 학생의 동기와 참여에 영향을 미치는 요인들에 대한 전문가 대화 및 학습을 자극했다.

교사와 외부 컨설턴트가 포커스 그룹을 수행할 수 있는 것과 마찬가지로, 프로세스에 학생을 참여시켜서 동료와 포커스 그룹 미팅에서 학생들 스스로 정보를 수집하도록 하는 것 또한 유용하다. 학생은 전문가 학습과 학교 변화에 필요한 데이터를 수집하는 데 포괄적이며 생산적으로 참여할 수 있다 (Groundwater-Smith & Mockler, 2002). 이러한 참여는 학생의 관점에서 증거를 제공할 뿐만 아니라 학교에서 의사결정을 하는 데 학생들이 적극적이고 영향력 있는 역할을 하도록 해 준다.

경험, 이야기, 일화 획득

교실에서 일어나고 있는 일을 표현하는 것은 어렵기로 유명하지만, 교실 경험, 이야기, 일화는 액션러닝에서 활용될 수 있는 또 다른 형태의 증거이다. 교사가 실제 교실 경험에 대하여 하는 이야기는 종종 다른 교사들에게 큰 영향을 준다.

> 이야기는 우리가 추상적인 것을 구체적으로 이해할 수 있게 하는 데 도움이 된다. 원리 수준에서 단지 어렴풋이 지각된 것이 구체적이고 생생하며 감정적으로 강력해질 수 있다. 게다가, 이야기는 우리에게 동기를 유발시킨다. 우리가 추상적인 수준에서 이해하는 것은 액션으로 옮겨질 수 없을지라도, 이야기는 종종 이해한 것을 액션으로 실행하게 해 준다.
>
> (Noddings & Witherell, 1991: 279-80)

교사가 교실에서 일어난 일들을 글로 기록하여 활용하고자 할 때, 교사의 교실 경험에 관한 증거를 수집하는 것은 어렵다. 그러나 교사가 교수(teaching) 에피소드 및 사건을 공유하는 가장 일반적인 방식은 일화를 활용하여 회상하는 것을 말해 보는 것이다. 교사의 전문적 대화에서 이러한 일화의 중요성이나 의사결정 프로세스에서 이들의 영향력은 아무리 과장해도 지나치지 않는다. 그러나 액션러닝 상황에서 이러한 대화를 관리하는 것은 이야기를 공유하여 생산적이고 성찰적인 분석의 토대를 형성하도록 유능한 팀 리더와 팀 활동에 집중하는 셋을 필요로 한다. 다음은 그러한 이야기 공유를 위한 몇 가지 질문들이다.

- 이 일화를 왜 공유하고 있는가?
- 이 일화가 나의 혹은 다른 사람의 학습에 기여할 것인가?
- 에피소드가 어떻게 일어났는지를 사람들이 파악하기 위해 무슨 상황적 정보가 있어야 하는가?
- 이 에피소드를 만드는 데 학생, 교사, 환경이 어떤 방식으로 기여하였는가?
- 일화가 좋은 실제를 제시하고 있다면, 교사는 이러한 '좋은' 결과에 무슨 기여를 하였는가? 비슷한 성과를 이루기 위해 나는 무엇을 할 수 있을 것인가?
- 우려나 문제를 제기한다면, 문제의 원인은 무엇인가? 무슨 액션이 그 문제를 감소시키거나 해결할 수 있을 것인가?

일화는 다른 방법으로는 성취하기가 어려울 수 있는 개발 및 학습에 통찰력을 제공해 줄 수 있다. 예를 들어, Blue Wren 초등학교에서 한 교사는 학교의 액션러닝 프로세스의 하나로 자신의 교실에서 수행하고 있는 것이 긍정적 효과를 거두고 있다는 것에 대한 증거를 제시해야 했다. 그녀는 긍정적인 효과가 있지만, 그것을 뒷받침할 만한 '분명한 증거는 없다'고 자신 있게 말하였다. 세 번째 요구받았을 때, 다른 교사가 "Mike는 어때?"라고 말하였다. Mike는 '행동 및 학습 문제'가 있는 아동이었는데, 그는 서커스를 다녀온 후에 이에 대해 세 문장을 썼었다. "문법과 철자는 엉망이었어."라고 그녀가 설명했지단, 이전에는 글로 써서 이야기를 한 적이 없는 Mike가 세 문장을 썼다는 것은 놀라운 일이었다. 이것은 시험이나 평가 형태로 보이지는 않지만 Mike가 발전했다는 증거를 제공하였다. 이 이야기 증거는 Mike를 알고 있던 다른 교사와 그와 같은 다른 학생들에게 매우 인상적이었다. 그것은 액션러닝에 대하여 교사에게 알려 주었던 '생생한 경험'(van Manen, 1992)으로, Mike를 겪어 본 다른 교사들이 상황에 대해 설명하였다. 그러나 그 증거는 세 줄의 작문인 산출물 자체가 아니었으며, 이를 설명하기 위해 이야기가 있어야 하는 역사적이고 상황적인 것이었다.

비디오 녹화 내용 또한 액션러닝 팀에서 토론하기 위한 교수 학습 경험에 대한 유용한 정보가 될 수 있다. 비디오의 한 가지 장점은 교사들은 자신들이 공유하고자 하는 수업 부분을 선택할 수 있다는 것이다. 일부 교사들은 간단한 대화를 녹화하고, 사건을 사진으로 찍으며, 교사나 학생의 액션을 기록하기 위해 휴대전화기를 활용하기까지 한다(Fogwill & Aubusson, 2006). 예를 들어, 한 물리 교사는 간단한 대화 및 역할 놀이를 녹화하고 사진을 찍기 위해 자신의 휴대전화기를 활용하였다. 학생들은 별로 방해 받지 않는다는 것을 알았고 일상생활처럼 생각하였다. 녹화는 간단하였고 그가 가르치는 아이디어에 관심이 있는 사람들과 쉽게 공유하였다. 하지만, 사건을 기록할 수 있는 디지털 기기가 수없이 많은 오늘날에도 가장 흔한 증거 형태는 경험을 떠올리는 방법이다.

성찰 기록

성찰의 역할은 이 책에서 자주 나오는 주제이지만 교사 연수를 위한 도구로 작성된 적은 거의 없었다. 여기에서는 액션러닝의 증거로서 성찰 내용을 강조하며, 몇몇 사례를 생각해 보는 유일한 공간이다. 넓은 의미에서, 성찰 기록은 다루어지고 있는 사항, 그러한 사항들을 다룰 때 일어나는 전문성 학습 또는 추구하는 교육 목적과 관련한 거의 모든 것들을 쓰는 데 있어서 아주 자유롭고 무제한적일 수 있다. 성찰은 종종 주요 사건에서 자극받으며 에피소드나 그것을 자극하는 생각에 대한 기술을 포함할 수 있다. 성찰 기록은 종종 질문 스캐폴드를 활용하여 작성될 수 있다. Azure Bay 초등학교에서 각 학년 그룹의 모든 교사는 매주 한 가지 똑같은 활동을 가르쳤다. 이 활동에 대한 생각을 촉진하기 위하여, 모든 교사는 다음과 같은 질문으로 일일 성찰 일지를 작성하였다.

- 무슨 일이 일어났는가?
- 성공적인 것은 무엇이었고 그렇지 않은 것은 무엇이었는가?
- 이 사건에 대한 내 생각의 바탕이 되는 가정은 무엇인가?
- 다음에는 어떻게 다르게 할 수 있는가?
- 이것으로부터 배운 것은 무엇인가?

이러한 성찰은 교실에서의 교수 학습에 대하여 교사들 사이에 정식으로 토론을 할 수 있게 해 준다. 주기적인 성찰은 또한 액션러닝 프로세스 자체가 발전할 수 있는 정보를 제공하는 데 활용될 수 있다. 예를 들어, 6개 학교의 교사들로 구성된 팀은 액션러닝 자체에서 자신들의 발전 정도를 점검하고 성찰하기 위해 세 개의 척도에 대한 스캐폴드를 활용하였다(Sheffield et al., 2004에서 발췌). 스캐폴드인 활용 척도의 일부가 다음에 제시된다.

- 나는 나 자신을 다음과 같이 생각한다.

  탈락자(Drop-out)—나는 첫 번째 시도 후에 혁신을 계속하지 않았다.

  노력가(Struggler)—나는 그저 지시받은 일을 수행하며 기계적으로 도구들을 활용하고 있다.

  사육자(Domesticator)—나는 새로운 아이디어를 성공적으로 활용하였지만 그들을 나의 일반적인 방법에 적합하도록 변형하였다.

  계승자(Succeedor)—나는 내가 하는 것을 바꾸었지만, 아직도 상당히 지원에 의존하고 있다.

  혁신자(Innovator)—나는 혁신을 이해하며, 내가 가르치는 일의 일부로 혁신을 활용하고 변형시킨다.

- 이렇게 하도록 도와준 것은 무엇인가?
- 앞으로 어떻게 더 발전할 수 있을까?
- 나의 전문성 학습에 영향을 주는 것은 무엇인가?

(Aubusson et al., 2006)

이 스캐폴드는 명칭의 사용 문제에 직면하고 있으며 자극적이다. 위에서 논의한 동료 관찰 도구들처럼, 그것은 중요하다고 누군가가 선택하는 명칭이 아니라 오히려 우리가 우리의 실제를 거절하고, 채택하고, 조정하고, 혁신할 때 우리 자신을 보는 방식에 도전하는 방법이다.

성찰 기록은 교사의 전문성 학습에서 교실 현장이 학생의 학습을 향상하도록 도와주고 있는지에 대한 교사의 인식을 보여 주는 방법이 될 수 있다. 그것은 교사가 하는 것, 교사가 가르치는 데 영향을 주는 것, 왜 가르치는지, 전문가로서 그들은 누구인지를 생각하게 해 준다. 네덜란드에서는 교사가 성찰의 효율성을 높이는 더 잠재된 개인적 재능을 발휘하도록 '양파 모델'(더욱 깊은 성찰이 겹겹이 쌓이는 형태 때문에 이런 잁이 붙었다.)을 활용하였다(Korthagen & Vasalos, 2005). 이 모델은 상황이나 환경에 대한 성찰로 시작하며 자신의 기본 임무를 고려하기 위해 여섯 개의 단계를 순서대로 진행한다.

1. 환경—나는 어떤 상황에 직면해 있는가? 무엇을 다루고 있는가?
2. 행동—나는 무엇을 하는가?
3. 역량—나는 무엇을 잘하는가?
4. 신념—나는 무엇을 믿는가?
5. 자아—내 업무에서 나는 누구인가?
6. 임무—나에게 열정을 주는 것은 무엇인가?

(Korthagen & Vasalos, 2005)

기본적인 지각, 신념, 사고를 드러냄으로써, 교사는 비판과 변화에 개방적이

된다. 성찰 기록은 액션러닝에 수반되는 프로세스에 대한 귀중한 데이터를 제공한다. 성찰 기록은 또한 액션을 뒷받침하는 사고와 가정을 점검할 기회에 관한 데이터를 제공한다. 이러한 이유 때문에, 액션러닝에서 성찰은 보통 두 단계로 시행된다. 첫째, 교사는 특정 사건 직후의 액션에 대해 성찰한다. 그런 다음, 액션러닝 팀이나 교사는 이러한 초기 성찰 기록을 다시 논의하거나 초기 성찰에 대한 구두 의견을 제시한다. 이것은 종종 협력 성찰이나 성찰적 대화라 불리는 프로세스를 확장시킨다. 그러한 생산적 협력 성찰의 특징으로는 가치의 고려, 사생활 공개, 미래를 생각하기 위한 회상, 교수 학습 경험의 유의미화, 경험과 가정에 대한 질문 등이 있다(Ghaye & Ghaye, 1998). 활발한 협력적 대화는 액션러닝 셋이 전문 지식을 종합하는 데 중요한 역할을 할 수 있다.

과제 결과물 샘플

학생들이 수행하는 과제와 결과물은 그들의 향상 정도를 볼 수 있는 중요한 지표가 되며, 이 지표는 액션러닝에서 증거로 활용될 수 있다. 교사가 학생의 학습능력을 향상시키고자 할 때, 학생이 만들어낸 결과물의 질에 대하여 이야기할 것이라는 것은 놀랄 만한 것이 아니다. 우리는 교실에서 어떤 일이 일어나고 있는지에 대한 교사의 보고서가 종종 학생의 학업에 대한 일화로 채워져 있는 것을 보게 된다. 액션러닝에서 다른 교사와 공유하기 위해 학생의 과제 샘플을 수집하는 것은 유용하다. 이들은 액션러닝 팀이 활용하는 혁신과 전략이 어떻게 진행되고 있는지에 관한 증거가 될 수 있다.

학생의 과제 결과물의 샘플을 수집할 때, 액션러닝의 목적에 적합하도록 해야 하며 과제 결과물의 증거가 될 수도 다른 산출물을 수집하는 것도 중요하다. 예를 들어, Staghorn 초등학교에서 다양한 문화적 배경을 가진 학생들의 리터러시를 향상하고자 한 액션러닝 프로젝트에서 교사는 작문을 위한 풍부한 상황적 기회를 제공하고 작문을 그림 및 사진과 같은 예술적 커뮤니케이션 양식과 결합하고자 하였다. 이러한 활동의 하나로 학생은 자신들의 가족사를 더 알도록 웃어른을 인터뷰하게 하였다. 학생들이 만들어 낸 프로젝트는 대부분 이전의 과제들보다 학생들이 더 포괄적으로 글을 쓰려고 하는 의지가 있다는 것을 보여 주었다. 프로젝트의 목적은 리터러시를 향상하고자 하는 것이었지만, 과제 결과물의 샘플은 그들의 가족사에 자부심을 느끼고 있으며, 그들의 문화적 유산에 대한 정보를 공유하고자 하는 의지가 있고, 학생의 학습에 부모가 유의미하게 참여한다는 것 또한 시사하였다. 미팅에서 교사의 코멘트 또한 많은 아이들의 자부심을 향상시킬 수 있음을 보여 주었다. 교실 외부에서 어떤 과제도 수행해 본 적이 거의 없거나 할당된 과제를 거의 완성해 본 적이 없는 일부 학생들이 이 과제를 완성하였다는 것이 주목할 만하다. 이것은 액션러닝 팀이 학교에서 시작한 많은 활동 중의 하나이며 이러한 활동들이 모두 규명된 결과만을 만들어낸 것은 아니었다. 학교에서 액션러닝 셋의 활동은 긍정적 결과를 가져왔는데, 그 중 일부가 과제 샘플로 나타난 것이었다. 결과 중의 일부는 의도적이었으며 일부는 우연히 이루어졌다. 일부 과제 결과물의 샘플은 액션러닝 미팅에서 소개되었고 액션러닝 셋이 제안한 이후의 전략에 영향을 주었다.

종종 과제 결과물의 샘플은 새로운 전략이 시작되어 학생에게 다른 유형의 활동이 시도된 직후에 수집된다. 샘플은 새로운 실제가 시도되기 전에 수집하는 것이 유용한데 이들은 현재 학생의 성취도에 대한 기본 정보를 제공해 줄 수 있으며 또한 액션러닝 프로세스가 진행되어 감에 따라 수집된 과제 샘플과 비교하는 데 활용될 수 있다. 게다가, 과제 결과물의 샘플은 성취도에 대한 증거뿐만 아니라 성공을 축하하려고 구체적으로 보여 줄 기회를 제공한다는 것이 우리의 관점이다.

학교와 수업 기록

학교는 액션러닝에 정보를 줄 수 있는 많은 기록을 가지고 있다. 사회경제적 지위가 낮은 지역의 학생이 많은 한 고등학교에서 교사와 간부들은 학생들이 교육에 환멸을 느끼게 되고 바람직하지 못한 행동들을 보여 주며 고등학교 1학년 때 학교에서 탈락하는 것을 걱정하였다(Gonczi & Riordan, 2002). 이 학교에서 그들은 이러한 문제들을 함께 다루고 싶어 하는 교사들로 팀을 형성하였다. 그들은 중학교에서 고등학교로 진학할 때 있을 수 있는 나쁜 결과를 감소시키는 다양한 전략들을 논의하고 실행하기 위해 정기적으로 회의하였다. 전형적인 액션러닝처럼, 활용된 전략은 다양하였다. 그러한 전략에는 한 명의 교사가 여러 과목을 가르침으로써 교사와 학생 간의 관계가 초등학교의 경험과 같게 하는 것, 오리엔테이션 프로그램의 변화, 그리고 초등학교와 고등학교 간의 더 포괄적인 정보 교환이 포함되었다. 이 사례에서 데이터의 중요한 소스는 학교와 수업 기록이었다. 구체적으로 그들은 수업 결석, 무단결석, 정학, 퇴학 등이 감소하였다는 것을 알았다. 게다가, 이 비율은 전년도보다 더 낮았을 뿐만 아니라 비슷한 사회경제적 배경을 가진 근처의 다른 학교보다도 낮았다. 액션러닝을 입증하는 계획을 개발하면서, 셋은 프로세스에 사용될 수 있게 위해 학교에서 이미 준비된 것이 무엇인지를 고려해야 한다.

실제적 지혜에서 전문가 지식으로

액션러닝은 교사가 학교, 자신, 학생을 생각하도록 하는 전문성 학습이다. 이러한 활동의 바탕이 되는 증거 수집, 정보 분석 및 협력적 지식 종합의 과정은 팀 미팅에서 공유되는 정보의 일시적 수집에서부터 협력적 탐구에서 매우 정교화된 도구를 활용하는 것에 이르기까지 다양할 수 있다. 가르친다는 것이 실제적 지혜에 의해 알려진 시스템과 실제에서 전문적 지식의 토대 위에 형성된 교육으로 넘어가고자 하는 것이라면, 이러한 지식 생산에서 증거가 중요한 역할을 해야 한다(Groundwater-Smith & Mockler, 2007). 실제적 지혜를 확인하고 전문적 지식으로의 교량 역할을 하는 것은 팀 미팅에서 증거에 대하여 철저하게 토론하는 것이다. 다양한 지식은 통제된 조건에서는 경험적으로 만들어지고 도출될 수 없다. 오히려, 특정한 학교 상황과 환경이 고려되는 곳에서 더 자주 정제되고 창출된다. 따라서, 전문성 학습으로서 액션러닝은 교사와 지역사회가 신뢰할 수 있는 원리와 실제를 결정함에 있어서 논쟁이 될 수 있는 증거를 통해 향상될 수 있다.

학습 프로세스로서, 액션러닝은 종종 학교 기반 연구보다는 더 많이 보고되지만, 이 프로세스와 결과는 종종 학교 사회에서 포괄적으로 보고된다. 교사, 학생, 부모와 같은 참가자들이 잘 알고 있고 사람들이 이 지역사회를 보는 방식에 영향을 미칠 수 있는 정보가 있는 곳에서 보고되는 것은 아니다. 액션러닝에서 증거 수집, 정보 공유, 보고 윤리 등이 다음 장인 '윤리적 액션러닝'에서 자세히 다루어질 것이다.

제 8 장

윤리적 액션러닝

> 학교와 학교를 운영하는 사람의 도덕적 책임감은 사회에 대한 것이다. … 이러한 사실이 윤리적 책임감을 수반한다는 것을 인식하지 않는 교육시스템은 불량하며 게으른 것이다. 그것은 존재하는 대로 수행하거나 수행하는 척하는 것이 아니다. 따라서, 일반적인 학교의 전체 구조와 특정한 상황에서 구체적인 업무 수행은 간혹 사회적 입장 및 학교의 기능과 관련하여 고려할 필요가 있다.
>
> (1975년에 재출간된 Dewey, 1909: 7–8)

Dewey의 인용은 우리에게 학교는 항상 사회적으로 그리고 도덕적으로 유능한 조직이 되어야 함을 상기시켜 준다. 거의 한 세기가 지난 후에, Campbell(2003)은 교사와 그들의 업무를 생각할 때 윤리가 언제나 기본 프레임워크가 되어야 한다고 주장하였다. 이것은 교사는 다른 사람의 권리를 고려하고 보호해야 하며 그들이 실행한 결과를 생각함으로써 다른 사람들에게 의도적으로나 비의도적으로 해를 끼치지 말아야 한다는 것을 의미한다. 학교와 같은 조직에서 윤리적 프로세스를 정의하고 측정하는 것은 다소 어렵지만, 이것이 우리가 윤리적으로 '옳은 것을 하는 것'에 대한 확신이 필요 없다는 것을 의미하지는 않는다. 또한, 도덕적 원리는 모든 액션러닝 관계나 액션러닝을 통해 일어나는 액션의 기본 바탕이 되어야 한다. Revans(1983a: 41–2)가 말한 것처럼, "변화를 다루는 책임이 있는 사람들은 몸소 시범을 보여야 한다."

모든 학습과 마찬가지로, 전문성 학습은 '공정성, 차이, 옳은 것을 수행하는 것, 훌륭한 사회 및 조직 문화에 대한 신뢰와 다른 측면들을 존중하는 윤리적 문화' 내에서 일어날 필요가 있다(Cox, 2003: 16). 액션러닝에 참여한 교사는 그들이 가르치는 일에 관한 것과 학생에 대한 윤리적 자각을 촉진하도록 그들의 역량을 발휘해야 한다(Hartog, 2004). 모두를 아우르며 성실한 윤리적 신조인 '피해가 없도록 하라'는 덕목이 액션러닝 상황에서 신중하게 펼쳐질 필요가 있다.

이 책 전체를 통해서, 우리는 액션러닝에 담겨 있는 프로세스는 교사가 이끌어갈 때 학교에 긍정적 변화를 가져올 수 있다고 강조하였다. 어떤 조직이나 특히 학교에서 이러한 프로세스들을 효과적으로 운영하기 위해서는 윤리적 실제가 될 필요가 있다. 그러나 현재까지 윤리적 액션러닝을 분명하게 생각할 수 있는 시간이나 에너지가 거의 없었던 것으로 보인다. 예를 들어, 액션러닝의 그룹 토론이 개인적이고 명료하게 될수록, 교사는 전문성 수준을 공유하는 데 신중해야 하며 학교에서 다른 교사나 간부를 개인적으로 비판하지 말아야 한다. 이 장은 윤리적 액션러닝에 대한 토론이 이루어질 수 있도록 연구 및 평가 문헌, 특히 실천적 연구 문헌에 있는 윤리에 관한 기존의 원리를 주로 다룬다.

액션러닝은 궁극적으로 변화를 이끌어갈 수 있는 딜레마와 이슈를 다루기 위하여 '강렬한 생각'(Apple, 1990: 3)과 협력적 상황에서 큰 질문을 하기 위해 전문적 실제의 절차와 제한을 벗어날 필요가 있다. 이와 같은 액션러닝의 협력적 본질은 일부 원리가 모든 윤리적 토론에서 매우 지배적이라는 것을 가정한다는 것을 의미한다. 액션러닝과 액션연구가 다르다는 것을 인정하기는 하지만(1장에서 설명한 것처럼), 학교 기반 변화에서 두 가지의 협력적 프로세스는 유사하다. 따라서, 우리는 Groundwater-Smith와 Mockler(2007: 205)가 실천가 연구를 위해 제안한 '최우선의 윤리적 지침'을 채택하였다. 이 지침은 신뢰와 비밀 보장, 진정한 협력, 투명성, 책임감을 포함하고 있는데, 대부분의 액션러닝에 적합한 것으로 보인다. 이 지침의 세부 항목이 다음에 간단히 탐색되며 액션러닝 팀원들 사이의 관계, 액션러닝 팀과 그렇지 않은 사람들 사이의 관계, 액션러닝 팀과 외부 퍼실리테이터 사이의 관계 등 학교에서 세 가지 측면의 액션러닝 관계를 염두에 둔다.

신뢰와 비밀 보장

신뢰와 비밀 보장은 액션러닝에서 중요하고도 필수적인 윤리적 원리이다. 액션러닝 팀은 참가자가 서로 신뢰하지 않는다면 효과적으로 운영되지 않을 것이다. 신뢰는 아마도 액션러닝 프로세스를 성공적으로 운영하는 데 가장 중요한 요인일 것이다. 학생들의 리터러시와 산술 결과 향상에 초점을 두고 액션러닝 프로젝트를 시행한 시드니 가톨릭 교육구(Sydney Catholic Education Diocese)의 여섯 학교 사례 연구 보고서를 토대로, Smith는 전문적 대화의 깊이와 복합성은 액션러닝 셋 구성원들 사이에 형성된 신뢰, 정직, 위험 수준에 달려 있다고 하였다(Smith, 2008b).

다른 팀원을 신뢰할 수 있게 되는 것뿐만 아니라 각 액션러닝 참가자가 신뢰할 만한 가치가 있어야 한다(Mishler, 1990). 모든 액션러닝 팀원은 서로 신뢰할 수 있고 신뢰를 얻을 수 있어야 진정한 공유가 일어날 수 있다.

그래서, 2장과 3장에서 설명한 것처럼, 처음 형성된 그룹은 액션러닝 프로세스를 진행하기 전에 신뢰 관계를 형성할 수 있는 시간을 가질 필요가 있다. 시작부터 팀원은 각자가 기대하고 있는 것을 완전히 알 필요가 있다. 그들은 프로세스에 관하여 가질 수 있는 질문을 하거나 모든 관심을 규명할 기회를 얻어야 한다. 액션러닝 프로세스가 시작되고 특히 그들이 불편하거나 도전받는다고 느낄 때, 참가자는 기대를 다시 논의하거나 새로운 이슈를 제기하는 데 자신감을 가질 필요가 있다. 사실, 연구자가 액션러닝 미팅에서 더 정직해질수록, 그들은 실천가로서 개인적 취약점을 드러낼 수 있다. 다른 사람과 마찬가지로 교사는 자신들의 약점보다는 강점을 더 잘 논의한다. 그러나 교사가 개선을 위한 제안을 수용할 것이라는 기대로 액션러닝 셋이나 그룹에서 다른 사람과 자신들의 강약점을 공유할 때 이는 전문가 학습 문화가 성숙해지고 있다는 신호가 된다. 모든 사람은 자신의 관심 사항을 개방적이고 정직한 방식으로 공유하는 것이 자신의 권리이며 그들의 사생활과 자신감이 존중받을 것이라고 확신할 필요가 있다.

여기에서 팀원들의 협력과 의견일치가 어떤 사람에게는 강요와 제한이 될 수 있는지에 관하여 Griffith(2003: 101)가 제기한 질문을 생각할 필요가 있다. 액션러닝 프로세스의 시작부터 프로세스에 계속 참여할지를 자신들이 선택하고 불편하거나 프로세스에 합의할 수 없을 때 탈퇴하는 것이 자유라는 것을 팀원이 이해하는 것이 중요하다.

진정한 협력

상호의존, 명예, 존중이 윤리적 프로세스의 중요한 속성으로 드러나고 (Groundwater-Smith & Mockler, 2007: 10) 액션러닝 프로세스의 시작부터 실행된다면, 협력은 꾸며낸 것이 아니라 진정성이 있는 것으로 되기 쉽다(Hargreaves, 1994). 그룹 미팅이 진행되는 동안에 프로세스에서 제기되는 이슈나 액션이 상호 체크될 필요(Altrichter et al., 1993)가 있을 때가 있다. 또한, 갈등이 어떻게 다루어질지에 관하여 일부 합의가 이루어질 필요가 있을 것이다. 그룹이 갈등을 공유하고 그것을 통하여 일할 준비가 되어 있다면 성숙해질 수 있다. 의견일치에는 도달할 수 있지만, 항상 그런 것은 아니다. 아니라면, 그룹은 의견의 차이와 사건을 해석하는 다양한 방식의 가치를 배우는 것을 인정할 필요가 있다.

교사가 자신의 전문가로서의 실제와 액션러닝 팀의 다른 사람의 실제를 성찰하고자 할 때, 어려움이 제기되는 때가 있을 수 있다. 가르친다는 것은 종종 교실 문이 한번 닫히고 나면 외로운 실제가 되는데, 이는 그룹에서 실제를 공유하고 성찰하는 것은 교사에게 새로운 현상이며 도전적일 수 있다는 것을 의미한다. 팀원이 일하고 있는 상황이 특정 역사적, 문화적, 정치적 환경에 내재하여 있을 때 특히 어렵다. 이러한 이슈에도, 윤리적 액션러닝은 모든 팀원이 프로세스의 전체 단계에서 진정으로 협력하도록 할 것이다.

Bishop과 Glynn(1999)의 연구는 특별한 상황에서 이루어진 것이기는 하지만, 각 참가자가 기대하는 협력의 양에 대하여 분명한 그룹 토의와 협상이 있을 필요가 있다는 것을 시사한다. 예를 들어, 특정 이슈를 제시하거나 한 사람이 사례 또는 스토리를 발표할 때 시간 제한을 둘 필요가 있을 수 있다. 액션러닝 미팅이 실제 진전하지 않고 하나의 이슈를 논의하는 데 멈춰 있거나 한 사람의 요구에만 초점이 맞추어지지 않도록 그룹 토의를 관리하도록 도와주는 것이 그룹 퍼실리테이터의 역할이기도 하다. 이렇게 하는 것은 나중에 팀원이 억울해 하는 것을 없애 주는 데 도움이 될 수 있는데, 그 이유는 교사는 항상 시간이 부족하고 프로세스는 그들이 투자하고 있는 시간과 헌신을 헛되지 않게 할 필요가 있기 때문이다. 외부 파트너가 팀원으로 참여한다면, 그들 또한 시간 제한에 대한 논의에 참여해야 한다. 또한, 6장에서 논의한 것처럼 지적 재산권에 대한 질문을 포함해야 한다. 저작권을 공유하는 것에 대하여 문서로 작성하는 것이 중요하다. 한 팀원이 저술하는 데 책임이 있다면, 다른 팀원은 초안을 보고 의견을 제시할 기회가 있어야 한다.

투명성

액션러닝의 규정과 이러한 프로세스가 학교 및 더 넓은 커뮤니티에서 어떻게 다루어지는지 알 수 있도록 반드시 투명한 프로세스가 필요하다. 그렇지 않으면, 프로세스는 액션러닝 팀원이 아닌 사람들에게는 폐쇄적이고 접근할 수 없는 것으로 보일 수 있다. 우리의 경험으로 볼 때, 팀의 구성과 이슈에 대한 결정이 분명하지 않을 때에 학교 커뮤니티의 다른 구성원들이 소외감을 느낄 수 있다. Sachs(2003)는 다음과 같이 투명성에 대한 논의에 적절한 많은 소중한 질문들을 제기하였다.

- 누구의 질문이 아젠다에 포함될 필요가 있는가?
- 누구의 증거인가?
- 그것은 어떻게 수집되는가?
- 그것은 어떻게 활용될 것인가?

의사결정을 어떻게(how) 하고 누가(who) 이것을 수행할 것인지에 대하여 분명한 의사소통을 할 필요가 있다.

질문에 대해 학생, 다른 교사 또는 부모로부터 증거를 수집하는 것이 적절하다고 결정되면, 문서로 된 동의서를 얻는 것이 중요하다. 동의서는 참가자가 제공하는 정보가 어떻게 활용되며 어떤 위험이 있는지를 알고 있다는 것을 의미한다. 예를 들어, 교사가 학생에게 다른 교사에 대한 의견을 알아보기 위해 인터뷰를 하고 학생의 개인적 의견을 관련 교사에게 알려 주는 것은 비윤리적일 수 있다. 이것은 잠재적으로 학생이 너무 '정직'했기 때문에 처벌을 받는 경우가 될 것이다. 그러나 학생의 의견을 글로 기록한 것을 제공하거나 여러 학생의 의견을 섞음으로써 학생의 신분을 비밀로 하는 방법이 있을 수 있다. 이것은 특히 이해 당사자에게 증거를 제공하도록 하였을 때 윤리적 절차를 따르는 것이 중요하다는 것을 강조한다. 증거를 제공하는 모든 이해 당사자는 가능하다면 항상 자기가 제공한 것을 다시 읽고 확인할 기회를 얻어야 한다. 동의하지 않는다면 이들의 의사는 분명하게 존중되어야 한다.

또한, 액션러닝 프로세스에서 만들어진 모든 보고서에 기여자를 알려 주는 것이 윤리적이다. 어떤 보고서나 결과를 협력하여 개발하는 것은 '문제가 되는 스토리의 정확성'을 확보하는 방법이다(Groundwater-Smith & Mockler, 1007: 202). 그러나 어떤 경우에는 액션러닝 프로젝트를 공개적으로 이용할 수 있는 보고서를 만들어야 한다면, 학교와 교사는 가명을 사용할지 또는 실명을 사용할지를 결정할 필요가 있다. 참가자는 익명으로 남아 있을 권리가 있는 것처럼, 원한다면 자신의 이름을 밝힐 권리도 있다. Walford(2005)는 또한 연구자를 포함하여 데이터 소스가 어디인지를 아는 사람이 전혀 없을 때에만 익명성을 보장할 수 있기 때문에 완전한 익명성을 보장하는 것이 종종 불가능하다고 하였다. 대부분 교사가 서로를 알고 있는 학교 상황에서 가명이 사용된다면 비밀보장을 하기 위한 노력이 있기는 하겠지만, 이것이 항상 보장될 수 있는 것이 아님을 분명하게 해야 한다. 예를 들어, 민감한 보고서가 소그룹에 회람된다면, 가명을 활용했을지라도 기술된 사건을 자세히 살펴봄으로써 사람들이 그 가명이 누구인지를 알 수 있다는 것이다. 이는 학교가 공공 재정을 활용하였을 경우에 더욱 문제가 된다. 그렇게 했을 때에 특정 프로젝트에 참여한 사람은 보고서에 명시할 수 있는데, 이는 후속 연구나 인터넷에 출판하기 위해 사용될 수 있다.

윤리적 액션

액션러닝은 종종 다른 사람에게 영향을 주는 액션을 하는 사람을 포함한다. 예를 들어, 학교에서 액션러닝 팀이 실행하고자 결정한 액션은 학교의 학생과 다른 교사의 경험에 영향을 줄 것이다. 그래서 액션은 팀에서 잘 알려지고 분명하게 의사소통된다는 확신이 있어야 하고 윤리적이어야 한다는 점이 중요하다. 액션을 제안하는 데 필요한 자신감의 정도는 어느 정도는 잠재적 결과에 달렸다.

예를 들어, 학교의 지속 가능성을 향상하고자 하는 팀이 히터 온도조절장치를 조정하여 온수의 온도를 낮추도록 제안할 때, 이 액션이 다른 사람에게 피해를 주거나 불리하게 될 가능성은 낮다. 따라서, 이 액션을 지원하기 위한 증거에서 요구되는 확신의 정도 또한 낮다. 그래서 그 액션이 원하는 결과를 가져올지를 알기 위해 빠르게 후속 조치를 할 필요도 거의 없다. 반면에, 고등학교에서 학년 초에 학급 경영을 개선하려는 팀은 학생의 시험 점수를 근거로 수준별 교실 도입을 제안할 수 있다. 그러한 액션은 손해를 끼칠 잠재성이 상당하다. 그래서, 팀은 이러한 액션을 위한 상당한 수준의 확신을 가질 필요가 있으며 많은 협의를 거친 후에 건전한 논쟁을 시작해야 한다. 제안의 토대를 자세히 검토할 필요가 있다. 또한 잠재적 피해가 있을 수 있기 때문에, 그 효과를 즉각 모니터링하고 팀이 이 피드백에 반응할 필요가 있다.

선의는 소중한 것이지만, 윤리적 액션은 그 이상을 요구한다. 그것은 잠재적 위험에 대한 신중한 평가가 필요하다. 또한, 그것은 액션의 잠재적 결과에 맞는 결정과 모니터링과 리뷰 프로세스가 이러한 액션의 잠재적 피해와 조화를 이룰 것을 요구한다.

책무성

교사는 많은 이해 당사자에게 책임을 져야 한다. 특정 액션러닝 프로세스나 프로젝트가 결론이 난 후에, 특히 공적 재정이 제공되었다면 본래의 목적, 기대와 질문의 관점에서 무엇이 성취되었는지를 결정하는 것이 중요할 것이다. 결과가 추가적인 탐색을 해야 하는가? 또는 규명된 특정한 어려움을 다루기 위해 액션을 신중히 생각할 이유가 있는가? 종종 그 답의 결정을 주저하게 할 수 있다. '불편한 진실'(Kemmis, 2006: 474)을 다른 사람과 공유할 필요가 있다면, 액션러닝 팀은 이 진실을 보고할 때의 파급 효과를 고려해야 한다. 이 대화의 청중은 누구여야 하는가? 팀원은 어떤 때에는, 예를 들어 참가자가 쉽게 알려질 수 있고 정보가 커뮤니티에 알려질 경우 그 커뮤니티에 피해가 있을 때에는 결과의 일부를 보류할 필요가 있다는 것을 인정해야 한다. 게다가 이러한 결정이 연구의 변형적 잠재성에 영향을 미칠 때가 있으며, 팀원은 그러한 환경에서 최선의 액션 과정을 신중하게 판단해야 한다. 동시에, Hartcg(2004: 400)는 액션에 대한 비판적 성찰이 우리의 확신을 고수하는 용기를 갖도록 요구한다는 것을 상기시켜 주었다. 비슷한 맥락에서, Groundwater-Smith(2007: 10)는 우리는 다음을 필요로 하는 시기가 있다고 하였다.

> 서로에게서 배우고 습관의 경계와 제한에서 벗어날 필요가 있지만, 도전은 위대하다. 순응적인 것에 저항하는 것을 배우는 것은 기존의 사회적·정치적 가정에 도전하고 극복하는 방법을 배우는 것을 의미한다(Newman, 2006).

결 론

Groundwater-Smith와 Mockler(2007)의 연구를 토대로 볼 때, 액션러닝 프로세스에 신뢰와 협력뿐만 아니라 그 프로세스가 윤리적이라면 팀이 책임질 수 있는 투명한 윤리적 액션을 통합시킬 필요가 있다는 것은 중요하다고 볼 수 있다. Zeichner(2003)는 액션연구 프로세스에 대해 언급하기도 했지만, 액션러닝에서 윤리적 실제에 대해 다음과 같이 적절한 결론을 제시하였다.

> 실재(reality)는 … 협상과 비판은 우리의 교실 및 다른 업무 현장에서 바로 우리 앞에 있다는 것이며 우리가 우리의 업무 상황에서 매일 하는 선택은 사회적 연속성에 관한 우리의 도덕적 헌신을 요구하고 우리가 그것을 인정하도록 변화시킨다. 우리는 중립적일 수 없다.
>
> (Zeichner, 2003: 201)

윤리적 액션러닝 프로세스는 교사가 자신의 실재 이슈를 자각하는 능력을 향상할 수 있다. 우리는 액션러닝 프로세스에 윤리를 바로 세우는 것이 교사의 전문가 학습을 실제로 지속시키는 데 기여할 것이라고 믿는다. 다음 장에서는 지속 가능성에 대한 이슈를 더 자세히 검토할 것이다.

제 9 장

액션러닝을 통한 전문성 학습 지속하기

> 우리가 정의하는 지속 가능성은 계속 일어나는 복합적인 도전에도 불구하고 끊임없는 개선, 적응 및 집단 문제 해결을 요구한다.
>
> (Davies, 2006: 13)

많은 학교 개혁은 오래가지 못하며 종종 지속적인 성공은 최초로 발의한 자 및 퍼실리테이터의 열정에 주로 의존한다. 액션러닝 프로세스는 효과적으로 개발되면 학교에서 지속적인 전문성 학습의 가능성을 높이며 결과적으로 시간이 지남에 따른 학생의 학습 결과를 향상시킬 수 있다. 동시에, 그것은 학교 내에서 리더십을 개발하고 리더십 역량을 구축하는 기회를 제공한다. 사회와 학교에서의 변화 속도가 빨라지는 것을 고려하면 이러한 지속적인 압력 때문에 일어나는 이슈를 고려하는 도구를 제공하기 위해 액션러닝 프로세스가 학교 문화에 내재할 수 있다.

이 장은 액션러닝 프로세스를 활용하여 학교에서 지속 가능한 전문성 학습 모델을 제안하기 위해 이전 장들의 내용을 토대로 구성하였다. 이 장은 대단위 조직 전반에 걸친 액션러닝 프로젝트에서 전문성 학습 도구로서 액션러닝의 활용에 대한 후속 평가 조사를 개발하였던 모델을 설명하기 위해 사례 연구를 활용한다(Ewing et al., 200, 2005; Zeichner, 2003). 이러한 논의를 통하여, 우리는 지속 가능성은 종점이 아니라 계속되는 프로세스라는 것을 보여 준다.

이 장에서 논의를 하기 위해 선정한 사례는 15년 이상 계속된 액션러닝 프로세스이다. 이 기간에 다른 관점에서, 전문성 학습을 지속 가능하게 하는 데 중요하게 작용하였던 요인들을 규명하기 위해 세밀한 검토를 하였다(Ewing, 2002, 2006, 2008). 이런 검토를 통하여 광범위하고 협력적인 학교 전문가 학습 커뮤니티, 지능적 분산 리더십 및 계획을 위해 준비된 시간, 토론 및 성찰이 그러한 지속 가능성에 모두 중요한 요인들임을 분명하게 밝혔다. 게다가 이러한 요인은 지속 가능성을 최적화시키기 위해 동시에 시너지로 작용할 필요가 있다. 이 시너지는 다음의 모델에서 시각적으로 제시된다(**그림 9.1**).

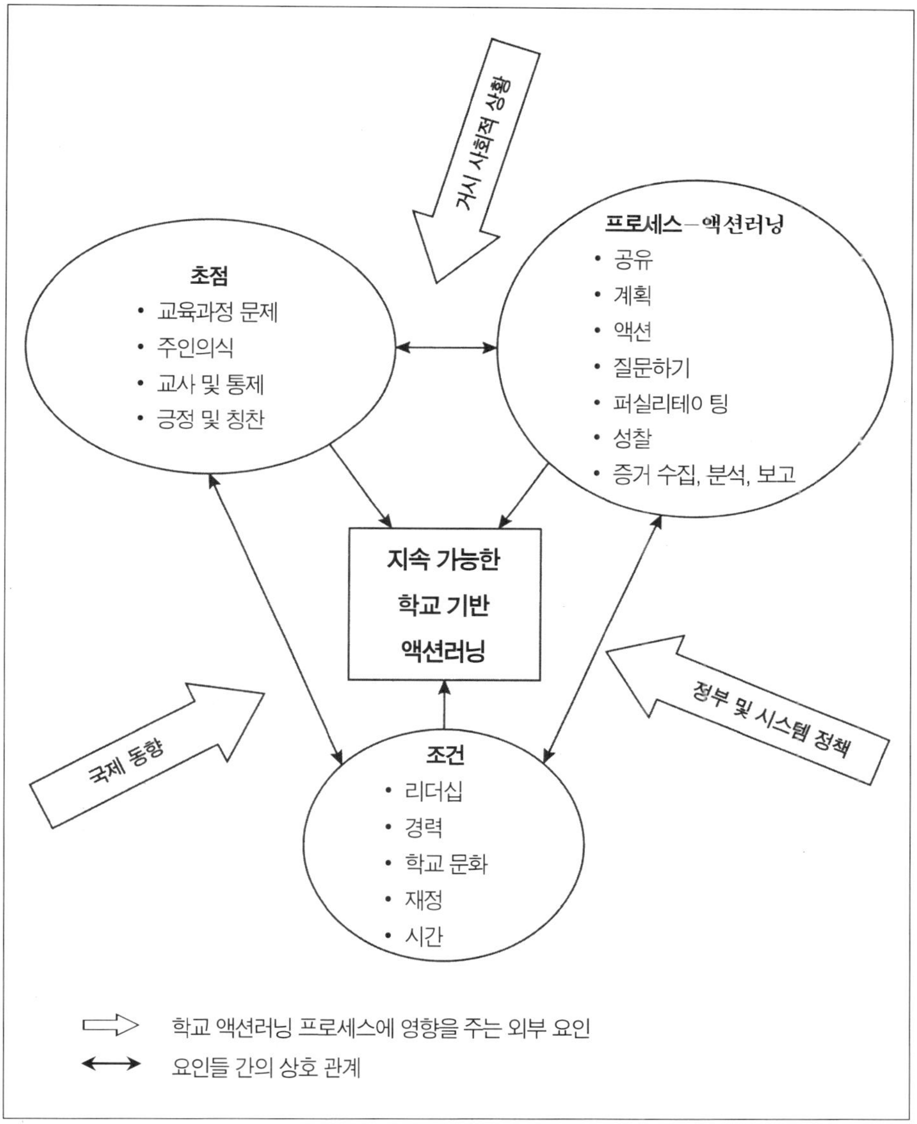

그림 9.1 액션러닝을 통한 지속 가능한 전문성 학습에서 규명된 중요한 요인

출처: Ewing 등(2005).

설명: 외부 요인은 앞의 장들에서 자세히 설명되었다. 모든 학교는 학교가 위치한 미시적/거시적 사회-정치적 상황의 영향을 크게 받는다(Grimmett & Fraser, 2008). 국제 동향, 정부 및 시스템 정책은 이러한 더 큰 그림의 모든 부분이 된다.

그러나 어떤 모델이라도 제한적이며 종종 역동적이면서 매우 유동적인 상황에 대한 원시적인 표현임을 인정해야 한다. 이 장에서 모델의 각 요소를 더 구체적으로 논의하고 사례 연구 자체를 더 자세히 살펴보기 전에 학교 개혁의 지속 가능성에 대한 몇 가지 이의를 제기하고자 한다.

지속 가능성을 위한 조건

리더십

학교 전문가 학습 커뮤니티의 리더는 각 구성원의 전문성 학습 여정이 다를지라도 구성원 모두가 학습이 일어나도록 적극적으로 도와주어야 한다. 우리는 이 문제를 3장 '액션러닝 가능하게 하기'에서 자세히 논의하였다. 그래서 그러한 공유된 집단 학습을 지원하고 학생과 교사의 학습을 학교의 핵심 업무로 고려하는 비전이 가능하도록 자원을 할당할 필요가 있다. 학교의 간부는 스스로 액션러닝 팀의 일부가 되거나 프로젝트의 규모에 상관없이 액션러닝 셋을 적극적으로 지원해야 한다. 동시에 그들은 액션러닝 프로세스를 지나치게 관리하는 것은 방해가 될 수 있다는 것을 알아야 한다. 그래서 액션러닝 활동의 주인 의식과 책임감은 팀원들에게 위임되어야 한다. 또한 팀 코디네이터는 효과적으로 의사소통하고 모든 팀원과 학교의 다른 직원에게 분명한 지침을 줄 수 있도록 그룹 관리를 엄격하지만 세심하게 할 필요가 있다(Ewing et al., 2004).

학교 교장의 적극적이고 지원적인 리더십 또한 액션러닝 프로세스를 지속시키는 핵심이 된다. 교장과 학교의 간부는 교사 연수와 일상적인 교실 현장 간의 연계를 볼 수 있어야 한다. 교사 연수를 하나의 선택적인 '가외(extra)'로 보기보다는 협력적 교사 연수를 학교 기획 프로그램과 공식 행사에 포함할 방도를 찾을 필요가 있다. 이러한 리더십은 교장이나 교감이 직접 실행하는 것이 될 수도 있으며 간부가 실행하는 것이 될 수도 있다. 대부분의 성공적인 액션러닝 프로세스에서, 팀 리더는 지원 역할을 하며 학교 리더는 적절한 장소와 시기에서 적절한 압력을 행사할 수 있다.

경력

과거에 성공적인 변화 프로그램에 참여한 적이 있는 학교와 교사는 새로운 액션러닝을 더 자연스럽게 받아들인다(Fullan & Stiegelbauer, 1991; Smith & Lovat, 2003). 그러한 성공적인 경험의 결과로, 더 많은 학교 커뮤니티가 학교에서의 변화에 대한 필요성을 수용할 가능성이 더 크다.

학교 문화

'액션러닝 자리매김하기'에서 논의한 것처럼, 호주와 다른 서구 국가에서 과거의 전문성 학습은 고용주나 교육제도에 의해 지배되었다. 이러한 현실은 종종 교사를 단순 기능인으로 전락시켰다(Day & Roberts-Holmes, 1998; Ramsey, 2000 참조). 대신에 교사를 자신의 학습과 적절한 목적을 규명하고 다른 동료와 이러한 목적을 달성하기 위한 전략을 수립하는 데 적극적으로 책임이 있는 전문가로 간주하는 학교 문화는 변화를 일으키는 데 매우 성공적이었다(Elliott, 1991; Zeichner, 2003). 따라서, Revans(1983a)가 제시한 것처럼 업무 현장은 학습과 탐구에 대해 대화를 하는 중심이 된다. 교사를 위한 이러한 종류의 전문성 학습이 학생의 학습 결과를 향상시키는 데 중요하다는 인식이 증가하고 있다(예를 들어, Cochran-Smith & Lytle, 1998; Darling-Hammond, 2000). 교사의 학습은 그들의 일상에서 가외 업무가 아니라 일상생활의 일부가 될 필요가 있다. '지속 가능성은 대화'이며(Smith et al., 2007: 16), 학습, 미래, 비전, 기대와 가정에 대한 형식적이고 비형식적인 대화가 일어나는 학교 문화가 바로 액션러닝이 성공할 수 있는 곳이 된다.

교사는 이러한 유형의 공인된 전문성 학습 기회를 가질 필요가 있다. 최근에, 이것은 대학원 학위 과정을 위한 인증의 일부로 대학이 평가하는 전문성 학습 포트폴리오를 통한 학습의 기록 및 성찰을 통해 가능해졌다(Groundwater-Smith, 1999b; Ponte & Smit, 2008). 교사는 특정 프로젝트의 재정지원이 중단되고 난 후에도 학교에서의 변화가 특정한 프로세스의 기간 이상으로 진행될 필요가 있다면 자신의 전문성 학습을 조절할 필요가 있다. 처음에, 교사는 자신을 지식의 진정한 원천이며 창출자로 보는 것이 중요하다. 그들은 겉으로는 잘 드러나지 않지만 스스로의 정체성에 막대한 지분을 차지하는 지식을 존중해야 한다. 학습자와 연구자로서 자신을 존중하고 이해하는 교사는 새로운 지식과 이해를 창출할 자격이 있음을 느낀다. 또한, 교사는 가르치는 것을 배우는 전문직이며 각 교사는 자신과 동료의 전문성 학습을 지속시킬 전문가적 책임이 있다는 것을 알고 있다. 그래서 학교 문화는 교사가 존중 받고, 지원받으며, 지적으로 강력한 도전을 받는다는 것을 느낄 수 있어야 하며, 높은 수준의 신뢰를 보장 받고 위험 감수가 허용되는 안전한 곳이 되어야 한다. 학생과 학부모는 학교와 교실에서 비슷하게 느낄 필요가 있다. 그들은 변화 프로세스에서 적극적인 참여자로 존중 받아야 한다.

액션러닝 프로세스를 수년 동안 지속하여 온 많은 학교에서 전문가 학습 커뮤니티(Ewing, 2002; Hargreaves, 2003; Hoban, 2002)는 오랫동안 학교 문화의 일부였다. 전문성 학습은 학교의 전략 기획, 정치, 구조에 통합되었다. 이것은 학습 커뮤니티 요소가 전체 교사보다는 일부 교사의 특징이 되는 대단위 고등학교에서 더 적극적으로 이루어질 수 있다(Ewing et al., 2004). 그러나 여러 교사로 구성된 프로젝트 팀이 만들어진 곳에서 여러 분야의 학문 간에 풍부한 이해가 이루어지기 쉽다.

재정 및 시간

재정은 교사가 정규 수업을 덜고, 체계적인 계획, 토론, 관찰, 성찰 세션을 세우는 데 필수적인 시간을 제공하도록 해야 한다. 교사는 체계적인 탐구 및 전문성 학습을 실행하기 위해서 이슈를 규명하고 성취할 목적을 설정하며, 전략을 기획하고 토론하며, 실제를 검토하고 비평하며 성찰하기 위해 생각할 수 있는 여유가 필요하다. 이를 위해서, 학교 리더는 학교가 '종소리에 따라 움직이도록' 하는 것이 아니라 관계와 우수한 학습의 개발을 중심으로 이루어진 조직 전략을 찾을 필요가 있다. 게다가 외부 재정이 소진되고 나면 학교 리더는 이러한 전문성 학습 프로세스를 지속할 수 있도록 학교에 할당된 자원을 창의적으로 활용할 방도를 찾아야 한다.

액션러닝 프로세스

액션러닝 프로세스 자체에는 전문성 학습을 지속 가능하게 해 주는 많은 요인이 있다. 액션러닝 셋의 모든 팀원은 처음부터 건전한 지식과 자연에 대한 이해, 실행 기술, 액션러닝 프로세스 및 단계를 개발하는 것이 중요하다.

추가적인 액션의 공유, 기획, 액션, 질문 제기, 성찰, 관찰, 촉진 등은 액션러닝을 지속할 수 있게 해 주는 다른 중요한 요인이다. 이들은 앞의 장(특히 2, 3, 6장 참조)에서 자세히 논의되었다. 그 외의 많은 중요한 요인이 아래에 제시된다.

리더십

액션러닝 팀 내에서의 리더십은 지속 가능한 액션러닝에서 중요한 요인이다. 리더십에는 다음과 같은 책임감이 있다.

- 다양한 미팅을 위한 시간, 장소, 아젠다 조직과 관련된 행정 절차 수행
- 학교나 학교 집단에서 팀원 사이와 팀과 다른 간부 및 직원 사이의 필수적인 의사소통 촉진
- 필요할 때 외부 프로젝트 담당자 및 아카데믹 파트너와 협상
- 팀이 분명하게 과제 지향적이고 집중하도록 함.
- 팀의 긍정적 분위기 유지 및 단결력 형성, 동시에 개인적 관점 및 구성적 비평 허용

공유

액션러닝 팀은 다른 교사와 자신들의 경험을 공유할 뿐만 아니라 다른 직원이 액션러닝에서 스킬에 대한 지식을 얻고 개발할 기회를 가질 수 있도록 하기 위해 그들이 이해한 것과 기능을 활용해야 한다는 책임을 느낀다고 분명하게 말한다. 액션러닝 경험과 프로젝트를 프레젠테이션과 출판을 통해 다른 사람들과 공유하는 기회는 그 자체로 지속 가능성을 촉진할 수 있다. 학교와 학교 시스템은 액션러닝 여정의 스토리를 더 광범위하게 공유하고 자신의 학교 커뮤니티 이외에서 발생한 결과를 축하해 줄 수 있는 방도를 찾아야 한다. 전문직으로서, 우리가 학교 개혁에서의 성공을 더 광범위하게 알리고 축하하는 방법을 찾는 것은 필수불가결하다. 웹사이트는 이런 것을 더 빨리 할 수 있게 해 주는 한 가지 방법이 될 수 있지만, 공유하는 회의 또한 중요하다.

학부모와 지역사회 구성원을 공유를 통해 확장된 액션러닝 프로세스에 통합

하는 것은 지속 가능성을 가능하게 하는 데 중요할 수 있다. 학부모는 프로세스 자체에 대해서뿐만 아니라 그 프로세스가 특히 초점을 맞추는 것, 즉 이 프로세스가 어떻게 개발되고 있으며 아이들에게 어떤 도움이 될 것인지에 관한 정보를 받을 수 있다. 따라서, 학부모는 그들의 학습에서 아이들과 파트너일 뿐만 아니라 학교에서 교사에게 전문성 학습의 기회를 제공하도록 하는 강력한 지지자가 될 수 있다.

기획

액션러닝 프로세스의 기획은 예상되는 결과를 성취할 수 있도록 해야 한다. 그래서 팀은 과제의 범위를 신중하고 협력적으로 설계해야 한다. 그런 다음 그것을 학교의 특정한 업무 상황과 활동 내에서 정교화할 필요가 있으며, 그렇게 함으로써 그들은 결과에 집중하며 학교 및 교사의 일상적인 교실 현장에 대한 전문가적 입장에서 규명한 우선순위를 반영한다. 동시에, 기획은 현실적이어야 한다. 우리가 보기에는 너무 야망이 큰 기획은 그 규모 때문에 흔들릴 수 있다.

퍼실리테이션

비판적 친구(6장 '액션러닝 촉진하기'에서 아카데믹 파트너의 역할 참조)로서 외부 아카데믹 파트너와 효과적인 관계를 유지하는 것은 또한 일부 팀이 학교에서 액션러닝을 지속하게 만드는 중요한 요인이 될 수 있다. 조직이나 대학의 외부 '전문가'가 실질적 도움이 되기 위해서 그들은 교사의 지식을 인정하고 연구와 학습 프로세스를 통해 교사가 새로운 아이디어와 가능성을 형성하도록 도와주면서 교사와 공동으로 일해야 한다. 또한 외부 전문가는 학교 학습 팀에 적극적인 참여자가 될 필요가 있다. 그러한 파트너십은 전통적 관계에 대하여 부분적으로는 급진적인 재사고를 요구하며 교사 액션러닝 팀과 함께 활동하는 비판적 친구로서 그들의 역할 수행에 대한 다른 기대, 역할, 질을 요구한다. 앞에서 논의한 것처럼, 아카데믹 파트너는 적절한 시기에 프로젝트에서 어떻게 철수해야 하는지에 대해 생각을 해야 한다.

성찰

평가와 성찰을 위해 계획된 시간과 기회는 팀과 학교가 액션러닝 프로세스의 목적, 초점, 조직 및 효과성을 검토할 수 있게 해 준다. 또한, 학교 전체의 발전 및 전략 계획의 일부로서 미래의 액션러닝 전략을 계획할 수 있게 해 준다. 액션러닝 프로세스의 각 단계에서 하는 질문 또한 성찰에 중요하다. 이러한 질문은 전체 팀(예를 들어, 프로세스의 이 단계에서 우리는 어떻게 진행하고 있는가?)과 개별 팀원을 위한 질문(예를 들어, 나에게 나타난 이슈는 무엇인가?)을 포함할 것이다.

증거 수집, 분석, 기록

학습과 변화에 대한 증거를 수집하고, 분석하고, 기록하는 것은 지속적인 교사 학습을 보여 주고 문서로 만들기 위해 처음부터 계획되어야 한다. 교사와 팀의 학습을 기록하는 것은 숙고를 필요로 하는 어려운 일이다. 다양한 도구를 활용하여 증거를 수집하는 것이 중요하다. 학교가 지속적인 개혁의 증거를 제공하고자 한다면 수집된 증거를 분석하기 위한 도구를 개발하는 것이 중요하다. 아카데믹 파트너는 그들의 연구 분석 기능을 공유함으로써 다른 팀원에게 도움을 줄 수 있을 것이다.

주인의식과 통제

전문성 학습 내용은 학교 요구나 시스템의 우선순위에 대한 것이 될 수 있으나, 한 학교나 특정한 지역의 학교에 대한 것일 수 있다. 액션러닝 팀은 또한 그들의 개별 팀원의 관심 사항을 다룰 수 있다. 일부 사례들은 다음과 같은 것을 포함한다.

- 특정 주제나 학문 분야에서 학생의 학습 결과 향상
- 가르치는 일을 개선하기 위한 특정 교수법 적용
- 개별 학습자의 요구를 충족시키기 위한 더 효과적인 전략 개발
- 학생에게 특별히 도전되는 일 수행

교사는 액션러닝 프로젝트의 초점이 그들의 학급과 학교의 핵심 업무에 직접 관련됨을 볼 수 있으며 프로세스에 대한 주인의식과 통제의식을 가져야 한다. 그래서 학교 교육과정 프로그램과 직접 관련된 개혁 프로젝트의 중요성을 강조해야 한다.

또한 위에서 논의한 공유 과정은 그들의 노력에 대해 축하해 주고 그들에게 확신을 줄 수 있다.

액션러닝 지속에 대한 도전

많은 요인이 액션러닝 프로세스의 지속 가능성 수준을 결정하고 제한할 수 있다. 우리의 경험으로 볼 때, 특히 두 가지 요인이 교사와의 인터뷰와 포커스 그룹 토론에서 드러났다.

첫째, 교사의 업무가 계속 증대된다. 액션러닝 팀은 종종 교사로서 업무가 증가한다고 말한다. 교사의 전문성 학습과 개발의 효과가 극대화되고 교사가

지치지 않도록 하려면 이러한 이슈는 교사가 가르치는 정규 업무에서 벗어나는 시간을 제공하는 것이 중요하다는 것을 강조한다. 이것은 또한 이렇게 하는 데 재정이 필요함을 시사한다. 동시에 적절한 자격을 충분히 갖춘 임시 교사의 이용 가능성은 특히 고립되거나 불리한 지역에 있는 학교에게 이슈가 될 수 있다.

둘째, 액션러닝 팀에 참가하지 않은 다른 직원의 부정적 태도는 직원이 스스로 참가하지 않겠다고 선택한 경우에도 불구하고 도전이 될 수 있다. 이러한 이슈는 변화 프로세스에 교사가 처음에 참여하였을 때 덜 성공적이었기 때문일 수 있다. 애초 프로젝트 팀의 일원이 아닌 교사는 자기가 소외되었다고 느끼기 때문일 수도 있다. 이러한 어려움은 학교 전체에 걸쳐 효과적인 의사소통이 중요하며 팀 리더가 오해 때문에 발생하는 잠재적 갈등을 관리하는 것이 필요함을 강조한다. 특히 대규모 학교에서, 효과적인 의사소통은 결정적이며 그래서 보다 신중하게 다루어질 필요가 있다.

사례 연구: North Curl Curl 초등학교

다음의 사례 연구는 과거 15년 이상 동안에 시드니 교외에 있는 한 초등학교에서 액션러닝을 활용하여 수행한 전문성 학습에 대한 것이다. 이 학교의 학생은 다양한 사회경제적 상황의 출신이며 약 25%는 영어 이외의 언어 배경을 가지고 있다. 초임 교사와 임시 교사가 일부 있지만, 대부분은 10년 이상의 경험이 있는 교사이다. 부모는 대부분 학교 커뮤니티에 적극적으로 참여하였다. 입학생 수는 1994년에 400여 명이었으며 2008년에는 거의 700여 명에 이르렀다. 위에 기술한 요인이 다음의 사례 연구를 논의하기 위한 프레임워크로 활용되었다.

업무 현장의 조건

리더십

첫 번째 액션러닝은 1994년에 당시 교장과 두 명의 교감 및 두 명의 교사가 참여하여 시작하였다. Nias(1995)는 모든 이해 당사자가 가치 있게 평가했던 전문가 학습 커뮤니티를 개발할 때 교장을 핵심 인물로 평가하였다. 교장은 각 직원의 전문성 학습 여정을 중요하게 생각하였던 개방적인 의사소통자였다. 그녀의 신념과 액션이 전문성 학습 프로젝트 성공의 핵심이었지만, 참여하고자 하는 다른 사람과 책임감 및 의사결정을 공유하고자 하는 그녀의 의지는 훨씬 더 소중한 것으로 증명되었다. 그녀는 후속 프로젝트뿐만 아니라 초기 프로젝트의 리더십에 다른 사람이 참여하게 하면서 그들의 능력에 대한 잠재성과 성숙함을 인식하였다.

학교 간부 역시 프로세스와 프로젝트에 참여하기를 희망하였던 교사를 지원하였다. 외부 아카데믹 파트너가 1995년의 프로젝트에 동참하였을 때, 두 명의 교감과 몇 명의 교사는 아카데믹 파트너가 비판적 친구로서의 역할을 해 주기를 희망하였다.

경력

NSW 교육부의 독서 회복(Reading Recovery) 프로그램을 포함하여 그 학교의 역사는 교사의 전문성 학습을 통한 학생의 결과 향상을 위한 지속적인 헌신의 역사를 나타낸다. 초기 변화 프로젝트는 1995년에 호주 정부에 의해 National Innovative Links를 통해 재정이 지원되었다. 그 학교의 전반적인 목적은 특히 3, 4학년 학생들이 드라마 전략과 우수한 리터러시 텍스트를 활용하여 리터러시 결과와 참여를 향상하는 것이었다. 구체적인 초점은 시간이 지나면서 변화하였지만, 학생의 리터러시 결과를 향상하고자 하는 전반적인 목적은 수

학에 초점을 맞추는 새로운 호주 정부 우수 교수 프로젝트(Australian Government Quality Teaching Project)가 시작되었던 2007년까지 지속하였다.

각 액션러닝 프로젝트는 이전 프로젝트를 토대로 만들어졌다. 예를 들어, 2단계 리터러시 결과에 초점을 둔 초기 프로젝트는 1996년에 전체 학교 프로젝트로 확대되었다. 시간이 지나면서, 아카데믹 파트너와 함께 일하였던 교사는 다른 동료의 멘토가 되었으며 직원 연수일에 전체 학교에서 공유할 기회를 제공하였다. 각 프로젝트는 리터러시 결과 향상이라는 공통된 목표에 특정한 초점이 있었다. 특별한 프로젝트는 다음과 같은 것이었다.

- 학생의 작문 능력 향상
- 초등학교에서부터 고등학교까지 학생의 이해력 향상
- 실질적 의사소통의 개선
- 학생의 창의성을 향상하기 위해 상상력을 동원하는 교수

학교 문화: 전문가 학습 커뮤니티의 요소

'전문가 학습 커뮤니티/문화', '실천 커뮤니티', 또는 '학습조직' 등으로 특징지어지는 학교는 프로그램을 더 잘 지속시킬 수 있다. 간단히 말해서, Curl Curl North에서 드러난 많은 특징은 앞에서 설명한 요인을 상기시킨다. 여기에는 효과적인 의사소통, 강력한 분산적 리더십, 협력 관계, 열정, 비전의 공유가 포함된다.

재정

수년 동안 다양한 액션러닝 프로젝트의 재정은 Innovative Links(1994~1996), National Schools Network(1997~1998, 2002), Innovative and Best Practice Project(1998~2000), National Literacy Award(2001), University of

Sydney Teaching Improvement Small Grant Partnerships(2001~2003), Australian Government Quality Teaching Programme(2006~2007), Australian Literacy Educators Association(2008) 등에서 제공되어 왔다. 이러한 의부 재정은 또한 학교 전문성 학습 재정으로 보충되었다. 재정 사용의 가장 중요한 항목은 교사가 개인적으로나 그룹으로 아카데믹 파트너와 계획하고 성찰하기 위한 미팅에 참석하기 위해 수업에 참석하지 못하기 때문에 발생하는 비용이었다.

액션러닝 프로세스

각각의 새로운 액션러닝 팀과 함께 액션러닝에 포함된 본질 및 프로세스에 대한 지식 및 이해는 중요하며 다시 논의될 필요가 있었다. 각각의 액션러닝 초기에 모든 교사는 전체 그룹에서 아카데믹 파트너와 함께 조직과 학교가 기대하는 관점에서 관심 사항이나 요구를 개별적으로 규명하기 위해 교실 수업을 하지 않았다. 전략 목적과 방향이 설정되었고 적절한 업무와 교수 전략이 논의되었다. 처음에 한두 학기 동안에는 매주 아카데믹 파트너가 교실에서 전략을 모델화하였다. 그 다음에 교사는 특정 업무에 대한 교실의 요구와 자신의 시각에서 이러한 세션을 형성하였다. 시간이 지나면서, 아카데믹 파트너는 교실에서 시간을 적게 보내게 되고 액션러닝 팀과 토론을 하는 데 더 많은 시간을 보냈다.

팀 내의 리더십

Curl Curl North 액션러닝 프로젝트의 중요한 특징 중의 하나는 교사 중심으로 프로젝트를 운영하였다는 것이다. 교장은 항상 적극적인 역할을 하였지만, 각 프로젝트의 리더십은 특정 프로젝트에 관심이 있는 간부나 교사에게 위임되었다.

계획

계획을 위한 시간은 항상 액션러닝 프로세스의 성공에 핵심적인 것으로 후속 팀이 인정하였다. 위에서 언급한 재정은 학교가 수업일에 이러한 시간을 제공할 수 있도록 하였다.

아카데믹 파트너

이미 언급한 것처럼, 1995년에 당시 교장은 2단계 교사가 새로운 K-6 영어 수업계획서(1994)를 이해하고, 실행하고, 교실 교사와의 팀 티칭을 통하여 리터러시에 학생의 참여를 향상할 수 있는 전략을 모델화하도록 아카데믹 파트너를 참여시켰다. 교사는 결과적으로 전체 프로세스를 통제하였고 교실 상황에서 자신들의 전문적인 요구와 관심 사항을 규명하였다. 2008년까지 아카데믹 파트너는 Teaching Imaginatively Project에 참여하였던 팀원 8명의 전체 그룹 토론을 위한 퍼실리테이터로 활동하였다. 그 후에 그녀는 자신을 불필요한 존재로 인식하였다. 2008년 7월에, 팀원 중의 네 명이 Australian Literacy Education Association National Literacy Conference에서 발표하였다. 아카데믹 파트너는 긍정적인 시너지로서 학교와 함께 일하는 프로세스를 정의하고 그것을 '공동 멘토링'이라 하였다. 교사와 함께 교실에서 그녀는 교육과정 변화에 관심이 있었으며 액션러닝 팀의 일부로서 교사와 학생이 직면하는 어려움을 알도록 도와주었다. 그녀는 예비교사와의 활동에서 이것을 활용할 수 있었다(Ewing, 2002, 2006).

증거 수집, 분석, 기록

Curl Curl North에서의 액션러닝은 활용된 프로세스뿐만 아니라 시간이 지남에 따른 다양한 프로젝트를 평가하기 위해 학생의 학습 결과에 대한 효과와 함께 다양한 데이터 수집 방법을 활용하였다. 이러한 방법에는 리터러시와 산술에서의 New South Wales Basic Skills Tests뿐만 아니라 Primary Writing Assessment 과제의 학생 결과를 분석하는 것이 포함되었다. 더 최근에는 새로운 National Assessment 프로그램이 검토되었다. 학생과 부모의 동의를 얻어 학생들의 과제 수행 사례를 수집하고 비교하였다. 예를 들어, 1996년과 1999년 사이에 문제 해결을 요구하는 검사 문항에 대한 학생들의 결과는 매년 향상되었다(Ewing, 2002). 마찬가지로 3학년부터 5학년에 이르기까지의(2005~2007) 진척 상황을 보기 위해 선택된 학생의 성취도도 유의미하게 향상하였다(Ewing, 2008).

평가와 성찰

교사와 학생은 각 프로젝트를 진행하는 중간과 끝날 시점에 몇 차례에 걸쳐 성찰하였다. 프로젝트에 참여하였던 교사는 아카데믹 파트너 및 학교의 교장과 프로세스에 관한 인터뷰에 참여하였다. 독립 평가자 또한 교사와의 인터뷰를 수행하기 위해 두 번(1998년과 2005년) 활용되었다. 또한 학생 그룹과의 여러 번에 걸친 포커스 그룹 토론이 시행되었다. 평가자 한 사람은(Loughland, 2005: 7) 다음과 같은 의견을 제시하였다.

> 교사가 리터러시 교수법에 대해 부임 초기의 교사를 멘토링하였던 4학년 교실에서 학생에 대한 기대치는 분명히 높았다. 학생들은 Boy Overboard와 The Burnt Stick라는 두 권의 교재에 대한 주제를 깊게 이해할 수 있게 해 주는 활동을 어떻게 이끌어 가야 할지를 나에게 설명할 수 있었다. … 이들 네

명의 학생과 내가 했던 대화에서는 교재의 등장인물, 주제, 의미에 대한 그들의 이해를 알 수 있다.

드라마 활동과 전략이 학년 초에 소개된 후에 ㄷ 심층적인 수준의 교재를 읽은 학생을 주목하였던 교사 역시 이러한 결과에 동의하였다. 잃어버린 세대(the stolen generation)*에 관한 학습에서 드라마 활용에 대한 학생 성찰의 일부가 다음에 제시되어 있다.

- "드라마는 John Jagamarra가 어떻게 느꼈는지를 우리가 알 수 있었기 때문에 좋았다."
- "호주 원주민들에게 무슨 일이 일어났으며, 왜 그런 일이 일어났는지를 배우는 훌륭한 방법이라고 생각한다."
- "나는 네가 텍스트에 전념했던 Pearl Bay Mission에서처럼 쓰는 것을 좋아했으며 너는 어떻게 그때 같았는지를 생각해야 한다."

(Ewing, 2006)

각 프로젝트에는, 다양한 관점의 복합적인 이슈를 학생들이 이해한다는 것은 곧 비판적 리터러시를 통한 것임을 보여 주는 증거가 있었다. 모든 교사는 프로젝트가 진행됨에 따라 학생의 구어 사용능력, 읽기, 작문 기능이 현저하게 향상하였다는 것을 확인하였다. 교장, 간부, 교사, 학생은 실제 텍스트가 있는 드라마를 활용하는 것이 시간이 지남에 따라 학교 리터러시 결과의 향상과 전문가 학습 커뮤니티로서 학교가 성장하는 데 중요한 요인이었음을 분명히 느꼈다. 학생이 가져온 많은 이러한 결과와 이해는 현재 우리의 평가에서 통용되는 검사 상황의 종류로는 쉽게 측정할 수 없다. 그러나 이러한 종류의 질적인 증거 또한 중요하다.

---

* (역주) 호주에서 1950년에서 1960년 사이에 강제로 백인 가정이나 고아원에서 양육된 원주민 자녀.

도전

이러한 프로젝트가 쉬웠다고 하는 것은 잘못된 것이다. 시스템에 대한 요구와 직원의 이직을 증가시킨 액션러닝 프로젝트를 지속하기 위한 시간은 학교에서 항상 있는 두 가지 도전이었으며 특정 프로젝트의 평가에서 표현되었다. 매 학년 초에는 실행하고 있는 특정 액션러닝 프로젝트를 중단하고 성찰하며, 새로운 직원이 원리를 이해하도록 하고, 적절한 시기에 참여할 기회를 얻도록 하는 것이 중요하였다.

결론 및 제언

액션러닝 프로세스를 통하여 전문성 학습의 지속 가능성을 탐색한 경험에서 나타난 몇 가지 이슈가 있다. 지속적인 액션러닝 프로젝트와 전문성 학습에 참여한 결과 중에 가장 자주 인용되는 것 중의 하나는 액션러닝 팀 내에서 그리고 경우에 따라서는 전체 학교 내에서 형성되는 동료애의 수준이다.

또한 오랜 시간이 지나면서 액션러닝 프로세스를 통해 가르치는 일에 대한 흥분과 열정이 다시 생기게 되는 것 같았는데, 이는 아마도 교사가 수행하는 과제가 타당성을 인정받기 때문인 것 같다. 교사는 또한 고수 학습 과정에서 학생 목소리의 중요성(Groundwater-Smith & Mockler, 2003)에 대한 더 큰 확신과 함께 학생의 학습을 촉진하는 자신들의 능력에 대해 더 많은 자신감을 보고하였다. Hargreaves(2003)는 최근에 변화 관련 프로젝트가 종료된 후에 프로젝트를 진행하면서 획득한 동료애를 지속시키기 위한 분명한 동기가 더 이상 없게 되자 동료애가 감소하였다는 것을 보여 준 캐나다의 사례를 보고하였다. 따라서, 형식적 및 비형식적 전문성 학습 대화를 학교의 전략 계획에 포함시킬 필요가 있다.

이 장의 처음에 인용한 Davies(2006)의 언급으로 돌아가서, 학습 프로세스를 효과적으로 이해하고 실행하는 과정에서 변화가 나타나며, 많은 도전이 있는 학교 상황에서도 지속적인 개선과 적응을 촉진할 수 있다는 사례 연구를 볼 때 이는 더욱 분명해진다. 그러나 지금까지 5년 이상 성공적이고 지속적인 학교 개혁에 대한 장기적인 문서는 거의 없다. 간부와 교사의 변화에도 불구하고 그러한 가능한 조건을 가진 학교가 어떻게 새로워지고 새로운 활기가 넘치게 되는지를 점검하는 대단위 종단 분석이 필요하다는 것이 우리의 관점이다. Curl Curl North는 액션러닝을 활용하여 15년 이상 변화 프로세스를 지속시킨 학교의 사례이다.

제 10 장

에필로그: 액션러닝 확장하기

> 학습은 교사의 전문직을 다시 생각하게 하는 핵심이 된다. 개인과 집단의 목적으로서, 교사는 동료 및 학생과 함께 학습의 가치를 실현하는 것으로 보여야 한다. 자신들을 학습자로 재설정함으로써, 학교의 사회적 관계와 교사 간의 관계, 교사와 학생의 관계, 교사와 지역사회의 관계가 기본적으로 새롭게 형성될 것이다. 가르치는 것보다는 오히려 학습이 학교에서 교사 및 학생의 핵심 활동이 되고 있다.
>
> (Sachs, 2003: 31)

21세기가 되면서 가르치는 일이 더 복잡해지고 있다는 것에 대해서는 모든 교사가 동의한다. 가르치는 일은 교육과정, 학생의 유형, 자원, 평가, 기존의 방법이 바뀌는 것으로부터 영향을 받는다. 뿐만 아니라 학교 및 정부의 정책, 지식이 기하급수적으로 성장하며, 정보와 커뮤니케이션 기술이 교육의 모든 부문에 들어와 있다. 가르치는 일이 점점 복잡해지기 때문에, 현장을 변화시키는 것은 단순한 프로세스가 아니라 교사의 학습을 시작하고 지속하기 위한 정교화된 프레임워크를 필요로 한다. 이 책은 그러한 프레임워크로서 액션러닝의 유용성에 대하여 논의하였다. 이는 액션러닝의 핵심 특징이 교사의 학습을 지원하는 다중적 프로세스와 조건으로 이루어져 있기 때문이다. 액션러닝은 교사가 소그룹으로 아이디어를 성찰하고 공유하도록 할 뿐만 아니라 현장에서 실험하면서 동료 및 학생에게서 피드백을 얻을 수 있게 한다. **그림 9.1**에서 제시한 것처럼, 액션러닝 프로세스의 상호작용은 시간, 경력, 재정, 학교 문화, 리더십, 동료애 등과 같은 조건이 존재에 의해 향상한다.

왜 교사는 전문성 학습에 참여해야 하며, 무슨 일에 시간을 소비하며, 그들의 신념과 실제에서 직면할 수 있는 것은 무엇인지가 질문으로 남는다. Sachs (2003)에 따르면, 교사의 학습은 전문가가 되는 핵심이다. 액션러닝에 참여함으로써 교사는 자신의 정체성에 대해 판단을 할 때 책임감을 가질 수 있으며 학교에서는 학습 문화를 개발하도록 지원한다. Hargreaves와 Goodson(1996)

이 기술한 것처럼 '포스트모던 전문가'로서 교사의 정체성을 찾는 일곱 가지 원리가 액션러닝을 통해 촉진된다.

- 가르치는 일, 교육과정, 자신의 학생에게 영향을 미치는 돌봄 등의 이슈에 대하여 **임의로 판단할 수 있는 능력**을 연습하기 위한 기회 및 책임감 증가
- **도덕적이고 사회적인 목표**가 내재한 주요 교육과정 및 평가와 함께 이러한 목표에 부응할 기회 및 기대와 교사가 가르치는 것에 대한 가치 인식
- 다른 외부 사람의 위임을 실행하기 위한 동기 유발 기제로서 공동 업무에 참여하는 것이라기보다는 실제의 전문성 문제를 해결하기 위해 전문 지식을 공유하는 방식으로서 도움과 지원을 제공하는 **협력 문화**에서 동료와 함께 일하고자 하는 헌신적 태도
- 교사는 권위를 갖고 일하지만, 더 넓은 커뮤니티에서 학생의 학습에 중요한 이해관계가 있는 다른 파트너(특히 부모와 학생들)와 개방적이고 협력적으로 일하는, 자기 보호적 **자율성**보다는 직업적 **타율성** 자각
- 학생을 적극적으로 **돌보며** 단지 소극적 서비스가 아닌 헌신. 이런 의미에서 전문성은 가르치는 일의 인지적 차원뿐만 아니라 정서적 차원을 인정하고 포용해야 하며 또한 헌신적이고 효과적으로 돌보는 데 필수적인 기능과 성향 인식
- 타인이 요구하는 **끊임없는 변화**에 무기력하게 복종하기보다는 자신의 전문지식과 실제에 대한 기준과 관련된 지속적인 학습을 위한 자기 주도적 탐색과 투쟁(종종 지속적인 학습이나 개선이라는 모양으로)
- 고차적인 과제의 **복잡성**에도 불구하고 적절한 상태 및 보상 수준을 보장할 수 있는 과제를 만들고 인식

(Hargreaves & Goodson, 1996: 20-21, 고딕체는 원문에서 강조된 것임)

더욱이, 교사는 그들이 가르치는 이유와 방법에 대하여 서로 성찰하고 논의하며 협력하여 '창의적 사고'를 할 필요가 있다. 이럴 때 교사는 자신의 수업에

대한 지식 생산자가 되며 전문가로서 자신의 실제를 연구하는 데 참여한다.

2장에서 규명한 교사 학습을 위한 프레임워크에 대하여 우리는 그것이 교사가 전문가가 되게 해 주는 액션러닝이며 교실의 수업 현장을 가장 쉽게 변화시킬 수 있다고 믿는다. '변화는 프로세스이지 사건이 아니기' 때문에, 수업 현장에서의 변화는 즉흥적으로 일어나는 것이 아니므로 변화를 위한 노력에는 교사의 학습을 지원하기 위한 프로세스와 조건이 수반될 필요가 있다. 4장에서 주장하고 9장에서 더 설명한 것처럼, 그것은 수업을 변화시키는 하나의 학습 프로세스나 조건이 아니라 하나의 시너지로 그 자체를 확장시키는 조합이다.

마지막 생각

교사가 액션러닝에 참여할 때 몇 가지 흥미롭고 기대하지 않은 결과가 양산된다. 가장 중요한 것 하나는 그들이 전문가적으로 학습하는 방법을 더 잘 이해하게 된다는 것이다. 자신의 학습을 모니터링함으로써, 교사는 '자신들에게 효과가 있는' 프로세스와 조건을 알게 되며 그렇게 함으로써 자신의 학습에 대해 메타인지적으로 되어 간다(Hoban et al., 2005). 그렇게 되면 교사는 자신의 전문성 학습을 관리할 수 있게 되며 다양한 교사 학습 형태를 이용할 수 있게 된다. 그것은 교사가 일회성 워크숍이나 교사 연수일을 포함한 기존의 기회를 활용하여 연간 계획과 같은 장기간에 걸친 자신의 전문성 학습을 계획할 수 있다는 것을 의미한다. 중요한 것은 교사가 설계하고 스스로 관리하는 장기적 전문가 학습 목적의 맥락에서 이러한 것들이 일어나기 때문에 이러한 일회성 사건에서 교사는 더 많은 가치를 얻게 되리라는 것이다.

또한, 전문성 학습의 한 가지 형태는 또 다른 형태로 발전할 수 있다. 예를 들어, 몇 개월 동안 액션러닝에 참여한 교사는 그들이 학생의 학습에 대해 답하고자 했던 것에 의문을 제기하고 결정할 수 있다. 질문에 답하는 가장 좋은 방법은 7장에서 강조한 것처럼 설문조사, 개별 인터뷰나 포커스 그룹 인터뷰를 활용하여 증거를 수집하는 것이 될 수 있다. 이 시나리오에서 교사는 액션연구에 참여할 수 있고 구체적인 연구 문제를 다룰 증거를 체계적으로 수집할 수 있는데, 이는 그룹이나 셋에서 공유하거나 비판적으로 분석할 수 있다.

세 번째 결과로, 보통 네 명에서 여덟 명의 교사만이 참여하는 액션러닝은 학교 전체나 교육청 전체가 참여하도록 규모를 확대할 수 있다. 예를 들어, 6개월 동안 액션러닝에 참여하였던 여섯 명의 교사는 각각 학교의 다른 액션러닝 셋이나 그룹의 팀 리더가 된다. 이러한 프로세스는 교육청 전체에서 일하는 퍼실리테이터와 상호작용하면서 많은 학교에서 소집단의 교사에게로 더 확대될 수 있다(Borko, 2004).

교사가 알아야 할 마지막 사항은 액션러닝은 격렬하고, 불편하며, 시간 소모적인 것이 될 수 있다는 것이다. 8장에서 강조한 것처럼, 종종 액션러닝은 교사가 다른 사람의 비판에 노출되기 때문에 상처 받기 쉬울 수 있다. 이러한 이유 때문에, 액션러닝의 초기 단계에서 교사는 특히 8장에서 설명한 것처럼 윤리를 생각하면서 액션러닝 프로세스를 이해하고 토론을 하기 위한 '그라운드 룰'을 설정하는 시간을 가질 필요가 있다. 또한, 제한된 시간 내에 액션러닝에 참여하는 것이 가능하다. 예를 들어, 2학기와 3학기에 액션러닝에 참여하였던 한 학교는 리포트, 학교 시상식의 밤 등과 같은 다른 시간 소모적인 활동 때문에 마지막 학기에는 액션러닝을 중단하기로 하였다. 그 다음 해에 교사는 액션러닝을 다시 시작하였는데, 학기 내내 성취하는 데 필요한 프로젝트에 초점을 맞추었다. 그들은 팀의 목적을 달성하기 위해 경험과 지속적으로 수정한 그들의 액션 플랜을 공유하기 위해 격주로 팀 미팅을 했다.

21세기에 학교가 변화를 관리하는 최선의 방법은 교사의 학습 환경을 재설계하는 것이다. Sarason(1990)에 따르면 학교에서 학생 학습의 질은 교사 학습의 질에 달렸다. 그러나 많은 학교 조직은 교사의 학습을 지원하기 위한 구조를 고려하지 않고 학생의 학습을 향상하려는 방법에만 초점을 맞춘다. 교사를 위한 학습 환경으로 학교를 재조직화할 때, 행정가들은 교사가 참여하고자 하는 학습의 유형을 생각할 필요가 있다. 일반적으로 활용하는 일회성 워크숍과 교사 연수일이 있지만, 액션러닝은 전문성을 향상하며 교사 학습에 대한 평생 접근 방법을 위한 플랫폼이 될 수 있다.

용어 해설

경력(Antecedents) 이 책에서는 액션러닝을 촉진하는 이전의 환경이나 원인 또는 사건

교수법(Pedagogy) 교수에 대한 기법 및 과학. 이 용어는 보통 교사들이 활용하는 수업의 다양한 유형 및 양식을 지칭하기 위해 사용됨.

단계(Stage) 교육계획서에 결정되어 있는 것에 따른 특정 학생 그룹의 성취 수준. 또는 같은 수업계획서 내용을 배우도록 조직화된 비슷한 연령대의 그룹(예를 들어 초등학교 5학년 및 6학년은 보통 '3단계'라 불림)

담론 커뮤니티(Discourse community) 특정 분야나 사고방식을 활용하고 만드는 것을 도와주는 사람들이 하나의 네트워크에서 서로 연결되어 있고 공동의 아이덴티티를 공유하는 개념

독서 회복(Reading Recovery) 유명한 뉴질랜드 교육자 Marie Clay 여사가 개발한 프로그램. NSW 정부의 프로그램은 읽기 학습에 어려움이 있는 1학년 학생들이 자신감을 개발하고 리터러시 기능을 향상시키도록 매일 일대일 세션을 제공하는 데 목적이 있음.

동료 관찰(Peer observation) 동등한 관점에서 동료의 교실 수업을 관찰하는 것. 액션러닝 상황에서 동료 관찰의 목적은 판단하는 것이 아니라 전문

가적 대화 및 아이디어를 촉진하는 것임

릴리스 타임(Release time) 교사가 일정한 주기에 의해 또는 특정 목적이나 프로젝트를 위해 교실에서 가르치는 의무에서 벗어나는 시기

분산된 리더십(Distributed leadership) 조직이나 학교의 리더십에 대한 공유 및 협력적인 접근 방법

비판적 친구(Critical friend) 액션러닝 프로세스에서 외부 파트너가 하는 이상적인 역할로, 필요할 때 신뢰할 수 있는 자문 기능과 객관적 리뷰 및 분석을 함. 외부 파트너(External partner) 참조

생산적 교수법(Productive pedagogy) 1990년대에 위스콘신대학교에서 Ron Newman과 동료가 개발한 참된 교수법 프레임워크에 근거하여 퀸즈랜드에서 개발한 우수한 교수를 위한 프레임워크

성찰 기록(Reflective records) 액션러닝에서 증거의 소스로서 경험, 사건, 프로세스에 대한 문서. 이것은 다루고 있는 주제에 관련하여 거의 모든 것을 완전히 제한 받지 않고 쓰는 열린 형태가 될 수도 있고 또는 질문 스캐폴드를 활용할 수도 있음.

실질적 커뮤니케이션(Substantive communication) NSW 우수 교수 프레임워크의 한 요소

실천 커뮤니티(Community of practice) 특정한 실천 분야의 전문 지식을 공유하는 그룹 사이에 지식을 생산하고 교환하는 사회 체제로, 해당 분야에서 상호작용하며 일이 수행되는 방식을 개선하고자 함.

아카데믹 파트너(Academic partner) 외부 파트너(External partner) 참조

액션연구(Action research) 1940년대에 사회과학에서 기원한 것으로 정보의 체계적 탐구 및 수집을 포함하는 전문성 학습 프레임워크. 액션러닝과 유사한 프로세스를 가지고 있지만, 연구를 목적으로 공개된 데이터에 대한 체계적인 수집을 강조한다는 점이 특징임.

액션러닝(Action learning) 1940년대 중반에 경영학 분야에서 시작된 것으

로 업무 현장에서 제기되는 문제나 이슈를 다루기 위해 사용된 전문가 학습 프레임워크. 교육 상황에서 본질적으로 액션러닝은 개인 혹은 공동의 이슈, 문제, 프로젝트를 이해하거나 해결하도록 도와주기 위해 자신들의 경험을 정기적으로 성찰하고 공유하는 소규모 교사들을 포함함.

액션러닝 셋(Action learning set) 액션러닝에서 함께 과제 수행을 하기 위해 조직의 여러 부문이나 수준의 구성원으로 이루어진 그룹

액션러닝 팀(Action learning team) 액션러닝 셋(Action learning set) 참조

외부 파트너(External partner) 학교 외부에 있으면서 필요할 때 조언을 제공하면서 액션러닝 프로세스를 후원하고 촉진하는 사람. 대학에 재직 중인 컨설턴트나 학자로인 경우가 많다. '비판적 친구' 참조

우수 교수 프레임워크(Quality teaching framework) 생산적 교수법(Productive Pedagogy; 퀸즈랜드 교육)과 참된 교수법(Authentic Pedagogy; Newman과 동료)에 근거하여 2003년에 NSW 교육부에서 발표한 교수 모형. 이 모형은 모든 단계와 모든 핵심 학습 분야에 적용될 수 있으며 지적인 우수성, 우수한 학습 환경 및 유의미성이라는 세 가지 교육 차원에 근거함.

전문성 학습(Professional learning) 학교 상황에서 학습을 지속시키기 위해 다중적인 교사 학습 프로세스와 조건을 갖춘 프레임워크가 수반되는 내용으로 교사가 투입되는 장기적 접근 방법

전문가 학습 커뮤니티(Professional learning community) 서로를 신뢰하고 정직하게 의사소통하며 전문가적 대화 및 지식과 실제를 향상시키기 위한 학습 기회에 종종 참여하는 전문가 그룹. '실천 커뮤니티' 참조

집단 성찰(Collective reflection) 조직의 경험이나 문제를 유의미하도록 하기 위해 사건, 아이디어, 이론을 사회적 또는 조직적으로 공유하는 것

초등학교(Elementary school) 아동이 초등 교육으로 알려진 의무교육의 1단계를 받는 기관. 호주에서는 대략 5~12세에 이루어짐

포커스 그룹(Focus group) 상호작용적 그룹 상황에서 특정 주제나 개념에 대하여 사람들에게 질문하는 질적 연구 데이터 수집 형태

프로젝트 팀(Project team) 특정 과제나 프로젝트를 수행하는 그룹

학생 과제 결과물 샘플(Student work sample) 학생이 수행한 과제의 결과물 혹은 그 일부. 진도를 보여 주고 혁신이나 전략이 학생의 학습 결과를 얼마나 향상할 수 있는지에 대한 증거를 제공하기 위해 활용할 수 있음

학습 커뮤니티(Learning community) 학습자 커뮤니티(Community of learners) 참조

학습자 커뮤니티(Community learners) 학습 프로세스에 협력적으로 참여하고 있는 사람들의 특별한 유형의 네트워크나 그룹. Lave와 Wenger(1991)과 Wenger(1998) 참조

AGQTP 호주 정부 우수 교수 프로그램(Australian Government Quality Teaching Programme)의 약어로서 호주의 교사와 학교 리더의 질, 전문성, 지위를 향상하기 위해 2000년에 설립된 프로그램. 이 프로그램은 리터러시, 산술, 과학 및 테크놀로지, 원주민 교육, 윤리 및 가치를 포함하여 다양한 우선순위가 있는 분야에 대해 국가 및 주정부 차원에서 다양한 프로젝트를 지원함. 'QTAL' 참조

DET 호주의 뉴사우스 웨일즈 교육훈련부(Department of Education and Training)로 의무교육기간(K–10) 동안 아동의 공교육 및 NSW 고등학교 졸업 자격을 획득하도록 고등학교 교육(11–12학년)을 담당하는 주정부 기관

QTAL 우수 교수 액션러닝(Quality Teaching Action Learning)의 약어로서 호주 정부 우수 교수 프로그램(AGQTP)이 지원하는 NSW 교육부 프로젝트. 이 프로젝트의 목적은 액션러닝을 활용하여 우수한 교수의 차원을 연구하는 것임.

참고 문헌

Altrichter, H., Posch, P. and Somekh, B. (1993) *Teachers investigate their work: an introduction to the methods of action research*, London: Routledge.

Andrews, D. and Lewis, M. (2002) 'The experiences of a professional community: teachers developing a new image of themselves and their workplace', *Educational Research*, 44(3): 237–54.

Apple, M. (1990) *Ideology and curriculum*, 2nd edn, New York: Routledge.

Argyris, C. and Schön, D. A. (1974) *Theory in practice: increasing professional effectiveness*, San Francisco, CA: Jossey-Bass.

Ary, D., Cheser Jacobs, L., Razavieh, A. and Sorensen, C. (2006) *Introduction to research in education*, 7th edn, Belmont, CA: Thomson Wadsworth.

Aubusson, P. and Griffin, J. (2008) 'High support, high challenge, high learning: science-techno museum report', Sydney: UTS.

Aubusson, P., Brady, L. and Dinham, S. (2006) 'Action learning. What works?', Research report prepared for the New South Wales Department of Education and Training, Sydney: NSW DET.

Aubusson, P., Steele, F., Brady, L. and Dinham, S. (2007) 'Action learning in teacher learning community formation: information or transformative?', *Teacher Development*, 11: 133–48.

Aubusson, P., Buchanan, J., Schuck, S. and Russell, T. (2008) 'Making sense of teaching through shared observation and conversation', Paper presented at the

Self-study of Teacher Education Practices Conference, Herstmonceux, East Sussex, England, 3-7 August.

Austen, J. (2008) *Pride and prejudice*, Adelaide: Bookwise International.

Baird, J. R. (1992) 'Collaborative reflection, systematic enquiry, better teaching', in T. Russell and H. Munby (eds) *Teachers and teaching: from classroom to reflection*, New York: Falmer Press.

Baird, J., Mitchell, I. and Northfield, J. (1987) 'Teachers as researchers: the rationale, the reality', *Research in Science Education*, 17: 129-38.

Barthes, R. (1982) *Barthes: selected writings*, London: Fontana Collins.

Bell, B. and Gilbert, J. (1994) 'Teacher development as professional, personal, and social development', *Teaching and Teacher Education*, 10(5): 483-97.

Bereiter, C. and Scardamalia, M. (1993) *Surpassing ourselves: an inquiry into the nature and implications of expertise*, Chicago, IL: Open Court.

Bierema, L. (1998) 'Fitting action learning to corporate programs', *Performance Improvement Quarterly*, 11(1): 86-107.

Biggs, J. (1993) 'From theory to practice: a cognitive systems approach', *Higher Education Research and Development*, 12(1): 73-85.

Bishop, R. and Glynn, T. (1999) *Culture counts*, Palmerston North: Dunmore Press.

Boddy, D. (1991) 'Supervisory development', in M. Pedler (ed.) *Action learning in practice*, Aldershot: Gower Publishing.

Borko, H. (2004) 'Professional development and teacher learning: mapping the terrain', *Educational Researcher*, 33(8): 3-15.

Bourner, T. and Frost, C. (1996) 'Experiencing action learning', *Employee Counselling Today*, 8(6): 11-18.

Burton, D. and Bartlett, S. (2005) *Practitioner research for teachers*, London: Paul Chapman.

Caldwell, B. and Spinks, J. (1998) *Beyond the self-managing school*, London: Falmer Press.

Campbell, E. (2003) *The ethical teacher*, Berkshire: Open University Press.

Clandinin, D. J. and Connelly, F. M. (1996) 'Teachers' professional knowledge landscapes—stories of teachers-school stories-stories of schools', *Educational Researcher*, 25(3): 24-30.

Cochran-Smith, M. and Lytle, S. (1998) 'Teacher research: the question that persists', *International Journal of Leadership in Education*, 1: 19-36.

Cooper, C. and Boyd, J. (1994) *Collaborative approaches to professional learning and reflection*, Launceston: Global Learning Communities.

Cox, E. (2003) 'Creating socially competent and ethical schools', *Independent Education*, 33: 16–19 (available online at http://search.informit.com.au.ezproxy2.library.usyd.edu.au/fullText;dn=130658;res=).

Craft, A. (2000) *Continuing professional development: a practical guide for teachers and schools*, London: RoutledgeFalmer.

Crowther, F., Kaagan, S., Ferguson, M. and Hann, L. (2002) *Developing teacher leaders*, Thousand Oaks, CA: Corwin.

Cusins, P. (1995) 'Action learning revisited', *Industrial and Commercial Training*, 27(4): 3–10.

Cusins, P. (1996) 'Action learning revisited', *Employee Counselling Today*, 8(6): 19–26.

Darling-Hammond, L. (ed.) (1994) *Professional development schools: schools for developing a profession*, New York: Teachers College Press.

Darling-Hammond, L. (1998) 'Teacher learning that supports student learning', *Educational Leadership*, 55(2): 6–11.

Darling-Hammond, L. (2000) 'Teacher quality and student achievement', *Education Policy Archives*, 8(1) (available online).

Davies, B. (2006) *Leading the strategically focused school*, London: Paul Chapman Publishing.

Day, C. (1999) *Developing teachers: the challenges of lifelong learning*, London: Falmer Press.

Day, C. and Roberts-Holmes, G. (1998) 'The best of times, the worst of times: stories of change and professional development in England', *Change*, 1(1): 15–31.

Dewey, J. (1916) *Democracy and education*, New York: Macmillan.

Dewey, J. (1933) *How we think: a restatement of the relation of reflective thinking to the educative process*, 2nd edn, Boston, MA: Heath and Co.

Dewey, J. (1938) *Experience and education*, New York: Collier Books.

Dewey, J. (1975) *Moral principles in education*, Carbondale, IL: Southern Illinois University Press.

Dinham, S. (2005) 'Principal leadership for outstanding educational outcomes', *Journal of Educational Administration*, 43(4): 338–56.

Dinham, S. (2007a) 'How schools get moving and keep improving: leadership for teacher learning, student success and school renewal', *Australian Journal of Education*, 51(3): 263–75.

Dinham, S. (2007b) 'The dynamics of creating and sustaining learning communities', Unicorn, Refereed article online, ORA43: 1–16.

Dinham, S. (2007c) *Leadership for exceptional educational outcomes*, Teneriffe: Post Pressed.

Dinham, S. (2008) 'Counting the numbers in educational change', *The Australian Educational Leader*, 30(1): 56–7.

Dinham, S., Aubusson, P. and Brady, L. (2008) 'Distributed leadership as a factor in and outcome of teacher action learning', *International Electronic Journal for Leadership in Learning*, 12(4): 1–17 (available online).

Dixon, N. (1998) 'Action learning: more than just a task force', *Performance Improvement Quarterly*, 11(1): 44–58.

Donnelly, K. (2007) *Dumbing down: outcomes-based and politically correct–the impact of the culture wars on our schools*, Prahran, Victoria: Hardie Grant Books.

DuFour, R. (2004) 'What is a professional learning community', *Educational Leadership*, 61(8): 6–11.

Elliott, J. (1991) *Action learning for educational change*. Philadelphia: Open University Press.

Erickson, G., Fart Darling, L. and Clarke, A. (2005) 'Constructing and sustaining communities of inquiry in teacher education', in G. Hoban (ed.) *The missing links of teacher education design: developing a multi-linked conceptual framework*, Dordrecht: Springer.

Ewing, R. (2002) 'Framing a professional learning community: an Australian case study', *Curriculum Perspectives*, 22(3): 23–32.

Ewing, R. (2006) 'Reading to allow spaces to play', in R. Ewing (ed.) *Beyond the reading wars. Towards a balanced approach to helping children learn to read*, Sydney: Primary English Teaching Association.

Ewing, R. (2008) 'Improving critical literacy pedagogy and outcomes through creative arts', Paper presented at Future Directions in Literacy Conference 'Local conversations', University of Sydney, 5–6 September.

Ewing, R., Smith, D., Anderson, M., Gibson, R. and Manuel, J. (2004) 'Teachers as learners', Australian Government quality teaching action learning for school teams project evaluation report, Division of Professional Learning, Faculty of Education & Social Work, University of Sydney (available online at http://qtp.nsw.edu.au/ResourceDocuments/Extract_Report.pdf).

Ewing, R. A., Hoban, G., Anderson, J., Herrington, T., Kervin, L. and Smith, D. L. (2005) *Evaluative inquiry into the sustainability of professional learning through school-based action learning*, Sydney: NSW DET.

Fendler, L. (2003) 'Teacher reflection in a hall of mirrors: historical influences and political reverberations', *Educational Researcher*, 32(3): 16–25.

Fogwill, S. and Aubusson, P. (2006) 'Student generated analogies in high school physics', Paper presented at the Australasian Science Education Research Association, University of Canberra, July.

Fullan, M. (1982) *The meaning of educational change*, Toronto: The Ontario Institute for Studies in Education.

Fullan, M. (1993) *Change forces: probing the depths of educational reform*, Bristol, PA: Falmer Press.

Fullan, M. (1999) *Change forces: the sequel*, London: Falmer Press.

Fullan, M. and Stiegelbauer, D. (1991) *The true meaning of educational change*, New York: Teachers College Press.

Ghaye, A. and Ghaye, K. (1998) *Teaching and learning through critical reflective practice*, London: David Fulton.

Giles, D. (1997) 'Teamworking at Williams Grand Prix engineering', in M. Pedler (ed.) *Action learning in practice*, 3rd edn, Aldershot, UK: Gower Publishing.

Gonczi, A. P. and Riordan, G. P. (2002) 'Measuring and reporting on discipline and student suspensions in NSW government schools', Report prepared for the NSW Minister for Education and Training, Mr John Watkins and Taskforce VAR, Sydney University of Technology.

Gregory, M. (1994) 'Accrediting work-based learning: action learning–a model for empowerment', *Journal of Management Development*, 13(4): 41–52.

Griffith, M. (2003) *Action for social justice in education: fairly different*, Philadelphia: Open University Press.

Grimmett, P. and Fraser, S. (2008) 'Legitimacy and identity in teacher education: a micro-political struggle constrained by (and sometimes superseded by) macro-political pressures', Keynote address at Australian Teacher Educators Annual Conference, Maroochidore, Queensland.

Gronn, P. (2002) 'Distributed leadership', in K. Leithwood and P. Hallinger (eds) *Second international handbook of educational leadership and administration*, Dordrecht: Kluwer.

Grossman, P. and Wineburg, S. (2000) *What makes the teacher community different from a gathering of teachers?*, Washington, DC: Center for the Study of Teaching and Policy, University of Washington.

Grossman, P., Wineburg, S. and Woolworth, S. (2001) 'Toward a theory of teacher community', *Teachers College Record*, 103(6): 942–1012.

Groundwater-Smith, S. (1 999a) 'Participative learning: the school as a learning community and as a member of a National Reform Organisation', in J. Retallick (ed.) *Learning communities in education*, London: Routledge.

Groundwater-Smith, S. (1 999b) 'Work matters: the professional learning portfolio', Paper presented at the PEPE Conference, Christchurch, New Zealand, January.

Groundwater-Smith, S. (2007) 'Practitioner researchers: today's children of Mother Courage. What can we learn from them?', Paper presented at the Communities and Change Research Festival, University of Sydney, October.

Groundwater-Smith, S. and Mockler, N. (2002) 'Building knowledge, building professionalism: the coalition of knowledge building schools and teacher profession', Paper presented at the Australian Association for Educational Research Annual Conference.

Groundwater-Smith, S. and Mockler, N. (2003) *Learning to listen: listening to learn*, Sydney: MLC School and the Centre for Practitioner Research, University of Sydney.

Groundwater-Smith, S. and Mockler, N. (2007) 'Ethics in practitioner research: an issue of quality', *Research Papers in Education*, 22(2): 199–211.

Hammersley, M. (2007) 'Educational research and teaching: a response to Hargreaves' TTA lecture', in M. Hammersley (ed.) *Educational research and evidence-based practice*, Milton Keynes: Open University Press.

Hargreaves, A. (1994) *Changing teachers, changing times: teachers' work and culture in the postmodern age*, London: Cassell.

Hargreaves, A. (2003) *Teaching in the knowledge society: education in the age of insecurity*, New York: Teachers College Press.

Hargreaves, A. (2007a) 'Teaching as a research-based profession', in M. Hammersley (ed.) *Educational research and evidence-based practice*, Milton Keynes:

Open University Press.

Hargreaves, A. (2007b) 'In defence of research for evidence-based teaching: a rejoinder to Hammersley', in M. Hammersley (ed.) *Educational research and evidence-based practice*, Milton Keynes: Open University Press.

Hargreaves, A. and Goodson, I. (1996) 'Teachers' professional lives: aspirations and actualities', in I. Goodson and A. Hargreaves (eds) *Teachers' professional lives*, London: Falmer Press.

Hargreaves, D. H. (2000) 'The knowledge creating school', in B. Moon, J. Butcher and E. Bird (eds) *Leading professional development in education*, London: RoutledgeFalmer.

Hartog, M. (2004) 'Critical action learning: teaching business ethic', *Reflective Practice*, 5(3): 395–407 (available online).

Hatton, N. and Smith, D. (1994) 'Facilitating reflection: issues and research', Paper presented at the 24th Conference of the Australian Teacher Education Association, Brisbane, 3–6 July (ERIC Document Reproduction Service No ED375110).

Hatton, N. and Smith, D. (1995) 'Reflection in teacher education: towards definition and implementation', *Teaching and Teacher Education*, 11(1): 33–49.

Hill, G. (2002) *Critical friendship*, Australia: Mottram d'Hill & Associates.

Hoban, G. F. (1996) 'A professional development model based on interrelated principles of teacher learning', Unpublished doctoral dissertation, Vancouver, Canada: University of British Columbia.

Hoban, G. F. (2000a) 'Making practice problematic: listening to student interviews as a catalyst for teacher reflections', *Asia-Pacific Journal of Teacher Education*, 28(2): 133–47.

Hoban, G. F. (2000b) 'Using a reflective framework to study teaching-learning relationships', *Reflective Practice*, 1(2): 165–83.

Hoban, G. F. (2002) *Teacher learning for educational change: a systems thinking approach*, Buckingham and Philadelphia: Open University Press.

Hoban, G. F. (2004) 'Enhancing action learning with student feedback', *Action Learning: Research and Practice*, 1(2): 203–18.

Hoban, G. F. and Erickson, G. (2004) 'Dimensions of learning for long-term professional development: comparing approaches from education, business and medical contexts', *Journal of In-service Education*, 30(2): 301–23.

Hoban, G. F. and Hastings, G. (2006) 'Developing different forms of student feedback to promote teacher reflection: a ten year collaboration', *Teaching and Teacher Education*, 22: 1006–19.

Hoban, G. F., Butler, S. and Lesley, L. (2005) 'The dynamics of teacher learning in professional development: a collaborative self-study', *Studying Teacher Education*.

Hoban, G., Hastings, G., Luccarda, C. and Lloyd, D. (1997) 'Faculty based professional development as an action learning community', *Australian Science Teachers Journal*, 43(3): 49–54.

Hodkinson, P. and Hodkinson, H. (2003) 'Individuals, communities of practice and the policy context: school-teachers learning in their workplace', *Studies in Continuing Education*, 25(1): 3–21.

Hoyle, E. and John, P. (1995) *Professional knowledge and professional practice*, New York: Cassell.

Huberman, M. (1990) 'The model of an independent artist in teachers professional relations', in J. W. Little and M. W. McLaughlin (eds) *Teachers work*, New York: Teachers College Press.

Huberman, M. (1995) 'Networks that alter teaching', *Teachers and Teaching: Theory and Practice*, 1(2): 193–22 1.

Inglis, S. (1994) *Making the most of action learning*, Hampshire: Gower Publishing.

Johnson, N. (1999) 'Meeting the challenge: becoming learning communities' in J. Retallick, B. Cocklin and K. Coombe (eds) *Learning communities in education*, London: Routledge.

Kember, D. (2000) *Action learning and action research*, London: Kogan Page.

Kemmis, S. (2006) 'Participatory research and the public sphere', *Educational Action Research*, 14(4): 459–76.

Kemmis, S. (2007) 'Action research', in M. Hammersley (ed.) *Educational research and evidence-based practice*, Milton Keynes: Open University Press.

Kemmis, S. and McTaggart, R. (1988) *The action research planner*, Melbourne: Deakin University.

Kemmis, S. and McTaggart, R. (2005) 'Participatory action research, communicative action and the public sphere', in N. Denzin and Y. Lincoln (eds) *The Sage handbook of qualitative research*, 3rd edn, Thousand Oaks, CA: Sage.

Keys, L. (1996) 'Action learning: executives' development of choice for the 1990s',

Journal of Management Development, 13(8): 50–6.

Kolb, D. A. (1984) *Experiential learning: experience as the source of learning*, Englewood Cliffs, NJ: Prentice Hall.

Koo, M. (2002) 'The missing critical friends' voices: an angel's heart or a beautiful mind', Paper presented at Australian Association for Research in Education Annual Conference, Brisbane.

Korthagen, F. A., Kessels, J., Koster, B., Lagerwerf, B. and Wubbels, T. (2001) *Linking practice and theory: the pedagogy of realistic teacher education*, Mahwah, NJ: Lawrence Erlbaum Associates.

Korthagen, F. A. and Vasalos, A. (2005) 'Levels in reflection: core reflection as a means to enhance professional growth', *Teachers and Teaching: Theory and Practice*, 11(1): 47–71.

LaBoskey, V. K. (1994) *Development of reflective practice*, New York: Teachers College Press.

Lanahan, E. and Maldonado, L. (1998) 'Accelerated decision–making via action learning at the federal Deposit Insurance Corporation', *Performance Improvement Quarterly*, 11(1): 74–85.

Lave, J. and Wenger, E. (1991) *Situated learning: legitimate peripheral participation*, Cambridge: Cambridge University Press.

Lewin, K. (1946) 'Action research and minority problems', *Journal of Social Issues*, (1): 34–46.

Lewis, A. (1991) 'An in–company program', in M. Pedler (ed.) *Action learning in practice*, Aldershot: Gower Publishing.

Lottie, D. C. (1975) *Schoolteacher: a sociological study*, Chicago: University of Chicago Press.

Loughland, A. (2005) 'Professional learning evaluation', Unpublished reports, Curl Curl North and Crown Street Primary Schools.

Loughran, J. J. (1995) 'Practicing what I preach: modelling reflective practice to student teachers', *Research in Science Education*, 25(4): 431–51.

Loughran, J. J. (1996) *Developing reflective practice: learning about teaching and learning through modelling*, London: Falmer Press.

Lyons, F. (2003) 'Customer–led learning environments: industry–university partnerships', Proceedings of HERDSA Conference, Christchurch, New Zealand.

McGill, I. and Beaty, L. (1995) *Action learning: a guide for professional, manage-*

ment and educational development, London: Kogan Page.

McGill, I. and Beaty, L. (2001) *Action learning*, 2nd edn, London: Kogan Page.

McGill, I. and Brockbank, A. (2004) *The action learning handbook*, London: Routledge Falmer.

McLaughlin, M. (1997) 'Rebuilding teacher professionalism in the United States', in A. Hargreaves and R. Evans (eds) *Beyond educational reform*, Buckingham: Open University Press.

Marquardt, M. (1999) 'Action learning, info-line', *Organizational Development*, 97(4): 1-16.

Marquardt, M. (2004) 'Harnessing the power of action learning', *TD*, June: 26-32.

Marsick, V. (2002) 'Exploring the many meanings of action learning and action reflective learning; earning while learning in global leadership', *The Volvo MiL Partnership*, Sweden: MiL Publishers.

Miller, P. (2003) 'Workplace learning by action learning: a practical example', *Journal of Workplace Learning*, 15(1): 14-24.

Mills, G. E. (2000) *Action research: a guide for the teacher researcher*, Columbus, OH: Merrill.

Mishler, E. (1990) 'Validation in inquiry-guided research: the role of exemplars in narrative studies', *Harvard Educational Review*, 90(4): 415-42.

New South Wales Department of Education and Training (NSW DET) (2003) 'Quality teaching in NSW public schools: a discussion paper', Sydney: Professional Support and Curriculum Directorate, NSW DET.

Newman, M. (2006) *Teaching defiance: stories and strategies for activist educators*, San Francisco, CA: Jossey-Bass.

Nias, J. (1995) 'Unpublished portrayal of Curl Curl North primary school', Sydney: Innovative Links Program, University of Technology.

Noddings, N. and Witherell, C. (1991) *Epilogue: themes remembered and foreseen*, New York: Teachers College Press.

Pedler, M. (2008) *Action learning for managers*, England: Gower Publishing.

Ponte, P. and Smit, B. (eds) (2008) *The quality of practitioner research: reflections on the position of the researcher and the researched*, Rotterdam: Sense Publishers.

Putnam, R. and Borko, H. (1997) 'Teacher learning: implications of new views of cognition', in B. J. Biddle (ed.) *International handbook of teachers and teach-*

ing, Dordrecht, The Netherlands: Kluwer Academic Press.

Putnam, R. and Borko, H. (2000) 'What do new views of knowledge and thinking have to say about research on teacher learning?', *Educational Researcher*, 29(1): 4–15.

Ramsey, G. (2000) 'Quality matters', Review of teacher education in NSW, Sydney: NSW DET.

Reid, M. (1994) 'Action learning: a set within a set at MCB University Press', *Training and Development Methods*, 8(1): 101–10.

Retallick, J. A. (1997) 'Workplace learning and the school as a learning organisation', in R. J. King, D. M. Hill and J. A. Retallick (eds) *Exploring professional development in education*, Wentworth Falls, NSW: Social Science Press.

Revans, R. W. (1945) 'Plans for recruitment, education and training for the coal-mining industry', Report commissioned by the Mining Association of Great Britain, London, October.

Revans, R. W. (1982a) *The origins and growth of action learning*, London: Chartwell–Bratt.

Revans, R. W. (1982b) 'What is action learning?', *Journal of Management Development*, 1(3): 64–75.

Revans, R. W. (1983a) 'Action learning: its terms and character', *Management Decision*, 21(1).

Revans, R. W. (1983b) The ABC of action learning, Bromley: Chartwell–Bratt. Reynolds, R., McCormack, A. and Ferguson–Patrick, K. (2005) 'University/school partnerjourneys of three academic partners', Paper presented at Australian Association for Research in Education Annual Conference, University of Western Sydney, Parramatta.

Richardson, V. (1994) 'Teacher inquiry as professional staff development', in S. Hollingsworth (ed.) *Teacher research and educational reform*, Chicago: University of Chicago Press, 186–203.

Robinson, M. (2001) 'It works, but is it action learning?', *Education and Training*, 43(2): 62–4.

Russell, T. and Bullock, S. (1999) 'Discovering our professional knowledge as teachers: critical dialogues about learning from experience', in J. Loughran (ed.) *Researching teaching: methodologies and practices for understanding pedagogy*, London/Philadelphia: Falmer Press.

Sachs, J. (2003) *The activist teaching profession*, Buckingham and Philadelphia: Open University Press.

Sachs, J. and Logan, L. (1990) 'Control or development? A study of inservice education', *Journal of Curriculum Studies*, 22(5): 473–81.

Sagor, R. (2000) *Guiding school improvement with action research*, Alexandria, VA: ASCD.

Sarason, S. (1990) *The predictable failure of educational reform: can we change course before it is too late?*, San Francisco, CA: Jossey-Bass.

Schlesinger, E. (1991) 'Quality service in New Zealand', in M. Pedler (ed.) *Action learning in practice*, Aldershot: Gower Publishing.

Schmoker, M. (2005) 'No turning back: the ironclad case for professional learning communities', in R. DuFour, R. Eaker and R. DuFour (eds) *On common ground: the power of professional learning communities*, Bloomington, IN: Solution Tree.

Schön, D. A. (1983) *The reflective practitioner: how professionals think in action*. New York: Basic Books.

Schön, D. A. (1987) *Educating the reflective practitioner: toward a new design for teaching and learning in the professions*, San Francisco, CA: Jossey-Bass.

Schön, D. A. (ed.) (1991) *The reflective turn*, New York: Teachers College Press.

Schuck, S., Aubusson, P. and Buchanan, J. (2008) 'Enhancing teacher education practice through professional learning conversations', *European Journal of Teacher Education*, 31(2): 215–27.

Senge, P. M. (1990) *The fifth discipline: the art and practice of the learning organization*, New York: Currency Doubleday.

Senge, P., Cambron-McCabe, N., Lucas, T., Smith, B., Dutton, J. and Kleiner, A. (2000) *Schools that learn: a fifth discipline fieldbook*, New York: Currency Doubleday.

Sergiovanni, T. J. (1999) 'Leadership and excellence in schooling: excellent schools need freedom within boundaries', in T. J. Sergiovanni (ed.) *Rethinking leadership*, Thousand Oaks, CA: Corwin Press.

Sheffield, R., Hackling, M. and Goodrum, D. (2004) 'Mapping changes in teachers' practice during a professional learning program: Collaborative Australian Secondary Science Program (CASSP)', Paper presented at the Conference of the Australasian Science Education Research Association, Armidale, Australia, July.

Siskin, L. S. (1994) *Realms of knowledge: academic departments in high schools*, London: Falmer Press.

Smith, D. L. (1995) 'Fostering reflection in student teachers: on the efficacy of the strategy of critical friend peer interviews', Paper presented at the Second National Cross Faculty Practicum Conference, Gold Coast, Queensland, Australia, 3–6 February.

Smith, D. L. (1999) 'The what, why and how of reflective practice in teacher education', Keynote address presented to Education Faculty Staff, Auckland College of Education, New Zealand.

Smith, D. L. (2007) Unpublished materials for use as a critical friend in action learning projects.

Smith, D. L. (2008a) Unpublished reflective scaffolds used in action learning projects. Smith, D. L. (2008b) 'Sydney Catholic education research report', Unpublished report to Sydney Diocese CEO, September.

Smith, D. L. and Lovat, T. (2003) *Curriculum: action on reflection*, 4th edn, Melbourne: Thomson.

Smith, S., Smith, P. and Cupitt, C. (2007) 'Sustainability in schools: a good place to start', *Independent Education*, 37(2): 16–17.

Spillane, J., Halverson, R. and Diamond, J. (2001) 'Investigating school leadership practice: a distributed perspective', *Educational Researcher*, 30(3): 23–8.

Stenhouse, L. (1979) *What is action-research?*, Norwich: University of East Anglia.

Turner, M. and Bash, L. (1999) *Sharing expertise in teacher education*, London: Cassell.

Valli, L. (1992) *Reflective teacher education: cases and critiques*, Albany: University of New York Press.

van Manen, M. (1992) *Researching lived experiences. Human science for an action sensitive pedagogy*, London and Ontario: The Althouse Press.

Wade, S. and Hammick, M. (1999) 'Action learning circles: action learning in theory and practice', *Teaching in Higher Education*, 4(2): 163–78.

Walford, G. (2005) 'Research ethical guidelines and anonymity', *International Journal of Research and Method in Education*, 28(1): 83–93.

Weinstein, K. (1998) 'Action learning in the UK', *Performance Improvement Quarterly*, 11(1): 149–67.

Wenger, E. C. (1998) *Communities of practice: learning meaning and identity*,

Cambridge: Cambridge University Press.

Wenger, E. C. and Snyder, W. M. (2000) 'Communities of practice: the organisational frontier', *Harvard Business Review*, 78(1): 139–45.

Wenger, E., McDermott, R. and Snyder, W. M. (2002) *Cultivating communities of practice*, Boston, MA: Harvard Business School Press.

Wertsch, J. V. and Rupert, L. J. (1993) 'The authority of cultural tools in a sociocultural approach to mediated agency', *Cognition and Instruction*, 11: 227–40.

Winkless, T. (1991) 'Doctors as managers', in M. Pedler (ed.) *Action learning in practice*, Aldershot: Gower Publishing (available online).

Wise, A. E., Darling-Hammond, L., McLaughlin, M. W. and Bernstein, H. T. (1984) *Teacher evaluation: a study of effective practice*, Santa Monica, CA: Rand Corporation.

Yeatman, A. and Sachs, J. (1995) *Making the links: a formative evaluation of the first year of the innovative links between universities and schools for teacher professional development*, Perth, WA: Murdoch University.

York-Barr, J. and Duke, K. (2004) 'What do we know about teacher leadership? Findings from two decades of scholarship', *Review of Educational Research*, 74(3): 255–316.

Zeichner, K. (2003) 'Teacher research as professional development for P–12 educators in the USA', *Educational Action Research*, 11(2): 301–25.

Zuber-Skerritt, O. (1993) 'Improving learning and teaching through action learning and action research', *Higher Education Research and Development*, 12(1): 45–58.

Zuber-Skerritt, O. (2002) 'A model for designing action learning and action research programs', *The Learning Organization*, 9(4): 143–9.

〈부록〉

교원 능력 개발을 위한 액션러닝의 적용 가능성 탐색*

엄우용

* 이 글은 '충북교육연구' 7호(2007년 6월), 79-92쪽의 내용을 수정·보완한 것입니다.

문제의 제기

Reg Revans가 1940년대에 영국의 광부들을 대상으로 처음 시도한 이후, 유럽 국가를 중심으로 공공기관, 학교, 병원, 기업체 등에서 산발적으로 전개된 액션러닝(action learning)은 전 세계적으로 기업체 및 공공부문에서 조직의 경쟁력을 확보하고 유지하기 위한 필수 도구로 자리매김하였다. Revans(1971)는 1970년대에 공식적으로 액션러닝의 개념을 소개하면서 액션러닝의 핵심을 실제 문제를 동료와 함께 해결해 가면서 학습을 하는 것이라 하였다.

Revans가 소개한 이후, 액션러닝에 대한 개념은 많은 학자와 실천가에 의해 다양하게 제시되었다. 하지만, 어떤 형태이든 간에 액션러닝은 실제 인물이, 실제 상황에서, 실제 문제를 해결하고 행동을 취하며, 그 과정에서 학습한다는 개념을 포함한다(Marquardt, 2004). 액션러닝은 조직이 당면하고 있는 문제나 기회에 대한 이슈를 해결함과 동시에 구성원들의 역량이 개발될 수 있는 접근법이다. 즉, 문제 해결의 과정 속에 의도적인 학습 과정이 포함됨으로써 구성원과 조직의 학습능력을 향상시킬 수 있는 방법이다. 따라서, 액션러닝은 조직 경영상의 요구를 충족시켜줄 뿐만 아니라 개인과 그룹을 개발한다는 두 가지 목적을 동시에 달성하는 것이다(Rothwell, 2002).

이러한 액션러닝은 세계의 선진 기업뿐만 아니라 공공기관 등에서 개인과 조직의 학습능력을 개발하면서 동시에 조직이 직면하고 있는 문제나 이슈를 해결하려는 방법으로 활용되고 있다. GE, 존슨 앤 존슨, 보잉, 지멘스, 필립스 등과 같은 선진 기업이 액션러닝을 성공적으로 적용하여 구성원과 조직의 경쟁력을 높여가고 있다.

국내에서는 1990년대 초반에 GE의 각종 경영혁신 기법을 벤치마킹하는 가운데, GE의 워크아웃(work out) 기법의 효과성을 인정하고 도입하면서 액션러닝이 시작되었다. 물론, 워크아웃 기법이 Revans의 액션러닝과는 여러 가지면에서 차이가 있었지만, GE는 Revans가 창시한 액션러닝의 개념을 자신들의 상황(context)에 적합하게 적용하여 높은 성과를 거둔 기업이라고 할 수 있다. 이후, 삼성, 현대, LG, 효성, SK와 같은 대기업을 중심으로 급속도로 확산하였다. 이뿐만 아니라 공공 부문의 교육과정에서도 액션러닝이 널리 활용되어, 최근에는 중앙 및 지방 공무원 교육과정에서도 액션러닝을 활용한 방법이 널리 확산되고 있다. 액션러닝이 확산되고 있는 주요 요인은 기업교육 패러다임의 변화에서 찾을 수 있다. 즉, 지식전달 위주의 교수(teaching) 중심에서 학습(learning)으로 변화하고 있으며, 업무 현장에서의 성과 중심 교육 강조, 교육의 양보다는 질 강조, 그리고 개인체험 학습에서 집단체험 학습으로의 변화 등이 기존의 교육방식의 한계를 극복하려는 방안으로 액션러닝을 필요로 하게 된 것이다.

이처럼 액션러닝은 기업이나 공공 기관의 교육 분야에서 조직의 다양한 요구를 충족하고, 구성원의 역량을 개발하여 결과적으로 경쟁력 있는 조직으로 변화하고자 시작되었다. 그러나 액션러닝은 초중등 교원 능력 개발 분야에서도 충분히 적용 가능한 훌륭한 방법이 될 수 있다. 초중등 교원들은 학생을 가르치고 지도하는 업무뿐만 아니라 다양한 종류의 행정업무를 수행한다. 이러한 업무 수행능력은 직무연수 등을 통해 개발될 수도 있으나, 실제로 교원들이 직면하는 많은 문제는 단지 연수 프로그램 등을 통해 획득한 지식이나 기능만으로 해결될 수 없는 경우가 많다. 특히 초임교원은 교원양성기관에서 학습한 지식이나 기능을 현장에 그대로 적용할 수 없는 경우가 많아 당황하기도 한다. 이러한 상황에서 초임교원은 선배 교원의 조언을 통해 새롭게 학습하거나, 시행착오를 거쳐 자신만의 방법을 체득하게 된다. 경력이 오래된 교원 역시, 학교 현장에서 직면하는 다양한 문제를 해결하기 위해 많은 시간과 노력을 투자하고 있다. 따라서, 액션러닝은 초중등 교원이 직면하고 있는 다양한 문제의 해결과 그 과정에서 학습을 하게 할 수 있는 훌륭한 방법이 될 수 있다.

이 글은 이러한 관점에서 액션러닝의 기본 개념과 특성, 구성요소, 운영 절차 및 사례를 살펴보고, 교원 능력 개발 부문에서의 적용 방안을 탐색해 보고자 한다.

액션러닝의 개념 및 특징

가. 액션러닝의 개념

액션러닝의 창시자인 Revans는 액션러닝을 정의하면서 규정하는 것을 피하였다(Rothwell, 2002). 그러나 Revans(1978)는 "실천 없이 학습 없고, 학습 없이 실천 없다"(p. 83)고 함으로써 액션러닝의 핵심을 제시하였다. 즉, 액션러닝의 본질은 실천과 학습이 동시에 이루어지면서 상호보완하는 프로세스라고 할 수 있다. 배운 것을 실천하고, 현장에 실천하는 과정에서 학습이 이루어진다는 것이다. 따라서, 액션러닝에서 실천과 학습은 독립적인 활동들이면서 동시에 유기적으로 하나의 활동으로 통합되는 불가분의 활동이다(김미정·유영만, 2003).

많은 학자는 이러한 액션러닝에 대한 개념적 정의를 제시하였다. Inglis (1994)는 액션러닝을 "문제에 대한 해결책을 마련하기 위해 구성원이 함께 모여 개인과 조직의 개발을 함께 모색하는 과정"(p. 3)이라고 하였다. Dean (1998)은 액션러닝이란 "업무 현장에서 일어나는 실제적이고 체제적이며 아직 해결된 적이 없는, 업무와 학습이 연계된 조직의 문제를 해결하기 위해 자발적이며, 참여자 주도로 이루어지는, 계속해서 진화해 가는 프로세스"(p. 3)라고 하였다. Marquardt(2004)는 액션러닝을 성공적인 리더와 팀과 조직을 동시에 개발하는 놀라운 힘을 가진 강력한 문제 해결 도구라고 하면서, "소그룹이 실제 문제에 대한 해결안을 창출하고, 그 해결안을 실행하면서 개인, 팀, 그리고 조직이 학습하는 과정"(p. 20)이라고 하였다.

이러한 제학자들의 정의를 종합해 볼 때, 액션러닝은 소규모로 구성된 집단이 업무 현장에서 발생하는 복잡한 문제를 함께 규명하고, 해결안을 도출하며, 이를 적용하는 과정에서 성찰을 통해 학습을 하는 문제 해결 과정임과 동시에 역량 개발을 위한 방법론이라고 할 수 있다.

나. 액션러닝의 핵심원리

액션러닝을 이해하기 위해서는 그 핵심원리와 본질을 파악하는 것이 중요하다. 김미정과 유영만(2003)은 액션러닝의 핵심원리를 다음과 같이 제시하였다. 첫째, 액션러닝은 가상의 문제가 아닌 실제 문제를 해결하는 과정에서 학습이 발생하는 것을 전제로 한다. 둘째, 액션러닝은 조직 구성원들이 직면하고 있는 문제는 외부 전문가가 내부의 구성원과 함께 해결하는 것이 바람직하다는 기본 가정을 가진다. 셋째, 액션러닝은 학습의 결과를 실제 적용해 보고, 과정과 결과에 대한 성찰을 통해 학습이 이루어진다고 가정한다. 넷째, 업무 수행과 학습은 유기적으로 통합된 하나의 활동이라고 가정한다. 다섯째, 진정한 학습은 의도적으로 설정된 일정 기간 내에 발생하기보다는 일상적인 업무 활동 속에서 장기간에 걸쳐 발생한다. 여섯째, 액션러닝에서의 학습은 새로운 시각을 요구한다.

이와 같은 액션러닝의 핵심원리들을 정리하면 몇 가지 핵심 단어가 있음을 알 수 있다. 즉, 실제 문제, 내부 구성원, 실제적 적용, 성찰, 업무와 학습의 통합, 업무 활동 속에서 장기간 발생, 새로운 시각의 요구 등이 그것이다. 또한, 그러한 핵심 단어들은 조직의 경쟁력 확보를 위해 조직의 구성원이 어떻게 학습해야 하며, 어떻게 업무를 수행해야 하는지에 대한 새로운 시각을 요구한다고 할 수 있다.

다. 액션러닝의 특징

액션러닝은 문제 해결 과정임과 동시에 구성원과 조직의 잠재 역량을 개발하는 교육방법론이다. 따라서, 액션러닝은 조직이 당면한 문제를 해결함과 동시에 조직의 핵심 인재를 개발하여 역량을 갖추도록 함으로써 결과적으로 조직의 경쟁력을 갖추기 위한 방법론이다. 이때, 구성원들은 자발적이고 주도적인 형태로 참여한다.

그러나 많은 사람은 액션러닝 프로그램을 실행할 때 과제 해결에 초점을 둠으로써 액션러닝과 기존의 여타 문제 해결 방법과의 차이를 구분하지 못하는 경향이 있다. 이럴 때에 액션러닝의 개념은 태스크포스 팀(task force team), 문제 기반 학습(problem-based learning), 품질분임조(quality circles), 시뮬레이션(simulation) 등과 혼동된다. 따라서, 기존의 여타 문제 해결 방법과 액션러닝을 비교하는 것은 액션러닝의 특징을 제시하는 하나의 방법이 될 수 있다. 황성원(2005)은 Marquardt(2000)와 Rothwell(2000)이 액션러닝과 유사 개념을 구분한 내용을 목적과 학습방법에 따라 다음의 **표 A-1**과 같이 정리하여 제시하였다.

표 A-1에서 알 수 있듯이, 유사 개념에 따라 초점이나 학습의 결과가 다르다. 태스크포스팀이나 품질분임조와 같이 그 개념이 과제 해결에 초점을 둘 때에, 실제 상황에서 발생되는 과제나 이슈의 해결안 도출을 강조하는 반면에 학습은 소홀히 하는 경향이 있다. 시뮬레이션이나 문제 중심 학습과 같은 기법은 실제 과제이든 가상의 과제이든 간에 학습에 더 초점을 둠으로써 의도적인 학습이 일어나도록 한다. 그러나 액션러닝은 실제 직면한 과제의 발견과 해결 과정을 통해 학습자 주도적으로 과제를 해결할 뿐만 아니라 의도적인 학습이 일어나도록 한다는 특징을 지닌다. 또한, 이를 통해 개인 개발과 조직 개발 모두를 달성할 수 있다.

한편, 액션러닝은 전통적인 교육 방법과는 교육 목표, 기간, 교육 대상, 참여

표 A-1. 액션러닝과 유사 개념의 비교

구분	목적	학습방법	기타
태스크포스 팀 (task force team)	• 실제상황에서의 특정 과업/문제에 초점	• 우연적 학습	• 해결책을 실행할 권한이 상급자에게 있음
품질분임조 (Quality Circles)	• 실제상황에서 품질 향상과제/문제에 초점	• 우연적 학습	• 해결책을 실행할 권한이 상급자에게 있음
시뮬레이션 (Simulation)	• 가상의 사례를 다룸	• 의도적 학습	• 해결책에 대한 결과 및 책임이 없음 • 해결책의 타당성 검증 기회 없음
문제 기반 학습 (PBL)	• 실제 또는 가상의 문제 다룸	• 의도적 학습	• 해결책에 대한 결과 및 책임이 없음 • 해결책의 타당성 검증 기회 없음
액션러닝 (Action Learning)	• 실제 직면한 비즈니스 이슈의 발견과 이의 해결을 통한 환경적, 시스템적 요소에 초점	• 학습자 주도적 학습 • 의도적 학습	• 해결책의 실제 적용을 통한 결과의 확인 및 이에 대한 성찰을 통해 학습이 이루어짐 • 개인개발과 조직 개발에 초점

주체 등뿐만 아니라 근본적인 기본가정을 달리한다. 유영만(1995)과 봉현철과 유평준(2001)이 제시한 액션러닝과 전통적인 교육의 비교를 토대로 종합하여 제시하면 **표 A-2**와 같다.

액션러닝의 이러한 관점은 교육에 대한 구성주의적 철학과 그 맥을 같이한다고 할 수 있다. 학습자 중심의 상황맥락적인 학습 환경에서의 문제 해결을 강조하는 구성주의 철학은 액션러닝의 그것과 매우 유사함을 알 수 있다. 다만, 방법론적인 측면에서 볼 때, 구성주의적 학습 환경에서는 학습에 초점을

표 A-2. 액션러닝과 전통적 교육방법의 비교

범주	액션러닝	전통적 교육
패러다임	수요자 중심 학습(learning)	공급자 중심 교수(teaching)
철학	문제 상황에 직면하고 있는 내부 구성원 모두가 전문가	문제 상황에 대한 전문 지식을 갖추고 있는 소수의 내외부 전문가
목적	비즈니스 이슈의 실제적 해결을 통한 학습	지식/태도/행동의 변화
교육방법	실천과 성찰 미팅을 통한 이론과 실천의 통합	집합식 면대면 교육을 통한 이론과 실천의 분리
참여 주체	팀 구성원, 러닝코치, 현업부서장, 과제 관련 이해 당사자	학습자, 교수자
교육생의 역할	적극적인 참여자	수동적 지식 흡수자
교육비용	학습 팀 운영비용, 러닝코치 비용, 현업부서장 참여비용, 프로그램 운영비용 등	프로그램 개발 및 운영비용

두면서 가상의 문제를 다루기도 하지만, 액션러닝에서는 실제 문제를 다룬다는 차이가 있다.

라. 액션러닝의 기본 구성요소

Marquardt(2000)는 액션러닝의 핵심 구성요소를 과제, 학습 팀, 질문과 성찰, 실행 의지, 학습 의지, 러닝코치의 여섯 가지로 구분하였다(**그림 A-1**). 이 여섯 가지 기본 구성요소는 상호작용적이며 상호의존적인 특징을 지닌다. 따라서, 구성요소 중의 어느 하나라도 생략되거나 문제가 발생한다면, 액션러닝의 성공을 보장하기가 어려워진다고 볼 수 있다.

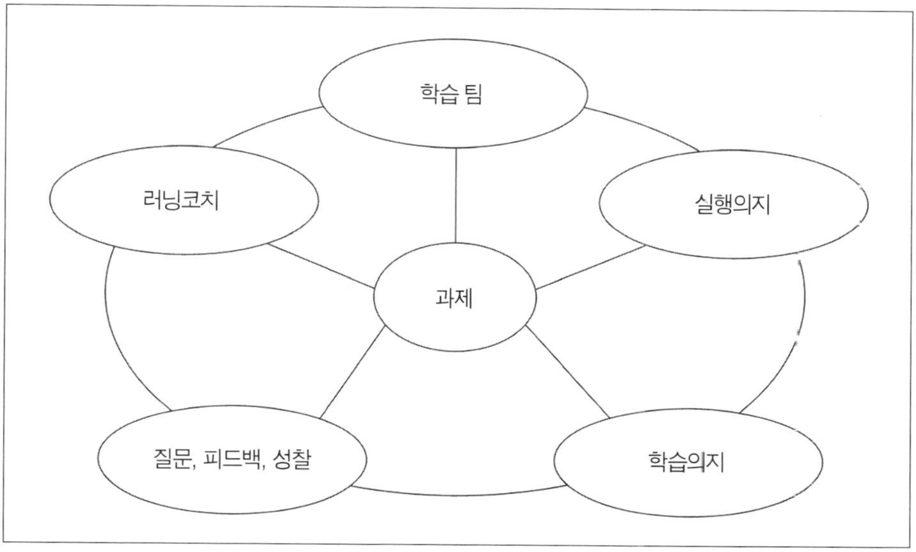

그림 A–1. 액션러닝의 핵심 구성요소

1) 문제

액션러닝은 문제에서 출발한다. 개인이나 조직 내에서 해결해야 할 문제가 존재하지 않는다면 액션러닝은 존재하지 않는다. 그러나 어떤 조직이든지 해결해야 할 문제는 항상 존재하기 마련이다. 이때 문제는 중요하고 시급한 것이어야 한다. 또한, 문제는 복잡하고 비구조화되어 있어야 한다. 즉, 전문가의 지식이나 기능으로 해결될 수 있는 것이 아니며 문제에 대한 다양한 해결안이 존재할 수 있어야 한다.

Marquardt(2000)는 액션러닝을 적용해 볼 문제는 다음과 같은 기준을 충족해야 한다고 하였다.

첫째, 문제는 개인이나 조직에 중요한 것이어야 한다.

둘째, 문제는 어느 정도 시급한 사항이어야 하며, 문제를 명확하게 정의하고 행동을 취해야 할 기한이 정해져 있어야 한다.

셋째, 문제는 기존 해결안이 존재하지 않고 다양한 사람들이 다양한 해결안과 전략을 제시할 수 있어야 한다.

넷째, 문제는 가용 시간과 자원에 비춰볼 때 구성원이 해결안을 도출할 수 있어야 한다.

다섯째, 문제는 구성원 중 적어도 한 명 이상이 그 문제와 맥락에 친숙한 것이어야 한다.

여섯째, 문제는 구성원에게 중요하고 큰 의미가 있어야 한다.

일곱째, 문제는 구성원에게 학습 기회를 줄 수 있어야 한다.

여덟째, 문제는 집단에게 그 해결안을 찾고 실행할 힘과 권위가 부여된 것이어야 한다. 즉, 구성원이 문제의 해결안에 대하여 실행할 수 있는 결정권을 가질 수 있어야 한다.

또한, 액션러닝에서의 문제는 단일 문제와 복수 문제로 구분할 수 있다. 단일 문제는 집단이 공통된 한 가지 문제를 집중적으로 다루는 것이다. 복수 문제는 집단의 구성원이 각자 자신의 문제나 과제를 다루는 것이다. 이때 문제는 구성원 스스로 문제를 제시할 수도 있으며, 경영진에 의해 전략적으로 제시될 수도 있다.

2) 학습 팀

액션러닝에서의 핵심 주체는 학습 팀이다. 학습 팀의 구성원들은 문제를 재구성하고, 전략적인 목표를 결정하고, 행동을 취하고, 개발할 책임이 있다. 대체로 액션러닝에서 학습 팀은 4~8명으로 구성되는데 이는 너무 복잡하지 않은 상태에서 다양성을 추구할 수 있기 때문이다. 학습 팀의 구성원을 결정할 때에는 다음과 같은 점을 고려하여야 한다(Marquardt, 2000).

첫째, 구성원 중 한 명 이상은 문제나 과제 해결에 이해관계가 있고 헌신해야 한다.

둘째, 구성원 중 한 명 이상은 문제를 잘 알고 이해하고 있어야 한다.

셋째, 구성원들은 실행 권한을 가지고 있거나 적어도 학습 팀의 결과를 실행할 수 있는 조직에 속해 있어야 한다.

넷째, 구성원 중 한 명 이상은 문제와 그 문제가 제기된 맥락을 잘 알고 있어야 한다.

다섯째, 시너지 효과를 얻을 수 있도록 다양한 배경을 가진 구성원들로 팀을 구성해야 한다.

여섯째, 구성원 스스로 액션러닝 프로그램에 참여하겠다는 의지가 있어야 한다.

일곱째, 구성원은 그룹 모임에 모두 참여해야 한다.

3) 질의와 성찰

학습 팀은 질문하면서 다양한 목적을 성취한다. 질문을 통하여 문제 해결의 새로운 탐구 방법을 이해하고 행동하기 시작하며, 전략적 실행 방안에 대한 새로운 통찰력과 아이디어, 해결안에 대한 가능성을 제공받는다.

액션러닝의 학습 팀 성찰 회의는 토의나 토론을 목적으로 하는 것이 아니라 질문이 중심이 되어야 한다. 질문은 액션러닝의 핵심이다. 의견 진술은 질문에 답할 때에만 해야 한다. 질문을 받음으로써 구성원은 자신이 제시한 의견에 대해 성찰하고 새로운 통찰력을 가질 수 있게 된다. 따라서, 질문은 구성원들이 문제나 상황에 대한 관점을 넓히고 깊게 하는 목적으로 해야 한다.

4) 실행 의지

액션러닝은 구성원들의 실행 의지가 있어야 성공할 수 있다. 실행하지 않는다면 구성원들이 도출한 전략과 아이디어들이 효과적인지, 어떤 문제가 있는지 알 수가 없다. 따라서, 학습 팀에서의 질문과 성찰의 과정을 통해 학습한 내용은 반드시 구성원 자신에 의해 실행되거나 제삼자를 통해 실행할 능력이 있어야 한다. 실천 없는 학습은 없으며, 학습 없는 실천은 없다는 기본 전제에 충실해야 한다. 액션러닝은 실천과 성찰, 학습이 주기적으로 반복되는 과정이므로 실행이 없다면 성찰도 없을 것이며, 결과적으로 학습도 일어나지 않게 될 것이다.

5) 학습의지

액션러닝은 문제 해결과 동시에 학습을 추구한다. 문제 해결이 실천이라면 학습은 특별하고 가치 있는 지식을 창출하는 과정이다. Wills(1998)는 액션러닝에서 문제 해결로 인한 직접 이익보다 학습이 전략적으로 더 큰 가치가 있다고 지적하였다. Dilworth(1998) 역시, 액션러닝의 '학습'이라는 특성은 액션러닝을 단순한 방법론 차원이 아니라 전략적인 차원에서 접근하도록 한다고 강조하였다. 실제로 문제 해결에만 초점을 둔다면 굳이 액션러닝을 적용하지 않아도 될 것이다.

액션러닝에서는 대상, 방법, 이유, 장소, 시기에 대한 지식 등 다양한 형태의 지식을 생성하거나 획득하게 된다. 또한, 성찰적 질문과정, 실행과 학습 모두에의 초점, 학습 코치의 질문 중심적 접근 등을 통해 Nonaka(1991)가 제시하는 암묵지(tacit knowledge)를 명시지(explicit knowledge)로 전환해 팀과 조직이 활용할 수 있게 한다.

6) 러닝코치

러닝코치(learning coach)는 퍼실리테이터(facilitator) 또는 셋 어드바이저(set adviser)라 불리는데, 구성원들을 연결하는 다리이며, 구성원들의 성장 및 학습능력을 촉진해 문제를 더 잘 해결하도록 도와준다. 학자에 따라 러닝코치와 퍼실리테이터를 구분하기도 하는데(Marquardt, 2000), 최근에는 퍼실리테이터라는 용어보다는 러닝코치라는 용어를 사용한다. 이는 러닝코치가 문제에 초점을 두기보다는 학습에 초점을 둠으로써 학습을 통해 집단의 성과를 지속적으로 향상하는 역할을 하기 때문이다.

러닝코치는 학습하는 분위기, 개방적이고 신뢰하는 분위기, 비판단적 분위기를 조성해야 한다. 러닝코치는 구성원들에게 무엇을 가르쳐주기보다는 질문을 함으로써 구성원 스스로 자신이 해야 할 일을 발견하도록 한다. 러닝코치는 문제 해결에는 직접 참여하지 말아야 하는데, 그 이유는 객관성과 공평성의 상실, 학습보다 문제를 더 중요하게 볼 수 있으며, 학습에 전념하지 못하고, 힘 또는 스킬의 불균형을 가져오고, 러닝코치로서의 영향력을 상실하며, 집단에 대한 신뢰를 잃어버릴 수 있기 때문이다.

따라서, 러닝코치는 질문 능력, 용기와 자신감을 갖추고 있어야 하며, 적절한 개입 시점을 찾을 수 있어야 한다. 또한, 프로세스와 사람에 대한 확신과 신뢰가 있어야 하며 자신의 가치관과 행동이 집단과 프로세스에 어떤 영향을 주는지 잘 인식하고 있어야 한다. 나아가, 계획 수립 및 조정 능력, 경청 기술, 학습에 대한 헌신, 구성원에 대한 긍정적 태도, 자기 인식과 자기 확신 등이 러닝코치가 갖추어야 할 능력과 태도이다.

러닝코치가 피해야 할 두 가지 심각한 함정이 있다(Rothwell, 2002). 첫째로 절대로 강사의 역할을 해서는 안 되며, 둘째로 학습 팀이 자신에게 업무를 위임할 수 없도록 해야 한다.

마. 액션러닝의 실행 과정

1) 액션러닝 프로그램의 설계

Marquardt(2000)는 조직 전반에 성공적이고 체계적으로 액션러닝을 도입, 실행, 유지하려면 **표 A-3**의 12단계를 따르도록 제안한다.

표 A–3. 액션러닝의 도입과 실행을 위한 단계

단계	내용
1. 최고 경영진의 지원 확보	최고 경영진의 액션러닝 이해 및 확신 확보 임원이 액션러닝 프로그램에 참가 유도
2. 사전 워크숍 개최	액션러닝의 원리와 강점에 대한 워크숍 개최 직원의 열의 형성, 참여 권장 조직 전반에 액션러닝에 대한 추진력과 관심 형성
3. 프로젝트, 문제 또는 도전 선택	단일 문제 또는 복수 문제 선정, 문제 영역 선택 문제 선정 주체, 첫 세션에서의 문제 발표자 문제에 대한 정보 제공 정도, 문제 해결 기한, 문제 제시자의 권한
4. 액션러닝 코치 선정과 준비	내부 코치 또는 외부 코치 선정 집단 구성원들이 교대로 러닝코치 역할 수행 여부 내부 코치 훈련
5. 구성원 선정과 집단 형성	구성원 선정자, 학습 팀당 구성원 수, 선발 기준, 선발 방법 외부인 포함 여부
6. 액션러닝 집단의 적응과 준비	미팅 날짜, 시간, 횟수, 장소 결정 액션러닝의 구체적인 학습 목표 결정 러닝코치의 역할, 첫 미팅시간 배정, 스폰서 확인 내부 기밀 유지
7. 액션러닝 미팅 개최	미팅 단계별 활동 계획 수립 미팅 중 각종 어려움 극복
8. 문제 재구성과 실행 전략 개발	주어진 시간 내에 문제 재구성 및 목표 설정 문제 해결 프로세스와 도구 활용 다양한 대안의 전반적인 영향 고려 향후 수행해야 할 행동 계획 수립
9. 파일럿 테스트와 행동제안	전략의 일부나 전부를 사전에 시험 파일럿 테스트 결과를 통해 지속적인 학습과 최종 행동 계획 및 행동의 질 향상
10. 행동 전략 실행	개발한 전략의 실행

표 A-3. 액션러닝의 도입과 실행을 위한 단계 (계속)

단계	내용
11. 마무리와 집단의 최종 학습 점검	액션러닝의 전반적인 결과 평가 잘 된 점, 잘 안 된 점, 이유 분석 타 프로그램과의 연결 방안 모색
12. 액션러닝 평가 및 전사 확대 적용 방안 강구	최고 경영진의 가시적인 헌신과 참여를 통해 조직 전반에 걸친 확산 방안 탐색

이와 같은 단계는 다음과 같이 구체적인 액션러닝 프로그램으로 계획될 수 있다. 다음의 **그림 A-2**는 국내 기업에서 실시하였던 액션터닝 프로그램 운영 방안의 예시이다. 구체적인 프로그램의 설계는 조직의 상황에 따라 달라질 수 있다.

이 사례에서는 사전 오리엔테이션을 통해 액션러닝을 소개하고, 집합교육을 통해 액션러닝 전체에 대한 교육을 한다. 이후 격주 단위로 4시간씩 학습 팀 성찰 회의를 한다. 2회의 성찰 미팅 이후에 8시간의 중간 점검 워크숍을 통해 진행 과정을 점검한다. 이후, 2회의 성찰 미팅을 한 후 결과 보고 준비를 위한 워크숍을 8시간 가지고, 결과 보고서를 작성하여 제출한다. 결과 보고서를 제출하면, 운영팀에서는 결과 보고 평가 워크숍을 개최하여 우수 사례를 선정하고, 실사를 통해 확인한다. 이후, 우수 학습 팀 및 학습자를 시상하고 사후 관리를 한다.

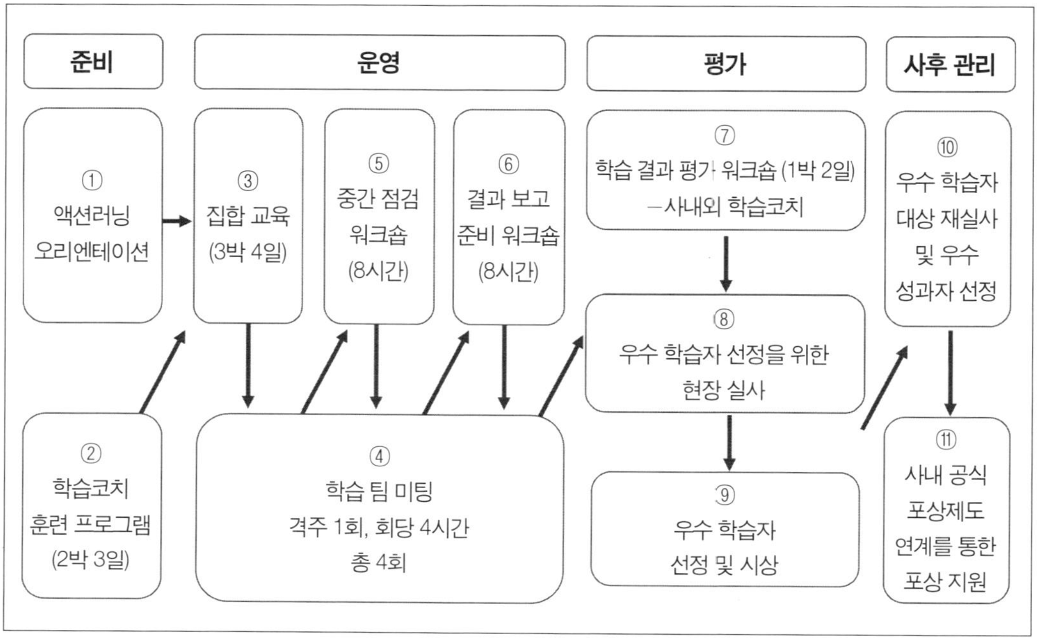

그림 A-2. 액션러닝 프로그램 운영 계획의 예시

2) 학습 팀 성찰회의 진행

학습 팀 성찰회의는 액션러닝에서 매우 중요한 과정이다. 실제로 러닝코치와 구성원들이 만나는 시간이며, 이 시간을 통하여 러닝코치는 구성원들의 학습을 촉진해준다.

학습 팀 성찰회의는 일반적으로 구성원 중에서 사회자와 서기를 선정하여 그 사회자에 의해 진행된다. 러닝코치는 성찰회의가 잘 진행되고 그 과정에서 구성원들이 학습을 잘할 수 있도록 도와주되 회의를 주도적으로 진행해서는 안 된다.

일반적으로 학습 팀 성찰회의는 **표 A-4**와 같은 단계를 거쳐 진행된다.

표 A-4. 학습 팀 성찰회의 진행과정

단계	내용
준비	• 회의일자 및 장소 선정 • 회의진행계획 수립 • 회의 자료 준비(개인별)
시작	• 상호 인사 • 아이스 브레이크 • 그라운드 룰 점검 • 회의 진행계획 검토
진행	• 팀원별 과제 발표(복수 과제 프로그램) • 팀원별 분담된 과제 결과 발표(단일 과제 프로그램) • 질의 및 성찰 • 향후 추진계획 논의 또는 역할 분담
종료	• 개인 성찰 • 팀 단위 성찰

교원 능력 개발 과정에의 적용 가능성 탐색

가. 액션러닝 적용 가능 부문

초중등 교원들은 다양한 유형의 능력 개발과정에 참여하고 있다. 직무연수와 자격연수를 비롯하여 교사동호회와 연구회에 참여하여 자신들의 능력을 지속적으로 향상하고 있다. 그러나 직무연수와 자격연수는 대부분 전통적인 교육방법, 즉 교수자 중심의 지식 전달 위주로 이루어지고 있는 것이 현실이다. 또한, 교사동호회와 연구회 역시 결과 중심적으로 이루어지고 있는 경향이 있다. 결과적으로 교원조직 내에 학습 분위기의 확산보다는 그때그때의 결과 산출에 초점을 두는 것이 현실이다.

액션러닝은 교원능력 개발 프로그램의 다양한 분야에 적용될 수 있다. 내용 측면에서 교원능력 개발 프로그램은 교과지도, 학생지도, 학급관리 및 경영, 정보소양 개발, 그리고 행정업무 능력 향상 등으로 구분해 볼 수 있다. 이 중에서 정보소양 개발을 제외한 분야는 모두 액션러닝을 적용할 수 있을 것이다. 왜냐하면, 각 분야에는 모두 액션러닝에서 요구하는 성격의 문제들이 있기 때문이다. 즉, 특정 교과내용을 가르치는 방법, 문제아 상담 방법, 학급경영 및 관리법, 행정업무 처리 방법과 같이 학교 교육 현장에서 직면하는 다양한 과제들은 액션러닝에 매우 적합한 과제들이 될 수 있다. **그림 A-3**은 액션러닝의 적용이 가능한 대표적인 교원능력 개발 부문을 예시한다. 그러나 교육 현장에서 발생되는 다양한 문제들은 한 가지 해결안만이 존재하지 않는 경우가 대부분이다. 따라서, 이 부문들 이외에도 다양한 부문들에도 액션러닝을 적용할 수

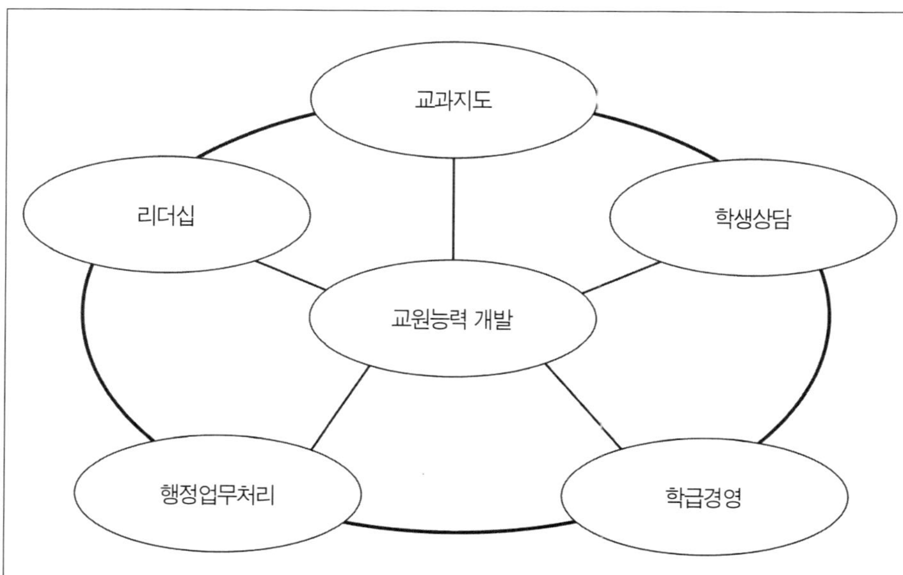

그림 A-3. 액션러닝이 적용 가능한 대표적 교원능력 부문

있을 것이다.

또한, 교감이나 교장과 같은 행정관리자의 능력 개발에서도 액션러닝은 효과적으로 적용될 수 있다. 교감과 교장은 교원 조직의 리더로서 역할을 하게 된다. 연구는 이미 액션러닝이 리더양성과정에 매우 효과적임을 드러내고 있다(김미정·유영만, 2003). 따라서, 교감과 교장 자격 연수과정에서 액션러닝을 적용할 수 있을 것이다. 물론, 리더십 개발뿐만 아니라 관리자로서 갖추어야 하는 다양한 능력 개발에 액션러닝을 적용하는 것도 가능할 것이다.

나. 적용과정에서의 고려사항

초중등 교원의 능력 개발에 액션러닝을 적용하기 위해서는 다음과 같은 사항들을 고려해야 한다. 첫째, 교원 자신들과 교원들을 지도하는 행정담당자들(예를 들면, 교장, 장학사나 교육장)이 액션러닝에 대한 충분한 이해를 하고 있어야 한다. 액션러닝을 단순히 과제 해결을 위한 도구로 생각한다면 성공을 보장할 수 없을 것이다. 액션러닝에서는 과제 해결과 동시에 학습이 일어나야 함을 이해해야 한다. 또한, 앞에서 제시한 액션러닝의 원리와 기본 구성요소 등에 충실해야 한다.

둘째, 팀을 구성할 때에 될 수 있으면 이질적인 교과담당, 학교에 근무하는 이질적인 교사들로 구성하는 것을 고려해야 한다. 심지어, 초등학교 교사와 중등학교의 교사를 한 팀에 구성하는 것도 고려할 수 있다. 이질적인 집단일수록 과제에 대한 새로운 시각을 제공할 수 있기 때문이다.

셋째, 기존의 직무연수나 자격연수, 교원연구회나 동호회 등에서의 연수 프로그램에 액션러닝 기법을 적용하는 것을 고려해 볼 수 있다. 기존 연수 프로그램의 운영 방향을 전환하여 일부는 기존 방식을 유지할 수 있으나 일부는 액션러닝을 적용할 수 있을 것이다. 특정 지식이나 기능을 갖추도록 하는 것은 기존의 교육방법으로 가능할 것이다. 그러나 교원들이 직면하는 다양한 문제에 대한 해결안을 모색하거나 그 방법을 교육하는 과정은 액션러닝을 적용할 때 더욱 효과적일 수 있다.

넷째, 액션러닝 프로그램의 운영 기간을 성격에 따라 단기, 장기로 구분할 수 있다. 단기적으로는 학교 운영 기간에 맞추어 한 학기로 할 수도 있으며, 장기적으로는 일 년 또는 그 이상을 운영할 수도 있다. 장기적으로 운영할 때는 과제의 선정에 유의해야 한다.

다섯째, 액션러닝의 성과를 성급하게 기대하는 것에 주의해야 한다. 액션러닝의 개념과 절차에 익숙해질 때 그 진정한 성과가 나타날 수 있을 것이다. 특히, 학습의 결과는 서서히 나타나기 마련이다.

여섯째, 액션러닝을 성공적으로 운영하기 위해서는 러닝코치가 필수적인 요소가 된다. 따라서, 러닝코치를 양성하기 위한 프로그램이 준비되어야 한다. 러닝코치는 초기에는 외부의 전문코치를 활용할 수 있으나 우수 교원 중에서 러닝코치 역할을 하는 것도 고려해 볼 수 있다. 이 경우, 러닝코치는 액션러닝에 대한 충분한 이해뿐만 아니라 지도 기술을 갖추고 있어야 한다.

일곱째, 교육행정기관(교육청 등)에 액션러닝을 추진할 변화 촉진자(change agent)가 있어야 한다. 변화 촉진자는 액션러닝에 대한 지식과 이해를 토대로 산하기관 내의 교원들에게 액션러닝을 안내하고 코치해 줄 뿐만 아니라, 지속적으로 프로그램을 계획, 운영, 관리하는 역할을 해야 한다.

끝맺음

액션러닝은 개인과 조직의 문제 해결 및 잠재 역량 개발을 위한 도구이다. 민간 기업을 비롯한 많은 조직에서 다양한 경영혁신 전략과 교육방법들을 적용해 왔다. 그러한 경영혁신 전략 및 교육 방법들을 우리나라의 현실에 적용하는 과정에서 일부는 그 성과를 확인하기도 전에 폐기되기도 하였다. 아무리 훌륭한 기법이라도 적용과정에서 그 기법이 태동하게 된 근본 배경을 고려해야 한다. 모든 기법은 그 기법이 탄생하게 된 맥락적 분석을 토대로 적용되어야 한다.

단순히 액션러닝이라는 기법을 적용하기보다는 액션러닝이 탄생하게 된 근본 배경과 가정을 고려해야 한다. 액션러닝은 문제 해결과 동시에 학습을 추구한다. 이는 실천과 성찰을 통해 이루어진다. 실천 없는 학습이 없으며, 학습 없는 실천은 존재하지 않는다는 액션러닝 창시자 Revans의 말을 끊임없이 되새겨야 한다.

액션러닝을 초중등 교원의 능력 개발 과정에 적용함으로써 교사가 직면하는 실제적인 문제를 교사 스스로 실질적으로 해결해 갈 뿐 아니라, 교사의 자기주도적 학습능력을 개발할 수 있기를 기대한다.

참고 문헌

김미정, 유영만 (2003). **액션러닝과 조직변화**. 서울: 교육과학사.

봉현철, 유평준 (2001). 액션러닝(Action Learning)의 기본구조와 핵심구성요소. **산업교육연구**, 8, 57-82.

유영만 (1995). **지식경제시대의 학습조직**. 서울: 고도컨설팅.

황성원 (2005). **공공부문에 효과적인 Action Learning 도입 방안**. 한국행정연구원.

Dean, P. (1998). Action learning at Virginia Commonwealth University: Blending action, reflection, critical incident methodologies, and portfolio assessment. *Performance Improvement Quarterly*, *11*(2), 17-33.

Dilworth, R. (1998). Action learning in a nutshell. *Performance Improvement Quarterly*, *11*(1), 28-43.

Inglis, S. (1994). *Making the most of action learning*. Brookfield VT: Gower.

Marquardt, M. J. (2000). *Action learning in action*. Palo Alto, CA: Davies-Black. 봉현철, 김종근(공역) (2000). **액션러닝**. 서울: 21세기 북스.

Marquardt, M. J. (2004). *Optimizing the power of action learning: Solving problems and building leaders in real time*. Palo Alto, CA: Davies-Black. 이태복(역)

(2004). **액션러닝의 힘**. 서울: 패러다임컨설팅.

Nonaka, I.(1991). Knowledge-creating company. *Harvard Business Review*, *69*, 96-104.

Revans, R. (1971). *Developing effective managers: A new approach to business education*. New York: Praeger.

Revans, R. (1978). *ABC of action learning*. London, England: Lemos & Crane.

Rothwell, W. J. (2002). *The action learning guidebook*. John Wiley & Sons. 김미정, 유평준, 봉현철(공역) (2002). **액션러닝 가이드북**. 서울: 다산서고.

Wills, V. (1998). Action learning: Design features and outcomes at Georgia State University. *Performance Improvement Quarterly*, *11*(2), 34-47.

찾아보기

[ㄱ]

[ㄷ]

[ㄹ]

[ㅂ]

[ㅅ]

[ㅇ]

[ㅈ]

[ㅊ]

[ㅋ]

[ㅌ]

[ㅍ]

[영문]

역자 소개

엄우용

한양대학교 교육공학과 학사 및 석사
Florida State University, Instructional Systems Ph.D.
효성, CJ, 롯데, 포스코, 코오롱, 중앙공무원교육원, 서울시인재개발원, 국세공무원연수원, 국무총리실, 경북공무원교육원 등 다수 기업 및 공공분야에서 액션러닝 진행
현) 계명대학교 교육학과 교수
한국교육공학회 이사
한국교육정보미디어학회 이사 및 편집위원
한국산업교육학회 편집위원
한국액션러닝협회 이사

교원의 전문성 개발을 위한 액션러닝

발 행 일 • 2012년 1월 5일 1쇄 발행
2015년 3월 15일 2쇄 발행
저 자 • Peter Aubusson · Robyn Ewing · Garry Hoban
역 자 • 엄우용
발 행 인 • 홍진기
발 행 처 • 아카데미프레스

주 소 • 413-756 경기도 파주시 문발동 507-9번지 출판정보산업단지
전 화 • (031) 947-7389
팩 스 • (031) 947-7698
웹사이트 • www.academypress.co.kr
등 록 일 • 2003. 6. 18, 제406-2011-000131호
I S B N • 978-89-91517-93-6

값 15,000원